Étapes GOURMANDES

14, boulevard de la Madeleine
CS 62204
75373 Paris cedex 08

NATHALIE HELAL

Étapes GOURMANDES

Michel Lafon
france bleu

SOMMAIRE

INTRODUCTION

La France, terre de gourmets ? Détrompez-vous ! Notre Hexagone est bien plus qu'une simple carte postale culinaire. C'est un kaléidoscope gustatif en perpétuelle ébullition, un laboratoire où tradition et innovation mijotent ensemble pour écrire l'avenir de notre gastronomie.

Avec ce livre, je vous invite à oublier les sentiers battus des guides touristiques. Ici, nous plongeons dans les entrailles de nos terroirs, là où se joue la véritable alchimie du goût. Du fin fond des alpages savoyards aux côtes venteuses de Bretagne, des coteaux du Médoc aux terrils du Nord-Pas-de-Calais, des plaines de la Beauce aux sentiers escarpés de la Corse, chaque recoin de France recèle des trésors insoupçonnés, des saveurs qui défient l'imagination et transcendent les frontières.

Mon souhait ? Dévoiler les secrets jalousement gardés de nos artisans, ces magiciens qui transforment le simple en sublime, l'ordinaire en extraordinaire.

Mais attention, ce livre va bien au-delà d'une simple compilation de plats régionaux ou de recettes poussiéreuses : c'est une cartographie vivante de notre patrimoine culinaire, un atlas savoureux qui révèle la richesse insoupçonnée de nos régions. Vous y découvrirez comment le climat, le sol et des siècles d'histoire, de savoir-faire, de traditions et de créativité ont façonné des produits d'exception.

Déclaration d'amour à notre patrimoine culinaire, ce livre est aussi un manifeste pour l'avenir et une invitation à redécouvrir la France, cette mosaïque de terroirs unis par une même fierté gourmande.

Nathalie Helal

Wissembourg

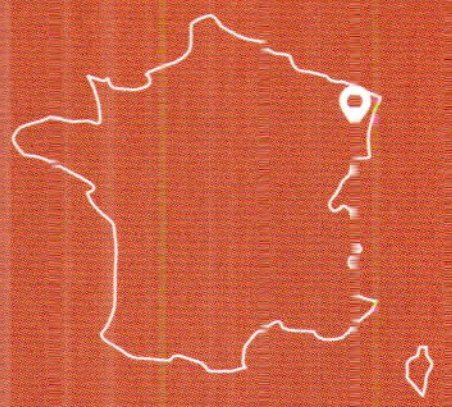

L'ALSACE

Bordée par le Rhin à l'est, qui forme une frontière naturelle avec l'Allemagne, et par les Vosges à l'ouest, la plaine d'Alsace s'étend avec ses vignobles célèbres, ses collines ondulantes et ses villes historiques. Son histoire mouvementée se reflète aujourd'hui encore dans sa cuisine, mélange harmonieux de traditions françaises et allemandes, caractérisées par des plats copieux et savoureux.

LA CÉLÈBRE ROUTE DES VINS

Officiellement inaugurée le 30 mai 1953, elle est le fruit d'une collaboration entre les viticulteurs alsaciens et les autorités locales, avec pour objectif de relancer le tourisme et de promouvoir les vins de la région après les perturbations de la Seconde Guerre mondiale. Les promoteurs de la route des vins organisent un rallye automobile. Deux convois sont partis en même temps : l'un de l'extrémité nord du vignoble alsacien à Marlenheim et l'autre depuis le sud au niveau de la ville de Thann. Les deux cortèges, composés de chars fleuris, se rencontrent à Ribeauvillé, dans une ambiance festive. Cet événement, auquel la presse est conviée, permet aux vignerons de proposer des dégustations et des visites touristiques sur le trajet. Depuis cette date, la richesse du patrimoine viticole, les paysages pittoresques et les traditions locales ne cessent de faire des adeptes. Actuellement, les découvertes à pied ou à vélo sont encouragées par de très nombreux circuits et pistes cyclables qui permettent de parcourir tout le vignoble alsacien. L'œnotourisme et ses trois millions de visiteurs annuels représentent un chiffre d'affaires de plus de 500 millions d'euros pour les seules ventes de bouteilles.

UNE PARTICULARITÉ DU VIGNOBLE ALSACIEN

Chasselas, sylvaner, pinot blanc, riesling, muscat, tokay d'Alsace (ou pinot gris), traminer et gewurztraminer, et pinot noir pour les vins rouges et rosés : tous les vins d'Alsace portent le nom de leurs cépages, contrairement aux grands crus de Bordeaux, de Bourgogne ou des Côtes-du-Rhône qui, eux, empruntent les noms de leurs terroirs. La plupart d'entre eux sont estimés pour leur fraîcheur, mais le tokay et le gewurztraminer sont, eux, réputés pour bien vieillir.

Une anecdote peu connue : en 1500, la récolte est si abondante sur les coteaux du Thann, près de Mulhouse, que les villageois qui bâtissaient la collégiale (église qui possède un collège de clercs appelés « chanoines ») ont remercié le ciel en mélangeant du riesling et du traminer au mortier !

L'ONCTUOSITÉ DU BIBELESKÆS

Cette sorte de fromage blanc possède une consistance crémeuse et une saveur délicate. Composé d'un mélange de lait caillé, d'avoine et de son destiné autrefois à fortifier les poussins dans la basse-cour, il a été finalement ajouté à l'alimentation humaine en raison de son faible coût.

Actuellement agrémenté d'ail, d'oignon, de ciboulette, de sel et de poivre, ce mets synonyme de fraîcheur se déguste la plupart du temps accompagné de pommes de terre et d'une salade verte, voire d'un bon morceau de munster. Les winstubs (débit de vin traditionnel) et les fermes-auberges vosgiennes sont les lieux où vous le trouverez le plus souvent.

LES SPAETZLES, COUSINES DES PÂTES

Utilisées la plupart du temps comme garniture pour les viandes en sauce, ces petites boulettes de pâte aux œufs sont semblables à des nouilles, mais leur texture est plus ferme. Elles peuvent être servies également en entrée, en gratin, voire accompagnées de petits croûtons frits, et leur nom signifie littéralement « petits moineaux ». Il provient du dialecte souabe, un district situé au sud-ouest de la Bavière. En effet, les spaetzles cuits ont l'allure d'un nid d'oiseau ! Des pâtes similaires sont aussi confectionnées en Franche-Comté et baptisées « guilles d'âne » (littéralement « crottes d'âne »).

LA CHOUCROUTE, ENTRE MYTHE ET (FAUSSES) LÉGENDES

C'est un plat généreux comme on en trouve peu, avec ses couennes et sa palette de porc, ses saucisses de Colmar ou de Strasbourg pochées, et ses baies de genièvre qui parfument le chou fermenté ! Souvent garnie de pommes de terre cuites à la vapeur, la choucroute est un incontournable de la cuisine des brasseries, quelle que soit la région. Beaucoup de légendes circulent à propos de son arrivée dans notre pays, comme celle qui prétend qu'elle ne serait pas née en Alsace mais en Chine, et qu'elle aurait pénétré en Europe avec les troupes de Gengis Khan… Une erreur historique, car c'est à une princesse allemande et belle-sœur de Louis XIV qu'on doit son introduction en France.

Tout commence au XIe ou XIIe siècle, dans le sud de l'Allemagne ou de l'Autriche actuelle, où cohabitent alors des peuples slaves et germaniques. Les premiers sont déjà bien rodés aux techniques de fermentation ; ils enseignent aux seconds à faire fermenter des choux entiers dans des tonneaux, avec du sel. La recette se nomme le Kompst. Des moines contribuent à l'amélioration de sa fabrication ainsi qu'à sa diffusion. C'est au XVe siècle qu'apparaît la véritable choucroute, à base de choux blancs hachés. Des épices, telles que le genièvre et le carvi, la parfument. On l'appelle Sauerkraut, littéralement « chou aigre ».

Cette choucroute arrive rapidement en Alsace, où elle prend le nom de « Gompostkrut » et où elle nourrit les ouvriers de la cathédrale de Strasbourg. Mais ce chou salé, fermenté et aromatisé reste cantonné au territoire alsacien. Jusqu'en 1672, année où la princesse Élisabeth-Charlotte de Bavière vient en France pour épouser Philippe d'Orléans, le frère de Louis XIV. Surnommée « la Palatine », la jeune femme est une gourmande ! Elle reste fidèle à son goût pour la cuisine de son pays natal et l'importe à la Cour : parmi ses plats de prédilection, des produits de la chasse, des potages à la bière et au vin, du boudin, du jambon cru et la choucroute…

Malgré les efforts de la Palatine, cette spécialité est loin de faire l'unanimité. Les courtisans retiennent son nom davantage pour s'en moquer que pour la consommer. La choucroute va demeurer un plat confidentiel et rustique en France pendant quelques décennies encore.

Tout change au moment de la défaite de Sedan, en 1870, lorsque la France est vaincue par l'Allemagne. Des brasseurs alsaciens et lorrains débarquent à Paris pour échapper au rattachement de leurs régions à l'Allemagne. Ils ouvrent dans la capitale des établissements identiques à ceux qu'ils possédaient : choucroute, saucisses et bière blonde deviennent leur plat-signature, en signe de patriotisme et de résistance à l'ennemi.

Souvent revenue dans de la graisse d'oie et cuite au champagne pour plus d'arômes, la choucroute est évidemment assez calorique. Une variante à base de poissons est plus légère et plus digeste.

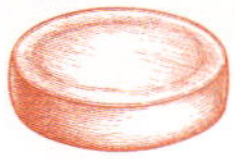

LE MUNSTER, UNE AVENTURE SENSORIELLE

L'histoire de ce fromage au lait de vache remonte au VIIᵉ siècle, lorsque des moines bénédictins s'installent dans la vallée de la Fecht, dans l'actuelle région du Grand Est en France. Venus d'Irlande, ils apportent leur savoir-faire fromager. C'est ainsi que naît le munster, du nom du monastère – *monasterium* en latin – autour duquel il est produit. Pendant l'affinage, les fromages sont régulièrement lavés à l'eau salée, geste qui leur donne à la fois leur croûte orangée et leur saveur caractéristique. Ce lavage favorise le développement de bactéries qui contribuent à l'arôme puissant et au goût unique du munster.

Longtemps vendu sur les marchés locaux où il a rapidement gagné en popularité, il obtient en 1996 l'appellation d'origine protégée (AOP).

Son parfum est puissant, souvent décrit comme piquant et pénétrant. Mais en bouche, le munster est crémeux et onctueux, avec des saveurs de lait, de noisette et des notes légèrement épicées. Sa croûte, elle, est légèrement croquante sous la dent et salée. Il est parfois additionné de cumin, voire d'anis, des variantes qui agacent les puristes !

Nature, il se déguste de multiples façons. En Alsace, il est traditionnellement servi avec des pommes de terre sautées et du cumin, un combo gagnant qui équilibre parfaitement son goût puissant.

Pour choisir un bon munster, une règle d'or : assurez-vous que sa croûte est bien colorée et légèrement humide. Surtout, conservez-le au réfrigérateur, dans son papier d'origine ou dans une boîte hermétique, pour éviter que son odeur n'envahisse tout votre frigo.

LE KOUGELHOF OU KOUGLOF, SUCRÉ OU SALÉ

Cette brioche aux raisins secs, garnie d'amandes entières et saupoudrée de sucre glace, est certainement le gâteau alsacien le plus emblématique. Sa particularité provient aussi de sa forme, puisqu'il est cuit dans un moule cannelé et haut, qui évoque un turban.

Son nom est issu de la contraction de deux mots allemands : *Keugel*, qui se traduit par « boule », et *Hefe*, « levure ». Le grand cuisinier Antonin Carême l'aurait découvert au début du XIXᵉ siècle grâce à un confrère en poste à l'ambassade d'Autriche, mais c'est dans les bagages d'un pâtissier strasbourgeois nommé Georges qu'il serait parvenu jusqu'à la capitale. Cet artisan aurait fait travailler plus d'une vingtaine de pâtissiers pour commercialiser des kouglofs à Paris !

Aérien, le kouglof est délicieux frais, mais donne le meilleur de lui-même lorsqu'il est légèrement rassis et dégusté accompagné d'un (petit) verre de gewurztraminer. En version salée, garni de dés de lard fumé et de cerneaux de noix, il est parfait pour l'apéritif.

La recette historique

LE BEERAWECKA OU BEREWECKE

Ancien gâteau de voyage fabriqué par les Juifs et autrefois consommé aux fêtes de Pessah (la Pâque juive), ce pain aux fruits secs, nourrissant et facile à conserver, est désormais confectionné à l'occasion des fêtes de fin d'année, en particulier par les chrétiens, qui se le sont approprié.

Ingrédients (pour 6/8 p.) :

- 500 g de pâte à pain
- 250 g de poires séchées
- 150 g de prunes séchées
- 150 g de figues sèches
- 150 g de dattes
- 150 g d'écorces d'oranges et de citrons confits
- 150 g de cerneaux de noix + 8 pour décorer
- 150 g de noisettes décortiquées
- 100 g de raisins secs blonds
- 100 g de sucre
- 50 g d'amandes mondées
- 1 dl de kirsch
- 1 zeste de citron finement râpé
- 5 g de mélange d'épices moulues en proportions égales (girofle, cannelle, anis)

À préparer la veille

1. Faites cuire les poires et les prunes séchées dénoyautées dans de l'eau pendant quelques minutes afin de les réhydrater et de les faire gonfler. Réservez le jus de cuisson. Détaillez poires et prunes en lanières et coupez en morceaux pas trop fins les figues, les dattes et les écorces d'agrumes.

2. Hachez grossièrement les cerneaux de noix, les noisettes et les amandes. Rassemblez tous ces ingrédients dans un grand saladier, puis ajoutez les épices, les raisins secs et le zeste de citron.

3. Mouillez le tout avec le jus de cuisson des fruits. Ajoutez le sucre et le kirsch et laissez macérer 12 heures minimum.

4. Le lendemain, égouttez les fruits. Mettez le jus dans une petite casserole et faites-le réduire sur feu vif jusqu'à la consistance d'un sirop (10 minutes environ). Mélangez ensuite la pâte à pain avec les fruits. Vous devez obtenir un mélange homogène. Formez un pain allongé dont vous badigeonnez le dessus avec le sirop des fruits. Décorez-le de cerneaux de noix. Disposez le pain aux fruits sur une plaque beurrée et légèrement farinée. Mettez à cuire à 190-200 °C (th. 6-7) pendant environ 1 heure, en surveillant la cuisson pour qu'il ne brûle pas.

[STRASBOURG]

Strasbourg, la capitale alsacienne, est également le chef-lieu du Bas-Rhin. Célèbre pour sa cathédrale gothique et ses institutions européennes, la cité est un véritable joyau gastronomique qui a su garder intactes ses traditions.

LE BRETZEL, NŒUD DE LÉGENDES

La légende raconte qu'en 1477 un boulanger de Bouxwiller, un village situé au nord-ouest de Strasbourg, menacé de mort, fut sommé par le roi de créer un pain au travers duquel le soleil brillerait trois fois. C'est en voyant sa femme prier, les bras croisés posés sur sa poitrine, qu'il aurait créé le tout premier bretzel.

Une autre version fait remonter son origine vers 610, avec cette fois un moine italien qui aurait imaginé un pain en observant la posture de ses frères, les bras croisés pour prier.

Typique de l'Alsace, de l'Allemagne du Sud, de l'Autriche et de la Suisse alémanique, le bretzel, dont le nom viendrait du latin *brachitella*, lui-même dérivé du mot *bracchium* (« bras »), est probablement le signe d'un ancien ornement symbolique et initiatique, celui d'un anneau solaire entourant une croix. À mi-chemin entre le pain et la brioche, moelleux et saupoudré de sel dans sa version originale, il est le compagnon parfait d'une bonne bière fraîche.

LA KNACK, VÉRITABLE SAUCISSE DE STRASBOURG

En allemand, le mot *Knacken* est une onomatopée qui désigne le bruit de la saucisse qui éclate sous la dent. Ce produit phare de la charcuterie alsacienne, qui porte aussi le nom de « saucisse de Strasbourg », ne contient pas de porc, du moins dans sa version actuelle.

Vendue cuite et par paire, dotée d'une chair rose clair et d'une enveloppe brunâtre en boyau naturel de mouton, elle est préparée à base de bœuf et de veau, de poivre, de noix de muscade, de coriandre, de piment doux et d'ail frais. Incontournable dans une choucroute, omniprésente dans les fêtes villageoises, elle se déguste accompagnée de moutarde et de salade de pommes de terre.

LE FLAMMEKUECHE, « PIZZA » VERSION GRAND EST

Né sur les bords du Rhin, le flammekueche est mentionné pour la première fois vers 1900 dans un livre de cuisine signé du gastronome alsacien et marchand de pâtés de foie gras Auguste Michel. Pourtant il est probable que cette spécialité existait déjà plusieurs siècles auparavant.

Son origine est clairement paysanne et boulangère à la fois : pour ne pas gaspiller le combustible qui servait à chauffer le four à pain, on y faisait cuire les restes de pâte à pain, garnis de tout ce que les villageois avaient sous la main, du lait caillé le plus souvent.

À 400 °C, les flammes venaient « lécher » les bords de la tarte, qui prenaient alors un aspect brûlé, ou plutôt « flammé ». De là dérive son nom de « tarte flambée », car il n'y a aucun flambage ni aucune goutte d'alcool dans la recette ! Les fours à bois disparaissent peu à peu dans l'après-guerre et sont concurrencés par les camionnettes des boulangers ambulants. Il faut attendre les années 1960 pour que la version moderne du flammekueche refasse surface dans une région rurale. Il s'agit du Kochersberg, autrefois surnommé « le grenier à blé de Strasbourg », dont il est éloigné de quelques kilomètres seulement. Garnie cette fois d'oignons, de lardons, de fromage blanc et de crème fraîche, la tarte flambée se répand dans la plupart des restaurants de Strasbourg, puis dans tout l'Hexagone où elle remporte un franc succès. Synonyme de partage et d'authentique convivialité, car elle se déguste avec les doigts et simplement roulée sur elle-même, elle est, dès les années 1990, commercialisée dans la grande distribution pour le meilleur, et aussi parfois pour le pire. Parallèlement à ces dérives éventuelles, une confrérie, établie en 1979 sous le nom de « Confrérie du véritable flammekueche », regroupe les restaurateurs qui respectent le savoir-faire traditionnel, incluant four à bois et produits locaux.

LE BAECKEOFFE, FAMILIAL ET RUSTIQUE

Chaque maison détient sa propre recette de ce mélange de viandes – paleron de bœuf, échine de porc, épaule de mouton et pieds de porc dans sa version la plus complète – mijotées avec des oignons et des pommes de terre en rondelles, le tout copieusement arrosé de riesling ou de pinot et parfumé d'aromates. Les origines de ce plat robuste sont modestes : autrefois, le jour consacré à la lessive était le lundi dans les villages ; la veille, les femmes préparaient le baeckeoffe et l'apportaient de bonne heure chez le boulanger le lundi matin, pour qu'il le mette à cuire dans son four encore chaud. Aujourd'hui encore, la réussite de ce plat mémorable tient toujours à une cuisson lente et à une chaleur douce qui permettent à tous les ingrédients de bien s'imprégner des sucs des viandes et des aromates.

LA BIÈRE, SOURCE DE CONVIVIALITÉ ET DE RENTABILITÉ

Profondément enracinée dans la culture locale, la tradition brassicole remonte au Moyen Âge. La région continue d'abriter certaines des plus anciennes brasseries françaises, telles que Kronenbourg à Obernai et Meteor à Hochfelden, une entreprise familiale qui œuvre depuis 1640.

La ville de Strasbourg et ses environs, notamment Schiltigheim, surnommée « la Cité des Brasseurs », sont le foyer de nombreuses brasseries importantes, sources d'une activité économique majeure. En 1840, on en compte 260 dans le Bas-Rhin et 190 dans le Haut-Rhin. Également distribuée dans les débits de boissons des villages, la bière est conviviale et se partage, par exemple, au *Stammtisch* (tablée des habitués), où se retrouvent chaque jour les ouvriers et les employés après leur travail.

Sous le second Empire, des « trains à bière », transportant les tonneaux du fameux breuvage, relient chaque semaine les grandes brasseries de Strasbourg à Paris. Le transport ferroviaire reste un atout fort de la bière d'Alsace aujourd'hui, et le train à bière existe toujours, comme en témoigne la ligne qui arrive directement dans l'usine Kronenbourg d'Obernai.

Actuellement, les bières alsaciennes se distinguent par leur diversité et la qualité de leur production, allant des lagers (bières à fermentation basse) légères aux bières plus riches et épicées, souvent associées à des événements saisonniers comme celle produite pour Noël.

LES BREDELE, INDISPENSABLES DOUCEURS DE NOËL

Leur nom provient du mot allemand Brot, qui signifie « pain ». Dans le Haut-Rhin, on parle de « bredala », et dans le Bas-Rhin, de « bredele ». Ces « petits pains » sont en réalité des biscuits dont il existe une multitude de variétés : à l'anis, à la cannelle, au gingembre, au poivre, à la confiture, au citron, au chocolat, découpés avec la pointe d'un couteau ou à l'aide d'un emporte-pièce, en rectangle, en losange, ronds ou en forme de sapin… Traditionnellement, leur confection commence dès la fin novembre et se poursuit tout au long de l'Avent.

Leur origine ainsi que leur histoire sont obscures. Seuls des moules, d'abord en bois sculpté, puis en terre cuite, provenant de différentes époques et retrouvés le long du Rhin, semblent attester leur ancienneté : on aurait commencé à les confectionner aux alentours du XIVe siècle !

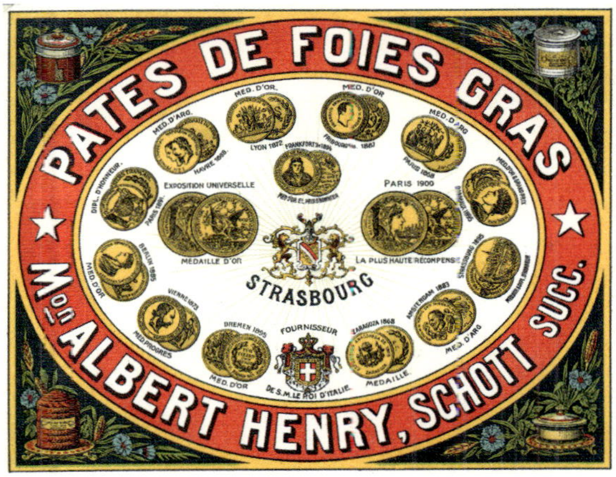

L'ANECDOTE : LE PÂTÉ DE FOIE GRAS DE STRASBOURG, UN CHEF-D'ŒUVRE GASTRONOMIQUE

En 1762, le roi Louis XV nomme le brillant maréchal de Contades gouverneur d'Alsace. Contades est un mondain qui aime passionnément recevoir. Son cuisinier attitré est un certain Jean-Pierre Clause. Né en Moselle, il a travaillé comme marmiton dans une auberge normande avant de se rendre à Paris, puis à Strasbourg. Entre 1779 et 1783 – on ignore la date précise –, Clause a l'idée de cuire le foie gras, un produit typiquement alsacien, enveloppé d'une farce composée de lard et de veau finement hachés et relevée d'épices. Le tout est placé dans une croûte, c'est-à-dire une sorte de pâte brisée ou à foncer, disposée dans une terrine. Le pâté est cuit au four, avec une ouverture dans la pâte qui permet d'évacuer la vapeur pendant la durée de la cuisson. De passage à Strasbourg, Louis XV récompense Clause de 20 pistoles, une jolie somme pour l'époque. Avec cet argent, et juste après s'être inscrit à la corporation des pâtissiers, Clause s'offrira sa propre boutique, rue de la Mésange à Strasbourg.

Sous la Révolution, un cuisinier bordelais, Nicolas-François Doyen, aurait suggéré à son ami Clause d'introduire dans son pâté des truffes du Périgord. Avec ou sans truffes, le pâté « façon Contades », qui marie les produits d'excellence de deux terroirs, le Grand Est et le Sud-Ouest, demeure un des grands classiques du répertoire.

La recette historique

L'OIE À LA STRASBOURGEOISE

Ingrédients (pour 8 p.) :

- 1 oie de 3 kg
- 1,5 kg de choucroute crue
- 2 gros oignons jaunes
- 3 c. à s. de graisse d'oie
- 8 baies de genièvre
- 1 bouteille de vin blanc sec
- 100 g de foies de volaille
- 200 g de chair à saucisse
- 1 bouquet de persil frisé
- 4 pincées de quatre-épices
- 8 saucisses de Strasbourg
- 250 g de lard
- sel et poivre du moulin

PRÉPARATION : 30 MIN | CUISSON : 2H

1. Rincez la choucroute à l'eau claire et essorez-la dans une passoire. Épluchez les oignons et hachez-les finement. Faites fondre 2 c. à s. de graisse d'oie dans une marmite. Ajoutez la moitié des oignons hachés, mélangez, puis ajoutez la choucroute et les baies de genièvre. Versez le vin blanc, couvrez et laissez cuire doucement pendant 2 heures. 45 minutes avant la fin de la cuisson, déposez le morceau de lard dans la marmite et couvrez à nouveau.

2. Pendant ce temps, hachez les foies de volaille et mélangez-les avec le restant d'oignons hachés et la chair à saucisse. Lavez et séchez le persil dans un papier absorbant. Hachez-le à la moulinette. Salez et poivrez le mélange foies de volaille, oignons et chair à saucisse, ajoutez le persil et assaisonnez de quatre-épices. Remplissez l'oie de cette farce, sans trop tasser. Bridez-la et faites-la rôtir au four en l'arrosant toutes les 15 minutes avec son propre jus de cuisson.

3. Faites fondre doucement dans une petite casserole la dernière cuillerée de graisse d'oie et mélangez-la à la choucroute.

4. À part, faites pocher les saucisses de Strasbourg dans de l'eau frémissante pendant 7 à 8 minutes environ.

5. Égouttez la choucroute et disposez-la dans un grand plat long. Déposez l'oie au centre, ainsi que le lard que vous couperez en morceaux et les saucisses égouttées. Servez aussitôt.

L'Ill à Strasbourg

Angers
Légende

L'ANJOU

La cuisine angevine est profondément marquée par la géographie et l'histoire de la région. La Loire et ses affluents fournissent des poissons en abondance, tandis que les terres fertiles favorisent la culture de légumes et de fruits, dont ceux de la vigne, ainsi que l'élevage de porcs.

LES RILLAUDS, COUSINS DES RILLONS

Très semblables aux rillons, ces cubes de poitrine de porc, spécialité de la ville de Tours, les rillauds ont conservé leur couenne, ce qui leur permet de rester plus longtemps souples et moelleux. Après les avoir fait rissoler dans du saindoux, mouillés de vin blanc sec puis aromatisés d'épices et d'aromates comme le thym et le laurier, on les mettait à cuire longuement avant de les mettre en pots, recouverts de leur propre graisse. Aujourd'hui, seuls quelques rares charcutiers les fabriquent de façon artisanale.

LA FOUÉE, FIERTÉ BOULANGÈRE LOCALE

Son nom provient du latin *focus*, qui signifie « foyer » ou « endroit pour cuire ». Cette boule de pâte à pain servait à l'origine de test pour vérifier que la sole du four était à la bonne température. On les aplatissait entre les paumes des mains et on mesurait à quelle vitesse gonflait la pâte. Peu à peu, les boulangers ont pris l'habitude d'en fabriquer pour nourrir les ouvriers qui se rendaient à leur travail.

Aujourd'hui, les fouées sont le plus souvent vendues comme des sortes de sandwichs, farcis encore chaudes de champignons, de rillettes ou encore de rillauds.

LES POISSONS DE LOIRE, RICHESSE FLUVIALE DE L'ANJOU

La Loire, le plus long fleuve de France, est une source abondante de poissons tels que le brochet, le sandre ou encore le silure. La pêche des poissons de Loire en Anjou remonte à des temps anciens, les archives mentionnant la consommation de ces poissons dès le Moyen Âge. Les moines des abbayes angevines, tels que ceux de l'abbaye de Saint-Maur, ont joué un rôle crucial dans le développement des techniques de pêche et de conservation des poissons.

Poisson carnassier, **le sandre** est très prisé, réputé pour sa chair fine et savoureuse. Originaire des eaux douces de l'Europe centrale, il a été introduit dans la Loire au XIXe siècle.

Présent naturellement dans la Loire depuis des lustres et pêché principalement à la ligne, **le brochet**, connu pour sa chair ferme et ses arêtes nombreuses, demande une préparation soigneuse. Il est souvent cuisiné en matelote, un ragoût de poisson cuit dans du vin avec des légumes et des champignons, ou encore rôti au four avec des herbes et des épices pour sublimer son goût prononcé.

Autre espèce emblématique de la pêche locale, **le silure** est un poisson impressionnant qui peut parfois atteindre plus de 2 mètres de long et peser jusqu'à plusieurs centaines de kilos. Prédateur redoutable, introduit dans la Loire dans les années 1970, il représente aujourd'hui une ressource très estimée autant pour les pêcheurs que pour les chefs, qui le préparent aussi bien cru que cuit.

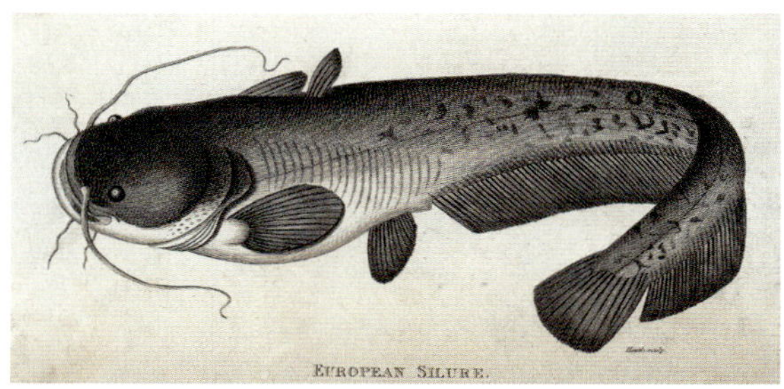

Enfin, **l'anguille**, poisson migrateur qui passe une partie de sa vie en mer et l'autre en eau douce, est pêchée depuis des siècles dans la Loire et ses affluents, principalement à l'aide de nasses et de lignes. Elle se déguste en bouilleture, une sorte de matelote où elle est cuite dans du vin avec des champignons de Paris émincés.

LE PÂTÉ AUX PRUNES, MADELEINE DE PROUST DES ANGEVINS

Tarte couverte à l'origine, en pâte brisée garnie de reines-claudes, le pâté aux prunes a longtemps été un dessert confectionné par les boulangers qui l'enfournaient après avoir fait cuire leur pain. Percée d'une cheminée, cette tourte concentre les arômes des prunes non dénoyautées qui garnissent le fond de pâte. Très appréciées à l'époque de la Renaissance, les prunes, et en particulier la reine-claude, baptisée en l'honneur de Claude de France, l'épouse du roi François Ier, occupent une place de choix dans la culture angevine : selon la légende, au XIIIe siècle, un chevalier de retour de croisade n'en aurait rapporté que quelques prunes. De là proviendrait l'expression populaire « y aller pour des prunes » – mais aussi la présence de longue date de nombreux pruniers entre Angers et Saumur.

LES BOTTEREAUX, BEIGNETS HISTORIQUES DU MARDI GRAS

Ces petits beignets en forme de losange, parfumés au rhum ou à l'eau-de-vie, portent aussi le nom de « croquignolles ». Saupoudrés de sucre après cuisson, ils sont aussi populaires en Anjou que dans les départements voisins, c'est-à-dire la Vendée et la Loire-Atlantique. Seuls quelques tours de main permettent de les différencier d'une région à une autre, comme celui de séparer blancs et jaunes, de battre en neige les premiers et de verser un peu d'eau chaude dans la pâte.

LES CRÉMETS D'ANJOU, DES NUAGES DE DOUCEUR

Cette crème, fouettée longuement, additionnée de blancs d'œufs battus en neige, moulée puis nappée de crème fleurette et saupoudrée de sucre vanillé, est un entremets incontournable en Anjou. L'ustensile traditionnel utilisé pour sa confection est la faisselle, un moule percé de trous, garni d'une gaze qui en facilite le démoulage.

Même si la légende attribue l'invention des crémets, en 1890, à une jeune cuisinière originaire des Deux-Sèvres, Marie Renéaume, on trouve leur trace au XVIIIe siècle, dans les archives de l'hôtel de ville d'Angers sous le nom de « fromages de crème ». Servis lors des banquets offerts par la mairie, ils sombrent peu à peu dans l'oubli, jusqu'aux années 1900. Un an plus tard, quand les époux Renéaume achètent la crémerie David, Marie se lance avec succès dans la fabrication des crémets. Bientôt, des vendeuses ambulantes les proposent dans des voiturettes aux cris de « Aux crémets, aux crémets frais ! ». Certains aiment les déguster accompagnés de fraises des bois ou arrosés de liqueur, comme le Cointreau.

Le grand critique gastronomique Curnonsky, qui sillonne la France dans les années 1920 à la recherche des pépites de ses terroirs, écrit dans son *Guide des merveilles culinaires* sur l'Anjou :

> « *Le crémet angevin est un régal des dieux ! Malheureusement, la recette est une tradition locale dont le secret n'appartient qu'à quelques paysannes qui le gardent jalousement et donnent ainsi un fameux démenti au fabuliste !*
>
> — Curnonsky

On trouve le crémet à Saumur et à Angers. Nulle crème Chantilly n'approche de ce petit mulon mousseux, parfumé, onctueux et léger. [...] Je ne connais rien à pouvoir être mis en parallèle avec le crémet d'Anjou que le broccio corse ; ni l'un ni l'autre ne peuvent être transportés ; il faut les manger sur place. »

Malheureusement, peu de temps après, Marie Renéaume et son époux se retirent des affaires. Souvent imité mais jamais égalé, le véritable crémet s'efface de nouveau. Il est remplacé par une préparation à base de fromage blanc fouetté, sans rapport avec la recette d'origine : la crème fraîche qui le compose a en effet en grande partie disparu. Il faut attendre 2015 et la fondation de l'Association du crémet d'Anjou pour que renaisse l'authentique douceur angevine.

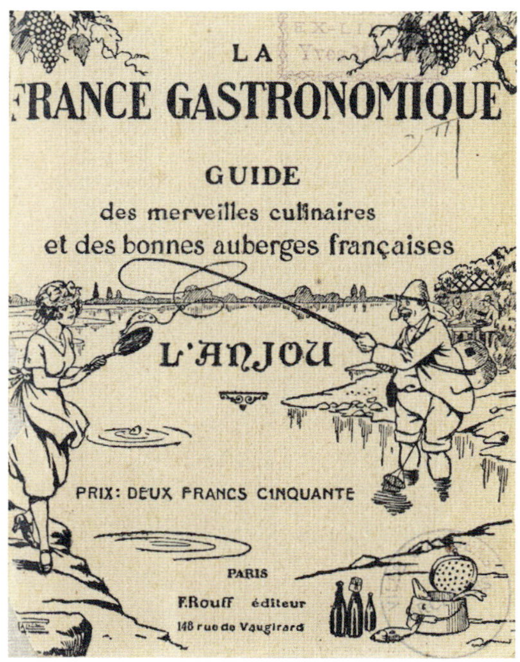

LES VINS DE SAUMUR, PERLES DE L'ANJOU

Le vignoble de Saumur, situé au sud des rives de la Loire, est réputé pour sa longue histoire viticole et sa diversité de vins d'appellation d'origine contrôlée (AOC). La culture de la vigne dans la région remonte probablement au Ier siècle, avec des traces de consommation de vin antérieures à la conquête romaine. Mais c'est au Moyen Âge que la viticulture se développe sous l'influence des moines augustins et bénédictins, qui aménagent les premiers vignobles et caves à vin. Au XVIIe siècle, des négociants hollandais jouent un rôle crucial dans la diffusion des vins de la région. Ils fondent des comptoirs commerciaux le long de la Loire et utilisent les caves troglodytiques. Des sols riches en tuffeau, une craie blanche composée de mica ou sableuse, ainsi qu'une position géographique et un climat exceptionnels contribuent à la renommée des vins de Saumur.

En 1838, Jean-Baptiste Ackerman, un négociant bruxellois, introduit les premiers vins « champagnisés » à Saumur, qui connaîtront un succès international. Seule l'épidémie de phylloxéra qui ravage le vignoble français donnera, à partir du printemps 1883, un coup d'arrêt à cette production florissante. Faute de remède, les vignes seront arrachées et remplacées par des plants américains.

Parmi les plus célèbres, on trouve le saumur-champigny, un rouge élaboré à partir du cépage cabernet franc, connu pour son élégance et sa finesse. Le saumur blanc, produit à partir du chenin blanc, séduit par sa fraîcheur et sa vivacité. Le crémant de Loire, apprécié pour ses fines bulles et sa fraîcheur délicate, est un incontournable des vins effervescents. Le saumur rosé, le saumur fines bulles, le saumur Puy-Notre-Dame et le coteaux-de-saumur complètent cette gamme variée, chacun apportant sa propre typicité et expression.

La recette historique

LE CUL DE VEAU À L'ANGEVINE

Cette imposante pièce de viande est située au-dessus de la cuisse de l'animal. On la trouve partout chez les bouchers sous le nom de « quasi de veau entier », mais aussi sous celui de « cul de veau » ou encore « indécence de veau » en Anjou.

Ingrédients :

- 1,5 kg de quasi de veau
- 2 grosses carottes
- 3 oignons jaunes
- 1 bouquet garni
- 1 couenne fraîche de porc d'environ 300 g
- 12,5 cl de vin blanc sec (anjou ou saumur)
- 12 cl de bouillon de veau
- 50 g de crème fraîche épaisse
- eau-de-vie
- sel, poivre du moulin

PRÉPARATION : 30 MIN | CUISSON : 1H50

1. Garnissez une cocotte qui va au four avec la couenne de porc découpée en plusieurs morceaux. Ajoutez les carottes et les oignons épluchés et coupés en rondelles. Salez et poivrez le morceau de quasi de veau et déposez-le sur la garniture. Mettez au four à découvert pendant 20 minutes.

2. Retournez la viande à mi-cuisson. Mouillez avec le vin blanc sec, le bouillon de veau et l'eau-de-vie. Ajoutez le bouquet garni et remettez au four à couvert 1 h 30.

3. Retirez le veau de la cocotte et maintenez-le au chaud. Jetez la couenne et le bouquet garni. Liez la sauce avec la crème fraîche. Découpez le quasi en tranches épaisses et nappez-le de sauce. Servez très chaud.

Les rives de la Meuse à Revin

SAVOUREUSES ARDENNES

Ce territoire, frontalier avec la Belgique, est peuplé de forêts denses, de vallées fluviales et de landes rocheuses. La richesse de sa cuisine est donc tout naturellement basée sur des produits « nature » et « rustiques », comme le gibier, les poissons, les champignons, et des fiertés locales, à commencer par la bière qui accompagne la plupart des plats.

UNE TERRE DE CHASSE

Connues pour leurs immenses forêts, les Ardennes regorgent de gibier à plumes, de cervidés et de sangliers. La chasse joue un rôle important dans la vie des habitants. Le plus apprécié et le plus connu demeure le sanglier, qui fait l'objet de battues et dont la population commence à chuter depuis quelques années. Animal mythique, symbole de la résistance aux nazis en 1940, comme en témoignent la devise et l'insigne des maquisards de la région « Ardennes tiens ferme », le sanglier fait partie de la culture collective locale. Une sculpture monumentale, réalisée par l'artiste ardennais Éric Sléziak et représentant un sanglier baptisé « Woinic », est installée sur l'aire d'autoroute de Saulces-Monclin depuis 2008. Elle est devenue l'emblème du département français des Ardennes.

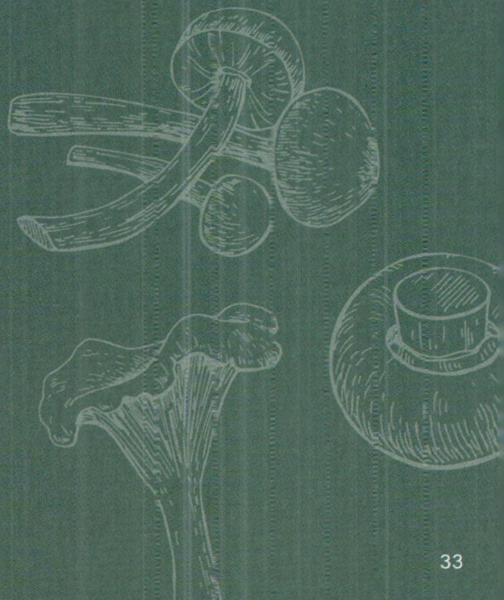

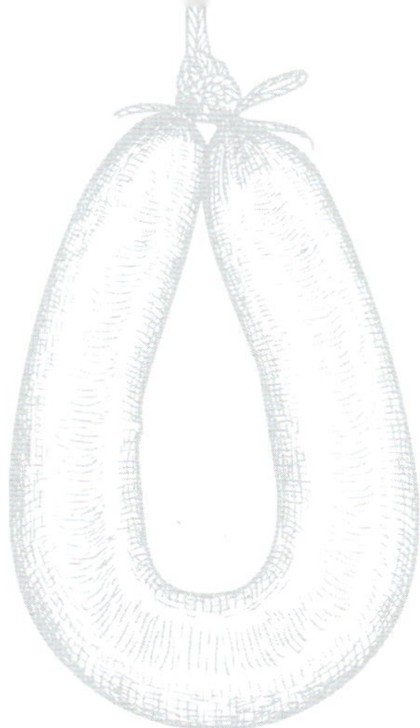

DU JAMBON SEC...

Déjà mentionné au début de notre ère par le géographe grec Strabon, le jambon des Ardennes doit beaucoup à la race de porcs locale : sauvages, nourris de glands, de châtaignes, de fruits et de racines, ces animaux étaient, à l'origine, particulièrement résistants. La finesse de leur chair ne s'est pas démentie au fil des siècles puisqu'ils sont référencés comme les porcs français les plus renommés au XIXe siècle, selon l'ouvrage savant *Le Cuisinier et le Médecin* d'un certain Léandre-Moïse Lombard.

Une tradition locale de salaisons, venue des fermes ardennaises où on élevait un ou deux cochons par an, a donné naissance à l'appellation « Jambon sec des Ardennes ».

Ce jambon non fumé, salé par frottages successifs durant plusieurs semaines et affiné pendant neuf mois minimum, bénéficie du climat humide de la région : sa texture, tendre et goûteuse, doit beaucoup à la lenteur de son séchage et de son affinage. Ce fleuron de la gastronomie ardennaise, IGP (indication géographique protégée) depuis 2015 (tout comme la « Noix de jambon sec des Ardennes »), se déguste en fines tranches, à l'apéritif, accompagné de pain, beurre et cornichons, ou encore coupé plus grossièrement dans une omelette, selon une vieille tradition locale.

... AU BOUDIN BLANC DE RETHEL

La légende raconte que le cardinal de Richelieu serait indirectement responsable de la création de ce boudin blanc particulièrement réputé : après la publication, en 1626, d'un décret imposant des amendes sévères aux aristocrates coupables de s'être affrontés en duel, un membre de la noblesse, Jacques-Augustin Chamarande, sorti vainqueur et l'honneur sauf, se serait enfui par crainte des représailles. La suite de ses aventures l'aurait mené à Rethel, où il serait devenu charcutier et fabricant de boudin blanc... Celui-ci, contrairement aux autres variétés, ne comporte ni pain ni farine. Des œufs, du lait, de la viande de porc finement hachée et pochée au préalable pour être blanchie le composent. Des échalotes, des épices et des aromates complètent la recette, protégée par une IGP depuis 2001. Aucun autre ingrédient n'est nécessaire. Poêlé à feu doux dans du beurre, ou passé sur le gril, sans le piquer, le boudin de Rethel donne le meilleur de lui-même accompagné de champignons émincés et d'une sauce suprême composée de fond de volaille et additionnée de crème fraîche.

LE ROCROI, UN COUSIN DU MAROILLES

Ce fromage odorant, au lait de vache écrémé, à pâte molle et à croûte orangée lavée, possède la même forme carrée que le maroilles. Très pauvre en matières grasses, il représente le seul fromage maigre à pâte molle de France. Sa recette provient d'un privilège royal accordé par Louis XVI : le quota de sel attribué chaque année aux paysans du plateau de Rocroi était augmenté pour que ces derniers puissent produire leur fromage. Pendant des siècles, sa confection était la tâche des femmes, au même titre que la traite ou l'entretien du poulailler. Sa vente permettait d'améliorer l'ordinaire du foyer. Le plus souvent, les coquetiers de Charleville, c'est-à-dire les marchands qui faisaient la tournée des villages pour vendre œufs, beurre et fromage, les affinaient eux-mêmes, dans leurs propres caves. Au cours des années 1950, la fabrication du rocroi tombe en désuétude. Il a été menacé de disparition pendant au moins deux décennies, mais sa fabrication a été relancée de manière semi-industrielle depuis une quinzaine d'années.

LA CROUSTILLANTE GALETTE AU SUCRE

Cette « galette » est en réalité une tarte briochée garnie d'un mélange de crème fraîche, de sucre et de beurre, trois ingrédients considérés comme luxueux pendant des décennies. Au début du XXe siècle, elle se démocratise, car le sucre de betterave, largement répandu, est bien plus accessible que celui extrait de la canne. Sa recette, plus complexe qu'elle n'y paraît, fait qu'elle demeure aujourd'hui encore réservée aux moments festifs.

LE TENDRE GÂTEAU MOLLET

À mi-chemin entre une brioche et un kouglof, ce petit gâteau à pâte levée, riche en beurre, était confectionné autrefois pour marquer des célébrations aussi variées qu'un mariage, une fête patronale, ou encore un enterrement. Les familles devaient généralement économiser sur le beurre et le sucre afin de le préparer. Lorsqu'il était servi en dessert lors d'un repas de noces, la coutume exigeait que l'on glisse à l'intérieur du gâteau un anneau d'argent, signe de fiançailles prochaines pour les jeunes filles encore célibataires. Un moule spécifique, orné de cannelures, est nécessaire à la confection de l'authentique gâteau mollet. Actuellement, il est de toutes les fêtes, souvent accompagné d'une crème, d'une mousse ou encore de fruits au sirop.

L'INCONTOURNABLE SALADE AU LARD

Des pissenlits, des lardons, de la pulpe de pomme de terre écrasée et encore chaude, le tout relevé d'herbes aromatiques potagères comme le persil : voilà pour la composition de la salade la plus populaire de la région, généralement servie entre mai et juin, époque où les pissenlits pointent leur nez. Un trait de vinaigre bouillant permet de les faire « tomber » dans une cocotte, sans les cuire, et surtout sans leur ajouter d'huile puisque la recette comporte des lardons. Elle se déguste tiède, parfois accompagnée de croûtons et d'œufs mollets ou durs.

L'ANECDOTE : SEDAN, CAPITALE DE LA BIÈRE

Entre 1880 et 1914, la ville, qui produit de longue date du houblon, compte 37 brasseries et malteries, dont une dizaine intra-muros, pour une agglomération d'environ 35 000 habitants.

La première revue mensuelle dédiée à l'univers de la bière, baptisée *Le Brasseur* et destinée au grand public, naît à Sedan, en 1865. Ses fondateurs sont à l'origine de la création trois ans plus tard d'une prestigieuse école de brasserie, qui accueille à l'époque des étudiants venus de toute la France, et même de Belgique, d'Algérie et des Pays-Bas. Il s'agit de la seconde école de brasserie en France, qui succède à celle ouverte quelques années plus tôt dans la capitale. Plusieurs inventions majeures, synonymes de progrès pour les brasseries, se situent dans les Ardennes : le moulin à malt (1827), par le Sedanais Bridier-Royer, pour broyer le malt d'orge avant le mélange des céréales et de l'eau, et le système Baudelot (1856), qui permet d'accélérer le refroidissement du moût et évite à la bière de s'infecter, grâce au Vendressois Jean-Louis Baudelot.

La recette historique

LA SOUPE À LA BIÈRE

Cette spécialité remonte à l'époque où la bière se brassait à la maison.

Ingrédients (pour 6 p.) :

- 1 l de bière de fermentation artisanale
- 100 g de sucre en poudre
- 3 jaunes d'œufs
- 20 cl de crème fraîche fermière épaisse
- 6 tranches de pain

1. Versez la bière dans une casserole. Ajoutez le sucre en poudre et chauffez jusqu'à ce que le mélange frémisse.

2. Battez dans un saladier les jaunes d'œufs et la crème. Baissez le feu dès que la bière arrive à ébullition. Incorporez, en remuant sans arrêt, le mélange œufs et crème.

3. Déposez dans 6 assiettes creuses une tranche de pain grillée et dorée. Répartissez dessus le contenu de la casserole. Dégustez chaud, sans assaisonnement.

LE BÉARN

Bordé par les montagnes des Pyrénées au sud et la plaine de l'Adour au nord, le Béarn bénéficie d'un terroir unique, caractérisé par des vallées verdoyantes, des rivières abondantes et des pâturages alpins. Une diversité qui influence sa cuisine, faite de plats rustiques aux recettes ancestrales.

LA GARBURE, UN PLAT DE PAUVRES NOURRISSANT ET GÉNÉREUX

Cette soupe, qui associe légumes et viandes confites, est le symbole de la convivialité locale. Parmi ses ingrédients de base, on trouve le chou, des manchons de canard ou des confits d'oie, des haricots et du maïs. Nourriture traditionnelle des paysans gascons, elle était autrefois servie toute l'année, en fonction des ressources du potager et du saloir. Elle peut se consommer aussi bien en entrée qu'en plat de résistance.

LA PALOMBE, UN RÉGAL PLURICENTENAIRE

Ce pigeon ramier, reconnaissable à son plumage gris-bleu caractéristique, orné d'une sorte de « collier » blanc, et à ses ailes bordées de blanc, passe chaque année, généralement entre la mi-octobre et novembre, la chaîne des Pyrénées pour se rendre en Espagne ou au Portugal, en quête de températures plus douces. Chassée depuis le XVIIIe siècle, en particulier dans le Béarn et au Pays basque, la palombe représente à la fois une tradition folklorique et un gibier très convoité. Baptisée « vague bleue de la Saint-Luc », la période de temps sec et ensoleillé qui correspond à la migration des palombes est attendue avec impatience par les chasseurs et les amateurs de l'oiseau, cuisiné truffé ou en salmis, c'est-à-dire une sorte de ragoût où il est rôti et cuit dans une sauce au vin épicée.

L'ANECDOTE : LA POULE AU POT D'HENRI IV

> *Si Dieu me donne encore de la vie, je ferai qu'il n'y aura point de laboureur en mon Royaume qui n'ait moyen d'avoir une poule dans son pot.*

Cette phrase célèbre, attribuée à Henri IV (1553-1610) lors d'une conversation avec le duc de Savoie, serait, en réalité, l'invention d'un homme, Hardouin de Péréfixe de Beaumont. D'abord précepteur puis confesseur du futur Louis XIV, il rédige, à l'attention du jeune roi, un livre intitulé *Histoire du roi Henri le Grand*, publié en 1661. Son but est d'enseigner à celui qui gouvernera le royaume à faire preuve de bienveillance envers son peuple, composé en grande majorité de paysans. Exsangue après quarante années de guerres de religion entre catholiques et protestants, la France a grand besoin de retrouver une certaine vitalité qui passe forcément par le bien-être de la paysannerie ! Permettre à chacun de manger de la volaille de temps en temps en fait donc partie. On sait aujourd'hui que la phrase imaginée de toutes pièces par Hardouin de Péréfixe de Beaumont a été enjolivée deux siècles plus tard, par un certain... Stendhal, écrivain, auteur de nombreux romans dont le célèbre *Le Rouge et le Noir* : il évoque, en 1823, le « pauvre paysan » [qui put] du moins avoir la poule au pot le dimanche ». Devenue plat incontournable du déjeuner le jour du Seigneur, cette spécialité et son histoire fantasmée sont passées à la postérité, y compris dans les manuels scolaires.

36 SALIES-de-BÉARN. — Les salines, le pesage des sacs. — ND.

LE SEL, L'OR BLANC DE SALIES-DE-BÉARN

Déjà, à l'âge du bronze, c'est-à-dire en 1500 av. J.-C., les hommes savent extraire le sel local par évaporation de l'eau salée, comme en témoignent des pots en céramique découverts lors de fouilles archéologiques.

Mais la légende locale préfère relier la fondation de la ville à une anecdote de chasse : au XIVe siècle, le célèbre Gaston Phébus, comte de Foix, traque un sanglier. Blessé, l'animal se réfugie dans les marais mais demeure introuvable. Il réapparaît quelques jours plus tard, mort mais parfaitement conservé, le corps luisant recouvert de cristaux de sel.

Dès le Moyen Âge, Salies-de-Béarn se développe en cercle autour de la place centrale du Bayaà où se trouve la principale source d'eau salée, essentielle pour la communauté. Les habitants, appelés « besis », possèdent tous une part de cette richesse.

Au fil du temps, des règles strictes concernant l'utilisation de l'eau s'établissent, et en 1587 elles sont officiellement consignées dans le « livre noir » de la ville. À partir de ce moment, les propriétaires de la source sont connus sous le nom de « part-prenants de la fontaine salée ». Leur vie quotidienne est marquée par les coups de cloche signalant la distribution de l'eau salée par les porteurs, appelés « tiredous ». Ces derniers utilisent des sameaux, des baquets en bois de forme tronconique d'environ 92 litres, pour transporter l'eau jusqu'aux coulédés, des auges de pierre servant de réservoirs, extérieurs aux maisons. De là, l'eau est acheminée vers des poêles privés pour l'extraction du sel.

Le nombre de sameaux attribué à chaque habitant et défini par le livre noir s'appelle « compte de Saüce ». Ce nombre varie selon le statut matrimonial et la position dans la fratrie, avec les aînés mâles comme principaux héritiers. Si elles n'ont pas de frères, les filles peuvent devenir part-prenantes, à condition de résider à Salies depuis au moins six mois. Aujourd'hui encore, les Salisiens sont propriétaires de la fameuse fontaine salée, et les règles de succession et de propriété établies au XVIe siècle, toujours appliquées.

Les 2 000 tonnes de sel produites par an sont exploitées à la fois pour un usage thermal, qui s'est développé à partir du XIXe siècle, et pour l'alimentation. Le jambon de Bayonne n'obtient en effet son IGP (indication géographique protégée) que s'il est salé avec le sel de la ville de Salies-de-Béarn ; jusqu'à l'horizon 2060, c'est le Consortium du jambon de Bayonne qui est en charge de l'exploitation de la saline.

LE JURANÇON, VIN DES ROIS ET ROI DES VINS

Au cœur du Béarn, entre le gave de Pau et celui d'Oloron, se trouve l'appellation « jurançon AOC », qui s'étend sur 614 hectares de coteaux, travaillés par plus de soixante-cinq vignerons. Chaque année, ils produisent quelque 19 000 hectolitres de vins blancs, qu'ils soient doux, secs ou issus de vendanges tardives.

Cultivé depuis l'Antiquité, le vignoble de Jurançon a pris forme autour de la chapelle de Rousse au Moyen Âge. À la naissance d'Henri de Bourbon, futur Henri IV, en 1553 au château de Pau, le vin de Jurançon acquiert une renommée royale. Pour fortifier l'enfant, son grand-père Henri II de Navarre lui en aurait fait boire quelques gouttes et lui aurait frotté les lèvres avec une gousse d'ail. De là provient le surnom de « vin des rois et roi des vins » (*Bi dou Rei, Rei du Bi* en béarnais).

Les guerres de religion et la crise économique qui accompagnent le rattachement de la région à la France sous le règne de Louis XIII affectent la culture de la vigne. Au début du XXe siècle, la viticulture est sur le point de disparaître. Heureusement, quelques passionnés décident de relancer la production de ce vin local pour sauver leur vignoble. Leur persévérance est récompensée en 1936 avec l'apparition des premières AOC (appellations d'origine contrôlée) dont le jurançon fait partie. À l'époque, seuls les vins blancs doux sont distingués. En 1975, c'est au tour des vins blancs secs, suivis par les vins de vendanges tardives en 1994.

Les coteaux de Jurançon, exposés plein sud, font face aux Pyrénées à une altitude moyenne de 300 mètres. Ils bénéficient des pluies régulières de l'océan Atlantique et d'une arrière-saison souvent très douce. Durant cette période, un vent sec et chaud, le fœhn, connu en Béarn sous le nom de « balaguèra », aide les raisins à sécher sur les vignes et à se concentrer en sucre : c'est le passerillage. Le cahier des charges de l'AOC n'autorise que cinq cépages locaux : le petit manseng et le gros manseng, les plus importants, ainsi que le courbu, le lauzet et le camaralet. En raison de la configuration des vignes, souvent situées sur des pentes pouvant atteindre 80 %, les vendanges sont entièrement manuelles.

13 décembre 1553

Henry de Bourbon, futur roi de France, naquit au château de Pau, le 13 décembre 1553.
Sa mère, Jeanne d'Albret, reine de Navarre, le mit au monde en chantant.
Son grand-père, Henry d'Albret, lui frotta les lèvres d'une gousse d'ail, et lui fit boire quelques gouttes de vin de Jurançon.

La recette historique

LE GÂTEAU RUSSE

En 1923 ou 1925, un pâtissier béarnais, Adrien Artigarrède, installé à Oloron-Sainte-Marie, imagine ce gâteau, en réinterprétant une ancienne recette. Ce biscuit, composé d'amandes et poudré de sucre glace, évoque les plaines enneigées de Russie.

Ingrédients :

Pour le biscuit (x 2)

- 180 g de blancs d'œufs
- 80 g de sucre
- 80 g de poudre d'amande
- 25 g de sucre glace
- 10 g de farine

Pour la crème pralinée

- 75 g de blancs d'œufs à température ambiante
- 150 g de sucre
- 4 cl d'eau minérale
- 100 g de beurre doux ramolli
- 130 g de praliné

1. Préchauffez le four à 180 °C (th. 6).
2. Montez les blancs en neige ferme, puis versez lentement le sucre. Tamisez en plusieurs fois la poudre d'amande avec le sucre glace et la farine au-dessus des blancs. Mélangez à l'aide d'une spatule souple ou maryse.
3. Étalez chaque biscuit sur une plaque à pâtisserie garnie de papier sulfurisé et saupoudrez de sucre glace sur toute leur surface.
4. Faites cuire à 180 °C pendant 14 minutes en surveillant attentivement. Ils doivent avoir pris une jolie couleur blonde. Dès la sortie du four, retirez les biscuits de la plaque, puis réservez.
5. Préparez la crème : faites chauffer l'eau et le sucre. Pendant qu'ils chauffent, battez les blancs en neige ferme dans un saladier. Lorsque le sirop atteint les 118 °C, versez-le avec précaution sur les blancs. Fouettez jusqu'à ce que les parois du saladier refroidissent. Fouettez ensuite le beurre, mélangez-le avec le praliné, puis ajoutez délicatement la meringue.
6. Étalez la crème mousseline à l'aide d'une spatule sur l'un des biscuits, puis posez le deuxième sur la crème et saupoudrez de sucre glace.

Issoudun

LE BERRY
EXQUIS

Riche d'Histoire et chargée de mystères, cette ancienne province est une terre de châteaux habités ou visités par des personnages célèbres, qui ont contribué à faire connaître ses nombreuses spécialités. Ici, pas de bruit autour des casseroles, mais des traditions culinaires solides et bien ancrées au terroir.

L'INIMITABLE LENTILLE VERTE DU BERRY

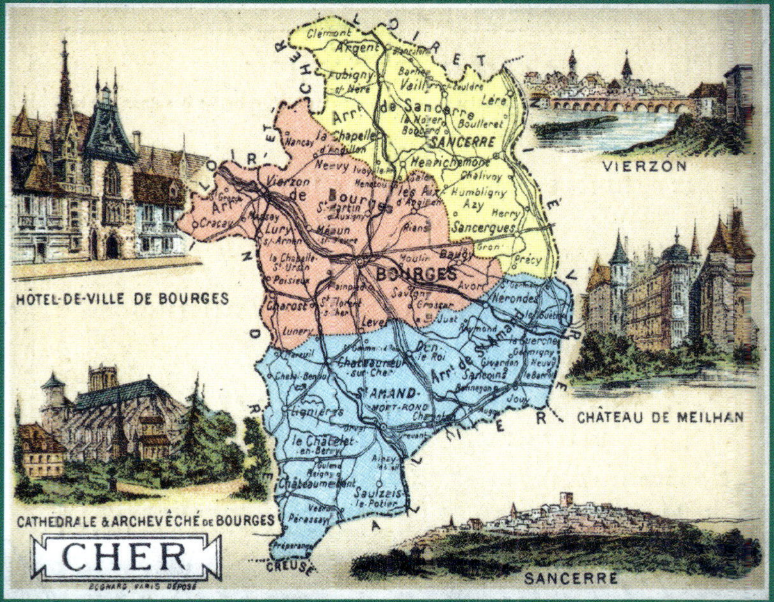

Label rouge depuis 1996 et indication géographique protégée (IGP) depuis 1998, cette variété de lentilles possède une couleur vert sombre marbrée de bleu. Sa présence dans la région remonte aux années 1950. Pionniers dans sa culture, des agriculteurs situés à la frontière des départements de l'Indre et du Cher sont bientôt imités par d'autres, proches d'Issoudun. Mais c'est grâce à une recette, la crème de lentilles vertes du Berry, que la lentille berrichonne accède à la célébrité : en 1972, Alain Nonnet, le chef et propriétaire de « La Cognette » – une table mythique de la ville d'Issoudun, autrefois fréquentée par Balzac –, met au point un potage aux lentilles aromatisé de truffes. Une création devenue une référence culinaire.

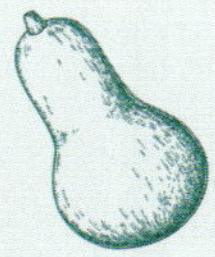

LA SUCRINE DU BERRY

Ancienne variété de courge musquée en forme de poire, dont la couleur passe du vert-ocre au beige cuivré à maturité, la sucrine existe probablement depuis fort longtemps, mais n'a été authentifiée qu'à la fin des années 1980.

C'est à la foire de Tranzault, dans l'Indre, une foire aux légumes oubliés qui se déroule depuis 1987, que la sucrine du Berry fait son apparition, pour la plus grande joie des gourmets curieux et des jardiniers en quête de nouvelles graines à planter.

Sa saveur fruitée, qui rappelle un peu celle du melon, en fait aujourd'hui l'une des courges les plus demandées. On la retrouve dans une des spécialités locales les plus populaires, le citrouillat, une tourte garnie de chair de courge cuite et arrosée de crème fraîche.

> *La grande et digne demeure de M. de Talleyrand. Là, tout est habileté, ordre, splendeur. Là, le talent est heureux et haut placé. Le cuisinier gouverne l'estomac. Il influe peut-être sur la grande pensée du ministre.*
>
> — Antonin Carême

VALENÇAY : UN CHÂTEAU...

Cette magnifique demeure doit sa renommée à un homme, Charles-Maurice de Talleyrand-Périgord, prince de Bénévent.

Talleyrand, homme d'esprit et fin gastronome, est un personnage politique de premier plan, ministre des Affaires étrangères de Napoléon Ier. Convaincu qu'« on ne fait pas de bonne diplomatie sans bons déjeuners », il recrute Antonin Carême, l'un des pères de la cuisine française. Le diplomate pousse le cuisinier à utiliser un maximum de légumes et de produits de saison, tout en allégeant les recettes. Ensemble, ils imaginent ce qu'on appelle aujourd'hui la « gastro-diplomatie », qui permet de réunir autour d'une table et des arts culinaires les personnalités les plus influentes. Une stratégie bien comprise par le cuisinier, qui admire sans réserve l'homme d'État et « la grande et digne demeure de M. de Talleyrand. Là, tout est habileté, ordre, splendeur. Là, le talent est heureux et haut placé. Le cuisinier gouverne l'estomac. Il influe peut-être sur la grande pensée du ministre ».

LA CUISINE D'ANTONIN CARÊME EN 1806

Napoleon, ayant accepté une invitation à diner chez le prince de Talleyrand, ministre des affaires étrangères eut la curiosité, avant le repas, de voir la cuisine princière, dont Carême était alors l'un des chefs ; celui-ci, qui rédigeait ses ordres, fut bien surpris à l'aspect de l'empereur l'honorant de sa visite.

L'ANECDOTE : LE SAUMON DE TALLEYRAND

Un soir, Talleyrand fait présenter à ses invités un magnifique et énorme poisson, un saumon de l'Adour qu'il a payé une fortune. Tout le monde s'extasie. Un valet le remporte aussitôt en cuisine pour le découper. En se dirigeant vers la porte, ce dernier se prend les pieds dans le tapis. Le saumon atterrit par terre, sous les yeux des convives qui se désolent de voir disparaître la plus belle pièce de leur dîner. Talleyrand reste impassible et ordonne froidement à son maître d'hôtel : « Monsieur, faites-nous donc apporter l'autre... » Le maître d'hôtel s'exécute et rapporte rapidement des cuisines un autre saumon, encore plus beau que le précédent.

En réalité, ce n'était pas un, mais deux saumons que le maître de maison avait reçus la veille par la malle-poste. La maladresse du serviteur, mise en scène de toutes pièces, avait permis à Talleyrand de déployer plus encore sa magnificence.

... UN FROMAGE...

Attention à ne pas confondre le valençay, fromage de chèvre de forme pyramidale recouvert d'une croûte gris bleuté, avec le pouligny-saint-pierre, de forme similaire mais plus élancée et de couleur blanc-ivoire.

La légende raconte que Talleyrand aurait lui-même tranché le sommet du fromage d'un coup de sabre pour épargner à l'empereur Napoléon Ier le souvenir cuisant de ses défaites en Égypte !

Ce qui est sûr, c'est que la réputation de gastronome du célèbre diplomate a permis de faire connaître ce délicieux fromage berrichon qui se consomme sec de novembre à mars, et frais le reste du temps.

... ET UN VIN !

Il s'agit d'un cas unique en France : sous le nom de « valençay » sont regroupées deux appellations d'origine différentes, le fromage en forme de pyramide et un vin. Vin de bergers puis de moines, produit par trois abbayes présentes sur l'aire d'appellation, il doit sa popularité à Talleyrand qui le fait servir à la table de son château.

> « Il faut la faire soi-même et ne pas la quitter d'un instant. C'est aussi sérieux que d'écrire un livre.
>
> — George Sand

GEORGE SAND, REINE DES CONFITURES À NOHANT

Moins somptueux que celui de Valençay, le château de Nohant est la propriété de George Sand, auteure de *La Mare au diable*, de *La Petite Fadette*, ou encore de *François le Champi*, des contes dont l'action se situe dans le Berry. Gourmande, aimant recevoir dans sa demeure, aujourd'hui transformée en musée, la romancière s'intéresse de très près à la cuisine ; après sa disparition, en 1876, ses héritiers ont retrouvé des liasses de recettes écrites de sa main.

Le peintre Delacroix, les écrivains Flaubert et Alexandre Dumas, ou encore Chopin, son amant pendant neuf ans, tous ont séjourné à Nohant et partagé la table de George Sand, malgré ses problèmes d'argent récurrents.

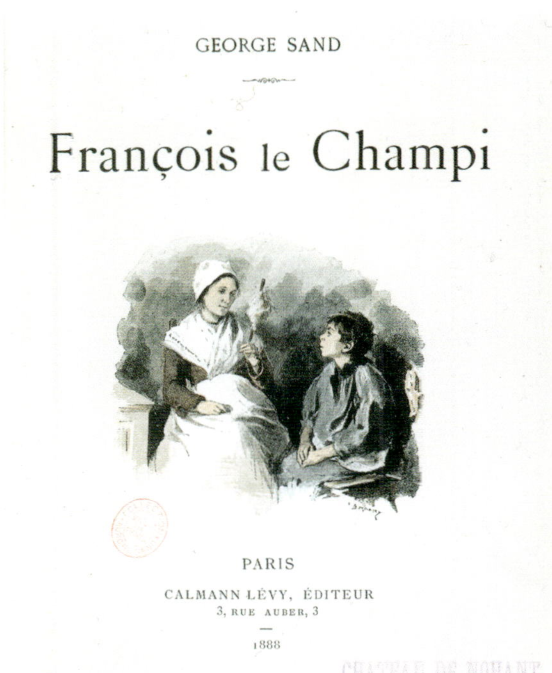

GEORGE SAND

François le Champi

PARIS

CALMANN LÉVY, ÉDITEUR

3, RUE AUBER, 3

1888

Spécialiste de l'art de recycler les restes, la maîtresse de maison sait particulièrement s'y prendre avec les aliments qui se conservent, comme les confitures.

Chaque année, pour confectionner sa gelée de groseilles, elle a l'habitude de faire venir cinq ou six femmes, des paysannes des environs, chargées d'épépiner les groseilles. La mission est délicate et elle ne néglige aucun détail !

« Les confitures, c'est sérieux. J'ai fait une quarantaine de livres [20 kilos, NDLR] de confitures de prunes. Il est bien plus simple que tu y puises tant qu'il y en aura. Seulement, je me charge de les conserver, car cela demande encore certains soins. Toutes les fois que tu en voudras, fais-en demander... J'en ai d'autres encore à ton attention. Les femmes que tu m'enverrais ne me serviraient à rien, car on ne peut pas confier cette besogne. Il faut la faire soi-même et ne pas la quitter d'un instant. C'est aussi sérieux que d'écrire un livre. » (Lettre de George Sand à son ami botaniste et grand voyageur Jules Néraud, 1844.)

LE MASSEPAIN D'ISSOUDUN

Des amandes en poudre, de l'eau de fleur d'oranger, du sucre et des blancs d'œufs à quantités égales, voilà pour la composition de cette friandise, proche d'un calisson d'Aix par sa recette ainsi que par son glaçage très blanc.

Le grand écrivain Honoré de Balzac s'est régalé de massepain à Issoudun, très certainement à l'auberge de « La Cognette », vers 1835 ou 1836. L'établissement en perpétue toujours la tradition

Dans son roman *La Rabouilleuse*, il fait allusion à cette spécialité, nommée « gâteau d'Issoudun », qu'il a largement contribué à faire connaître dans la capitale.

> « *Elle tirait d'une armoire une fiole contenant du cassis, une liqueur de ménage faite par elle, car elle en avait eu la recette de ces si célèbres religieuses auxquelles on doit le gâteau d'Issoudun, l'une des plus grandes créations de la confiturerie française, et qu'aucun chef d'office, cuisinier, pâtissier et confiturier n'a pu contrefaire. Monsieur de Rivière, ambassadeur à Constantinople, en demandait tous les ans d'énormes quantités pour le sérail de Mahmoud.*
>
> — Honoré de Balzac

LA FRAÎCHEUR DES SANCERRES

La ville, perchée sur une butte escarpée de 300 mètres de haut, semble veiller sur la rive gauche de la Loire. Le vignoble s'étend sur quatorze communes, elles-mêmes situées sur des collines, aux sols calcaires et riches en silice. Sa création remonterait aux premiers siècles de l'ère chrétienne, mais son essor, lui, doit tout aux moines augustins et bénédictins, dès le XIIe siècle. À l'époque, il s'agit de vin rouge, produit à partir de pinot noir et fortement consommé. Totalement dévasté par la terrible épidémie de phylloxéra en 1886, le Sancerrois est progressivement replanté, en majorité en sauvignon pour la production de vins blancs. Longtemps, sa proximité avec la capitale en fait le vin le plus tendance auprès des bistrots. Entre pierre à fusil et bouquet d'agrumes, les arômes de ce vin de producteurs continuent de séduire de nombreux consommateurs de l'Hexagone et au-delà.

La recette historique

LE COQ (OU POULET) EN BARBOUILLE

Ingrédients :

- 1 coq
- huile d'arachide
- farine
- 20 petits oignons (15 à braiser et le reste émincé)
- 2 carottes (en rondelles)
- 1 bouteille de vieux cognac
- ½ bouteille de bon vin rouge
- 50 cl de bouillon de volaille
- 1 gousse d'ail
- thym et laurier
- sucre
- lardons
- 250 g de champignons

1. Prenez un beau coq d'un an et coupez-le en 8 morceaux. Réservez le sang.
2. Faites dorer les morceaux dans de l'huile d'arachide. Ajoutez un peu de farine, continuez à faire dorer pour qu'elle blondisse bien. Ajoutez 5 oignons émincés et les carottes.
3. Arrosez copieusement d'un vieux cognac, flambez. Déglacez avec la moitié d'une bouteille de bon vin rouge et autant de bouillon de volaille. Ajoutez du thym, du laurier et la gousse d'ail écrasée. Couvrez et laissez cuire doucement.
4. À part, faites braiser 15 petits oignons avec un peu de sucre. Quand ils sont bien dorés, ajoutez-y des petits lardons cuits à la poêle et les champignons émincés. Faites suer l'ensemble en couvrant la casserole.
5. Ajoutez au sang mis de côté de la fécule délayée dans un peu d'eau, et mélangez le tout à la cuisson du coq. Servez.

Sancerre

Pommard

LA BOURGOGNE

Son terroir, composé de paysages vallonnés, de forêts denses et de vignobles réputés dans le monde entier, est traversé par de nombreuses rivières et cours d'eau. Sa cuisine, grâce à ses ressources naturelles variées, est, aujourd'hui encore, marquée par l'influence des ordres monastiques, cisterciens et bénédictins qui y ont développé l'agriculture et la viticulture dès le Moyen Âge.

LE JAMBON PERSILLÉ, RUSTIQUE ET DÉLICAT

Traditionnellement, chaque famille bourguignonne préparait du jambon persillé pour les fêtes de Pâques, en utilisant des jambons conservés tout l'hiver dans des saloirs. Cette pratique familiale s'est étendue et est devenue une spécialité régionale reconnue.

Dijon et Chalon-sur-Saône se disputent la paternité de ce mets, savant équilibre de viandes et de gelée. Dans sa recette, on trouve plus d'épaule que de jambon sale, un peu de couenne, et bien sûr un pied-de-veau pour la gelée. Le tout désossé, cuit environ quatre heures dans un court-bouillon relevé de thym, laurier, carottes et céleri, additionné d'un trait généreux de bourgogne aligoté et d'un filet de vinaigre. Charcuterie artisanale, le jambon persillé est monté à la main : il s'agit de superposer, couche par couche, dans une grande terrine, les viandes et une farce composée de persil, d'ail, de gras du jambon et de pied-de-veau haché. Entre chaque couche, on mouille avec le bouillon, récupéré et filtré, qui donnera la gelée. La confrérie des Chevaliers de saint Antoine veille chaque année, lors de la foire de Dijon, au respect des critères d'excellence de cette spécialité : goût, bonne tenue à la coupe et teneur en sel, récemment abaissée de 20 à 15 grammes au kilo !

LA GOUGÈRE, LE « CHOU » AU FROMAGE BOURGUIGNON

On en retrouve la trace dès le XVe siècle en Bourgogne, sous le nom de « gouyère ». Trois cents ans plus tard, elle est fréquemment servie, au moment du dessert, à l'occasion des vendanges et des fêtes populaires. À l'époque, la gougère ressemble vaguement à une tarte au fromage.

Tout change au début du XIXe siècle, grâce à un génie de la cuisine et de la pâtisserie : Antonin Carême. Célèbre pour avoir élevé ces deux disciplines au rang d'art au début du XIXe siècle, il invente les ramequins, des petites préparations individuelles à base de fromage servies chaudes et fondantes sur une base de pâte. Ces ramequins inspirent un autre pâtissier, un nommé Liénard, qui s'installe dans l'Yonne vers 1800, au nord-est d'Auxerre, à Flogny-la-Chapelle. Il remplace la pâte brisée par une pâte à chou salée et y ajoute du comté, le fromage emblématique de la région voisine, la Franche-Comté. La combinaison de ces deux éléments, la pâte à choux et le comté, fait tout le charme de la gougère : une texture légère et aérienne, mais avec du goût ! Elle a su traverser les époques sans prendre une ride, et remporte toujours un grand succès lors des réceptions et apéros dînatoires.

LES CLIMATS DE BOURGOGNE ET LES VINS

Aucun rapport entre ce nom et la météo locale ! Les Climats de Bourgogne, inscrits au patrimoine mondial de l'UNESCO, sont des parcelles de vignes précisément délimitées dont les caractéristiques uniques influencent le vin produit. Les Climats, associés à des lieux-dits, témoignent de l'histoire et de la richesse du vignoble bourguignon. Les vins de Bourgogne se distinguent par leur complexité aromatique et leur capacité à vieillir, avec des cépages principaux comme le pinot noir pour les rouges et le chardonnay pour les blancs. Les appellations prestigieuses incluent notamment Chablis, Meursault et Gevrey-Chambertin.

LE CHABLIS, CRISTAL LIQUIDE

Ce vin blanc sec issu du cépage chardonnay, cultivé dans la région de Chablis, au nord de la Bourgogne, fait rêver les amateurs du monde entier. Son histoire remonte à l'époque romaine, mais c'est au Moyen Âge, grâce aux moines de l'abbaye de Pontigny, que la viticulture se développe. Les moines, fins connaisseurs des terroirs, ont su exploiter les particularités du sol calcaire de la région. Ce sol si particulier porte un nom savant : le kimméridgien. Du calcaire, riche en fossiles marins, comme ces innombrables petites coquilles d'huîtres datant de cent cinquante millions d'années, le compose en grande partie. Ces dépôts marins donnent au chablis une minéralité unique, une note saline ou iodée, qui se marie à merveille avec la fraîcheur et la vivacité du cépage chardonnay. Cette minéralité fait toute la spécificité du chablis et le distingue des autres vins de Bourgogne.

Réputés pour leur approche précise et rigoureuse, les vignerons de Chablis vendangent souvent les raisins à la main, puis les pressent délicatement. La fermentation se fait généralement dans des cuves en inox pour préserver la pureté et la fraîcheur des arômes, mais certains producteurs utilisent aussi des fûts de chêne, surtout pour les cuvées de plus haut niveau comme les premiers crus et les grands crus.

Ses arômes de fleurs blanches, ses notes d'agrumes sur un fond minéral de pierre à fusil et son acidité surprennent par leur vivacité en bouche qui appelle un plateau d'huîtres, une friture ou un tartare de poissons, voire des sushis ou un fromage de chèvre.

Un chablis classique peut être bu jeune, dans les deux à cinq ans, pour profiter de sa fraîcheur et de ses arômes fruités et floraux. Mais les premiers crus et grands crus peuvent être conservés bien plus longtemps, parfois jusqu'à quinze ans et même plus ! Ils vont développer au fil du temps des arômes plus complexes de miel, de fruits secs et d'épices.

LE KIR, SYMBOLE DE L'APÉRO À LA FRANÇAISE

Simple mélange de crème de cassis et de vin blanc bourgogne aligoté, le kir possède une histoire longue et mouvementée.

Tout commence en 1841, l'année où est industrialisée la liqueur de cassis, produit bien connu des ménagères dijonnaises qui le confectionnent chaque saison. L'absinthe, jugée trop dangereuse pour l'organisme, est interdite en 1915. Au même moment, des producteurs cherchent le moyen d'exploiter des vins blancs trop médiocres pour être bus tels quels, et décident de lancer sur le marché une série de boissons alcoolisées : le blanc-cassis », mélange d'un tiers de liqueur de cassis et de deux tiers de vin blanc ordinaire, devient populaire en Bourgogne dans l'entre-deux-guerres, avant de s'étendre au reste du pays dans les années 1950.

Le chanoine Félix Kir, devenu député-maire de Dijon, prend même l'habitude de déguster son petit blanc-cass', comme on disait autrefois, à la buvette de l'Assemblée nationale. Ce personnage haut en couleur est classé à l'époque deuxième personnalité religieuse la plus connue des Français, mais il est aussi un infatigable promoteur de cet apéritif : il s'arrange pour le proposer dans toutes les réceptions officielles qu'il préside.

Dans une lettre datée du 20 novembre 1951, le député-maire donne « en exclusivité » à un liquoriste dijonnais, la maison Lejay-Lagoute, le droit d'utiliser son nom pour « une réclame de cassis et désigner un vin blanc-cassis ».

Le blanc-cassis devient officiellement le kir ! En 1952, le liquoriste enregistre la marque Le Kir. Trois ans plus tard, dans un nouveau courrier, Félix Kir accorde le même privilège à un autre liquoriste dijonnais, L'Héritier-Guyot, en expliquant qu'il n'a pas voulu créer un monopole.

Sans le vouloir, le chanoine vient d'ouvrir la voie à un des plus longs procès de l'agroalimentaire, qui oppose la maison Lejay-Lagoute aux autres liquoristes de Dijon. En 1992, la Cour de cassation tranche en faveur de Lejay-Lagoute, désormais seule autorisée à utiliser la marque Le Kir pour ses apéritifs prêts à l'emploi.

LES ANIS DE FLAVIGNY

Inventés au Moyen Âge par les moines bénédictins de Flavigny-sur-Ozerain, les Anis de Flavigny ont ensuite été commercialisés à grande échelle au milieu du XIXe siècle par un pharmacien, Jacques-Edmond Galimard, qui a racheté les huit petites fabriques locales de bonbons à l'anis et les a fusionnées en une entreprise installée dans l'ancienne abbaye de Flavigny.

Ces petites perles blanches, composées de graines d'anis vert enrobées de plusieurs couches de sirop de sucre, sont appréciées de tout temps par des personnages célèbres, tels que Blanche de Castille, mère de Saint-Louis, Louis XIV, Mme de Sévigné ou encore les princes de Condé. Les Anis de Flavigny, qui rendent l'haleine douce et parfumée, sont évidemment recherchés à une époque où l'hygiène dentaire est plus que sommaire. Autre raison du succès des Anis, leur petite boîte ovale, agrémentée d'un décor champêtre, où évoluent un jeune berger et sa bergère. Pour créer l'image qui orne la boîte, Jacques-Edmond Galimard a fait poser ses enfants à deux pas de la fabrique. Après la disparition de leur créateur, les Anis de Flavigny continuent leur essor grâce à ses fils qui rivalisent d'ingéniosité pour les faire connaître : lors de l'Exposition universelle de 1900, Paul Galimard imagine l'installation de kiosques en bois au pied de la tour Eiffel, pour faire goûter ses Anis aux visiteurs étrangers. En 1923, l'entreprise change de main et passe dans celles de la famille Troubat, qui la contrôle encore aujourd'hui. Déclinés en sept arômes naturels et présents dans plus de trente-cinq pays, les Anis occupent une place de choix dans un grand nombre de commerces, depuis les maisons de la presse en passant par les supermarchés, et même les pharmacies.

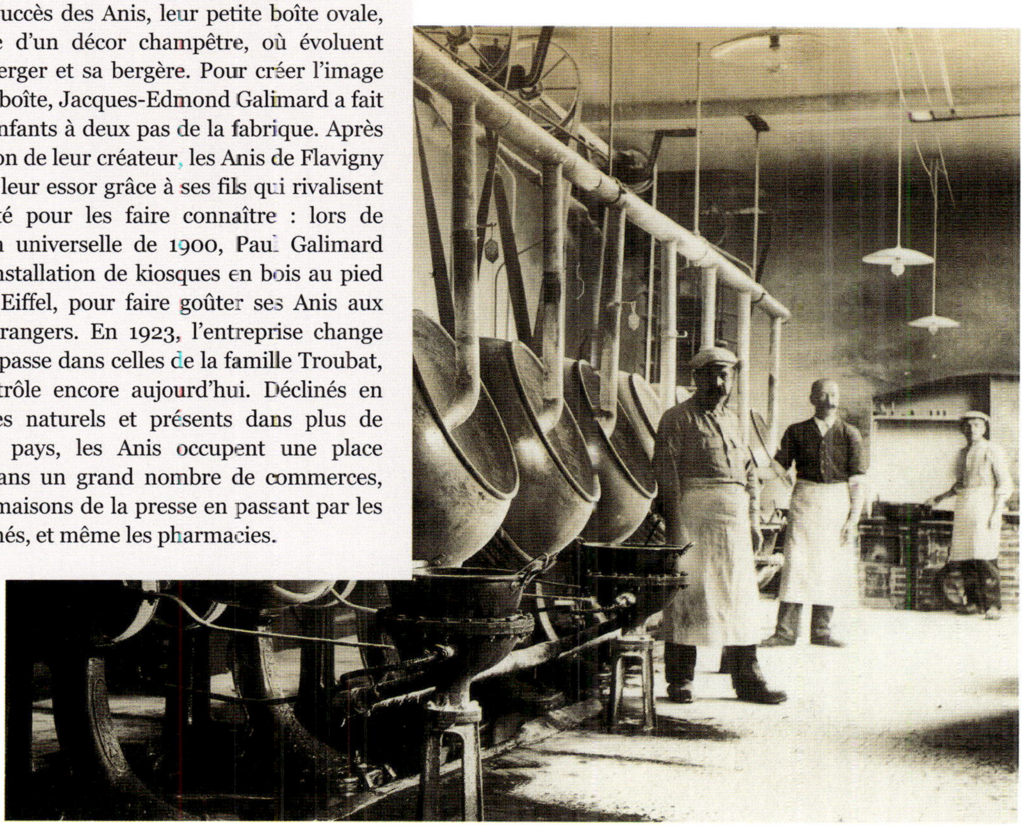

LE POULET GASTON GÉRARD

Une simple maladresse culinaire serait à l'origine de ce plat très gourmand, emblématique des cuisines comtoise et bourguignonne. C'est à Reine-Geneviève Bourgogne, épouse de Gaston Gérard, premier ministre français du Tourisme, député de la Côte-d'Or et maire de Dijon, qu'on doit cette recette, créée en 1930.

Ingrédients (pour 4 p.) :

- 1 poulet entier coupé en morceaux
- 1 c. à c. de moutarde de Dijon
- 250 g de crème fraîche épaisse
- 100 g de comté râpé
- 300 ml de vin blanc de Bourgogne
- 1 c. à c. de paprika
- 1 oignon haché
- beurre, sel et poivre

1. Préchauffez votre four à 180 °C (th.6).

2. Dans une grande sauteuse, faites fondre du beurre et faites dorer les morceaux de poulet sur toutes leurs faces. Salez et poivrez. Retirez le poulet et réservez-le.

3. Dans la même sauteuse, ajoutez l'oignon et faites-le revenir jusqu'à ce qu'il soit translucide. Déglacez avec le vin blanc et laissez réduire de moitié. Ajoutez la moutarde de Dijon, la crème fraîche, le paprika et la moitié du comté. Mélangez bien pour obtenir une sauce homogène. Replacez les morceaux de poulet dans la sauteuse en les enrobant bien de sauce.

4. Transférez le tout dans un plat allant au four ou laissez dans la sauteuse si elle est adaptée. Saupoudrez sur le dessus le reste de comté. Enfournez environ 25 minutes, jusqu'à ce que le poulet soit bien cuit et que le dessus soit doré et gratiné.

Saint-Père-sous-Vézelay

Saint-Malo

LA BRETAGNE

« Voilà cinquante ans que je crie sur tous les toits que la Bretagne est une admirable région gastronomique méconnue, sinon inconnue », écrivait le grand critique culinaire Curnonsky dans les années 1950. Près de soixante-quinze ans plus tard, la richesse du terroir breton et l'excellence de ses recettes et produits sont désormais à la pointe de la modernité pour les amateurs.

LE RETOUR GAGNANT DU SARRASIN

Appelée aussi « blé noir », alors qu'elle appartient à une autre famille botanique, cette plante est originaire d'Asie centrale, et plus précisément de Chine. Contrairement à la légende, son introduction dans la région n'a rien à voir avec les croisés qui l'auraient rapportée du Moyen-Orient : ce sont les échanges commerciaux entre les ports bretons et ceux de la Hanse, c'est-à-dire les villes marchandes d'Europe du Nord, qui ont contribué à sa diffusion. Le sarrasin, peu gourmand en eau, réclame peu d'entretien et pousse facilement sur les sols pauvres, raisons pour lesquelles on le cultive depuis le XVe ou le XVIe siècle en Bretagne. Ingrédient star des crêpes et des galettes, il ne contient pas de gluten, et n'est donc pas panifiable.

On rencontre le sarrasin dans d'autres mets typiquement bretons, comme la bouillie de sarrasin, rustique et nourrissante, ainsi que dans le traditionnel kig ha farz, une pâte composée de farine et d'eau, placée dans un petit sac de toile et cuite dans le bouillon du pot-au-feu local. Depuis quelques années, le sarrasin, redécouvert pour ses atouts nutritionnels, a conquis les chefs, bretons ou non, et s'affiche comme un symbole de la créativité culinaire.

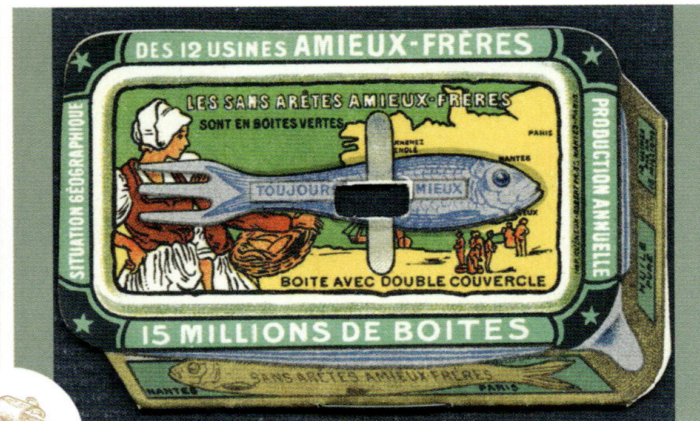

L'ANECDOTE :
LES DÉBUTS DE LA SARDINE À L'HUILE

En 1795, l'inventeur français Nicolas Appert met au point une méthode de stérilisation des aliments, suivie de l'invention de la boîte en fer-blanc par les Britanniques, au début du XIXe siècle. Depuis 1810, un confiseur nantais, Joseph Colin, produit des sardines cuites à l'huile, conditionnées dans des pots de grès mais qui présentent l'inconvénient de se périmer rapidement. Quatorze ans plus tard, son fils, Joseph-Pierre Colin, adapte la méthode de Nicolas Appert et se lance dans la production de sardines en boîtes de fer-blanc en ouvrant une première usine à Nantes. Rapidement, les ouvertures se multiplient sur la côte bretonne, à proximité des lieux de pêche, et se développent fortement.

L'armée française s'intéresse au potentiel du produit dont les propriétés nourrissantes, la qualité et la conservation longue en font un aliment de choix pour les officiers et les convalescents.

Mais la sardine en boîte est coûteuse. Il faut attendre 1860 pour que son prix diminue et qu'elle approvisionne les troupes coloniales.

À cette époque, Nantes est devenue la capitale des conserves de sardines, mais la fabrication se concentre dans le Finistère sud, entre Camaret et Concarneau. Les femmes des marins, et bien souvent leurs enfants, travaillent à la mise en boîte, tandis que dans les ateliers voisins des ouvriers soudeurs se chargent de la fabrication des contenants.

Peu à peu, les sardines intègrent les rations alimentaires des ouvriers et des mineurs dans des régions plus lointaines. Elles gagnent les meilleures tables de l'Angleterre puis les États-Unis.

À la fin de l'été 1902 et jusqu'au terme de l'année 1907, une crise de la sardine débouche sur une famine des populations du littoral : le poisson ne s'approche plus des côtes en raison du mauvais temps ; les patrons-pêcheurs, sous-équipés, ne peuvent pas s'aventurer plus loin pour le capturer. La restriction sur le marché fait doubler les prix de vente. La rémunération des ouvrières chute et la pénurie provoque un chômage de masse. La classe politique s'en mêle. Peu à peu, les conserveries traditionnelles déclinent.

Peu d'entre elles ont survécu, car d'autres pays comme le Portugal ont pris la main. Mais si vous passez par Douarnenez, vous pourrez admirer la plus vieille conserverie au monde encore en activité, sous la marque Connétable.

LA COUCOU DE RENNES, UNE VOLAILLE D'EXCEPTION

On retrouve la trace de cette race locale dès la seconde moitié du XIXe siècle, dans des écrits de spécialistes du poulailler. Un médecin passionné d'agriculture, Edmond Ramé, fait le tour des fermes bretonnes pour repérer les poules qui possèdent un plumage gris et blanc, caractéristique du coucou. Ses efforts portent leurs fruits et la volaille trouve sa place, en particulier sur les marchés de Rennes où elle est vendue et réputée pour la finesse de sa chair. Peu après la Seconde Guerre mondiale, la poule coucou frôle l'extinction : elle est victime de la concurrence des races à croissance rapide, de la standardisation des poulets d'élevage et de l'industrialisation en général. Au point qu'en 1985 certains spécialistes pensent la race définitivement éteinte. Quelques années plus tard, le miracle se produit, grâce à une initiative de l'écomusée de Rennes fraîchement créé et à un appel lancé dans la presse locale. Des spécimens, descendant de poules achetées au fermier d'Edmond Ramé auquel le docteur avait confié ses dernières protégées, sont retrouvés. La mission de sauvegarde de la race débute et, aujourd'hui, ce sont environ 25 000 volailles qui sont produites chaque année, par moins de 10 élevages.

LA GALETTE-SAUCISSE, PILIER DES STADES

Cette spécialité serait née un jour d'abattage des cochons dans les fermes bretonnes, à une époque non identifiée

Au XVIIIe siècle, dans le nord de l'Ille-et-Vilaine, on confectionne une sorte de galette fourrée avec une terrine composée des abats du cochon : le porchet. Cent ans plus tard apparaît l'ancêtre de la galette-saucisse : la casse, une galette réalisée à base d'abats cuits au four, consommée dans les environs de Rennes.

Cet en-cas servi lors des fêtes populaires se démocratise dès la Belle Époque sur les marchés et le dimanche surtout – jour de match – autour du Stade rennais, construit en 1912.

Peu à peu, les vendeurs de galettes-saucisses se rapprochent depuis la périphérie jusqu'à la ville pour répondre à la demande. L'arrivée du groupe PSA-Citroën dans les années 1950-1960 va drainer beaucoup de ruraux devenus citadins par la force des choses. Ces descendants de paysans ont cependant gardé leurs habitudes de consommation. Les Rennais s'encanaillent grâce à ce plat qui se déguste avec les doigts. Avec le temps, la galette-saucisse fait l'unanimité. Aujourd'hui, toutes les générations et les classes sociales se retrouvent devant les stands qui en proposent.

La recette est simple : une bonne galette de blé noir juste tiédie, une saucisse de porc grillée, une compotée d'oignons ou un peu de moutarde pour relever le tout. La galette-saucisse pèse si lourd dans l'identité bretonne qu'une association baptisée « SGSB », Sauvegarde de la galette saucisse bretonne, a été créée pour la défendre !

LE TRÈS ADDICTIF CARAMEL AU BEURRE SALÉ

C'est en 1977 qu'Henri Le Roux, chocolatier à Quiberon, met au point après de nombreux tests un caramel confectionné à partir de beurre demi-sel. Des noix, noisettes et amandes hachées sont intégrées à sa composition. Le produit, commercialisé sous forme de bonbon moelleux, est un immense succès. Quelques décennies auparavant, en 1946, Yvonne et Raymond Audebert, confiseurs à Quiberon eux aussi, font connaître aux touristes leurs « niniches », des sucettes allongées au caramel au beurre salé.

Vendu sous forme de bonbons, de coulis, de glace ou de pâte à tartiner, le caramel au beurre salé est devenu un véritable phénomène gastronomique, plébiscité par les Français et par les gourmands du monde entier, Japonais en tête.

LE KARI GOSSE, DE L'INDE DU SUD AUX COMPTOIRS DE LORIENT

Parfait pour sublimer les crustacés et certains poissons comme la lotte, ce savant mélange d'épices (gingembre, curcuma, girofle, piment rouge, cannelle, poivre, coriandre, cumin, cardamome et fenugrec) a été mis au point dans le dernier quart du XIXe siècle par le pharmacien lorientais Louis Gosse. Influence de l'ancienne Compagnie des Indes orientales et de ses entrepôts remplis d'épices installés à Lorient au XVIIe siècle, ou héritage d'un apothicaire qui aurait rapporté ce curry de pêcheurs de Pondichéry, dans le sud-est de l'Inde ? Nul ne le sait.

Depuis 1996, la formule de la précieuse poudre est dans les mains de Xavier Pouezat, dont les ancêtres ont racheté le brevet ainsi que la pharmacie à Edmond Gosse, le fils de Louis. Déposée en 2002, la marque Kari Gosse est disponible chez un nombre limité de revendeurs, et parfois même en rupture de stock, victime de son succès !

LE BEURRE, UNE PASSION BRETONNE

Le lien entre la Bretagne et le beurre dépasse le simple usage culinaire ou les préférences gustatives. Il en dit long sur l'indépendance de cette région vis-à-vis du pouvoir en place, au fil du temps. Sous l'Ancien Régime, on ne sale le beurre qu'en Bretagne. Partout en France, depuis 1342, l'État prélève la gabelle, un lourd impôt sur le sel devenu un luxe pour les paysans. Mais la Bretagne est autonome et le parlement de Rennes refuse systématiquement cette taxe. Choisir de saler son beurre est une manière de montrer son appartenance à la Bretagne et parfois même de manifester discrètement son opposition à l'autorité du roi de France. La tradition du beurre salé, au-delà de ses avantages de conservation, devient un symbole d'identité et de résistance.

Le beurre salé breton voyage pendant très longtemps conditionné dans des pots en grès de forme allongée qu'on appelle des « sinots » ; ils ont la réputation de contribuer à sa bonne conservation.

Au XIXe siècle, avec l'augmentation des taxes sur le beurre, certains producteurs bretons mettent au point un système ingénieux : ils dissimulent le beurre salé, très demandé, dans des sacs d'algues pour le transporter ; les douaniers, rebutés par l'odeur forte des algues, renoncent souvent à fouiller ces sacs, permettant ainsi aux producteurs de passer le beurre en fraude.

La recette historique

LES ARTICHAUTS SAUCE BRETONNE

Historiquement, ce sont les provinces du Léon et du Trégorrois qui sont le bastion de la culture du gros camus breton, une variété d'artichauts charnue et fondante. Désormais cultivé un peu partout en Bretagne, il apparaît sur les marchés en avril/mai et se consomme idéalement jusqu'au mois d'octobre.

Ingrédients (pour 4 p.) :

- 4 artichauts

POUR LA SAUCE

- fines herbes (persil, cerfeuil, estragon, ciboulette)
- câpres
- cornichons fins
- 3 c. à s. de vinaigre
- 25 cl d'huile de colza ou de tournesol
- 10 cl de crème fraîche
- sel, poivre

1. Faites cuire les artichauts dans de l'eau bouillante salée.
2. Hachez ensemble une poignée de fines herbes, les câpres et quelques cornichons fins.
3. Incorporez le vinaigre et l'huile. Salez, poivrez.
4. Terminez en ajoutant la crème fraîche.
5. Dégustez les artichauts tièdes avec la sauce.

Quimper

[NANTES]

La ville des Ducs de Bretagne brille autant par son histoire que par sa richesse gastronomique. Ses terres fertiles, qui profitent de la douceur de l'Atlantique, ont vu naître un savoir-faire maraîcher ingénieux et innovant. La pêche de petits bateaux y est aussi variée que celle fournie par les rivières et son fleuve. Mais cette grande cité portuaire est aussi le berceau du sucre de canne et de la biscuiterie française.

UN SAVOIR-FAIRE MARAÎCHER

Au cours du XIXe siècle, pour approvisionner la population nantaise qui a doublé et ravitailler les bateaux, le nombre des jardiniers augmente considérablement au cœur de la ville et dans ses quartiers. Tous se spécialisent sur de petites surfaces. Il s'agit de quelques dizaines de mètres carrés, qui désignent ce qu'on appelle « une tenue », c'est-à-dire un jardin clos par des murs, puis l'exploitation maraîchère en elle-même. Le travail se fait à la main, en famille, parfois avec des journaliers et des domestiques.

Bientôt, le savoir-faire des Nantais est reconnu à l'Exposition universelle de Paris où ils remportent en 1856 la médaille d'or des maraîchers. Ils produisent également des plants et des graines pour les cultivateurs-jardiniers des villages proches ou pour des fermiers-légumiers.

Quelques années plus tôt, en 1851, l'apparition du chemin de fer a ouvert le marché parisien. Des conserveries industrielles s'installent dans les décennies suivantes.

Les jardiniers profitent de facteurs naturels favorables, comme un climat tempéré et des sols fertiles, mais leur succès provient aussi de méthodes innovantes, venues d'Angleterre et de Hollande, à partir des années 1880 : l'invention de châssis en bois leur permet de protéger leurs plantations après avoir longtemps utilisé la cloche de verre et des châssis métalliques.

Au cours du siècle suivant, les innovations continuent, comme ces réservoirs fixés sur des tours en ciment et remplis d'eau chauffée au soleil, qui permettent une irrigation à température ambiante. La production de carottes précoces, de navets, de laitues de printemps, de choux-fleurs et de melons, de petits pois et de haricots, ainsi que celle de muguet et de chrysanthèmes font la renommée nantaise.

Ce savoir-faire perdure jusqu'au début des années 1980. Dix années de crise du secteur et la destruction des serres et des châssis par un terrible orage de grêle provoquent l'abandon de la profession par de nombreux maraîchers. Leurs terres sont peu à peu vendues à des promoteurs qui les recouvrent de lotissements, entraînant la disparition rapide de plusieurs siècles d'histoire agricole. Depuis une petite dizaine d'années, le maraîchage, porté par une nouvelle génération qui combine techniques ancestrales et connaissances actuelles, opère un retour gagnant, en périphérie et même au cœur de la ville, comme dans le quartier des fermes de Doulon.

LA CIVELLE, L'OR GRIS DE L'ESTUAIRE DE LA LOIRE

Entre décembre et avril, les pêcheurs de l'estuaire de la Loire, surnommés les « civeliers », traquent la civelle, alevin de l'anguille. Ils utilisent des tamis coniques pour les capturer dans le fleuve, souvent la nuit et lors des marées favorables. Nées dans la mer des Sargasses, les civelles, aidées par le Gulf Stream, traversent l'Atlantique et grandissent dans les eaux douces avant de retourner dans leur lieu de naissance pour s'y reproduire.

Autrefois abondantes et consommées par les classes populaires de la région nantaise jusqu'aux années 1950-1960, les civelles sont devenues rares et précieuses. La surpêche, la pollution et les modifications du fleuve ont gravement affecté leur cycle de vie. La demande a explosé avec l'ouverture des marchés asiatiques, propulsant les prix et incitant même à des pratiques de braconnage. L'interdiction de leur exportation vers l'Asie par l'UE en 2011 a provoqué une grève des pêcheurs qui demandaient des quotas pour maintenir des prix viables. Devenues trop chères, les civelles ont disparu des tables locales, remplacées par des imitations, ou « angulas », importées d'Espagne.

LA MÂCHE, TRÉSOR DES MARAÎCHERS NANTAIS

Également connue sous le nom de « salade d'hiver », la mâche est originaire du sud de l'Europe, de l'Asie, et même de l'Afrique du Nord et du Sud. À l'origine, elle est considérée comme une mauvaise herbe par les agriculteurs qui la croisent dans leurs champs de céréales. C'est à la Renaissance que la mâche commence à être consommée, principalement par les paysans. Mais c'est seulement au XIXe siècle que sa culture prend racine en Loire-Atlantique. Elle reste longtemps cantonnée à une autoconsommation modeste. Quand la culture sous châssis est remplacée par celle en plein champ, la mâche s'épanouit dans le bassin nantais et fait de la région le leader européen de sa production. Plantée entre août et octobre, elle est récoltée de l'automne au printemps et profite du climat doux et du sol sableux, cadeau de la Loire toute proche. Le sable est en effet le meilleur terreau pour la mâche qui y pousse sans abîmer ses feuilles délicates. Riche en vitamines C et B9, en bêtacarotène et en fibres, la mâche nantaise bénéficie d'une IGP (indication géographique protégée), gage de sa qualité et de son ancrage territorial.

LES SECRETS DU BEURRE BLANC

Vers la fin du XIXe siècle, Clémence Lefeuvre s'installe dans une petite auberge, au 91, levée de la Divatte, à Saint-Julien-de-Concelles. Quelques années plus tôt, elle tenait avec sa mère « La Buvette de la Marine », un lieu apprécié des mariniers de la Loire pour ses repas copieux et son accueil chaleureux. Ses clients la suivent donc tout naturellement quand elle ouvre son propre restaurant.

Un jour, la cuisinière saisit une remarque venant de la salle : des messieurs distingués trouvent sa sauce de beurre fondu un peu trop ordinaire et la comparent à une simple sauce qui accompagne les moules.

Piquée au vif, la jeune femme modifie alors sa recette : elle fait réduire une grosse pincée d'échalotes ciselées avec un peu de vinaigre blanc et du poivre, blanc lui aussi, puis ajoute du beurre pour créer une émulsion. C'est l'acte de naissance d'une sauce qui va devenir légendaire et très prisée. Un de ses plus grands amateurs est l'homme politique et gourmet Aristide Briand, ministre dans les années 1930. Quand il apprend la mort de Clémence, en 1932, il déclare que sa perte est un deuil national !

En réalité, la logique de cette recette s'inscrit dans la tradition alimentaire française : le vinaigre et le vin blanc étaient déjà très présents dans les sauces médiévales qui accompagnaient les poissons. Quant au beurre, dès le XVIe siècle, il est la graisse la plus utilisée pour les jours maigres. La prouesse de Clémence Lefeuvre est d'avoir réussi, mieux que quiconque, à mettre en avant l'équilibre parfait entre la douceur du beurre et l'acidité du vinaigre ou du vin blanc, du muscadet local évidemment. Qu'il accompagne des poissons de l'Atlantique ou de Loire, le beurre blanc est une des merveilles de la cuisine nantaise.

L'INVENTION DE LA BISCUITERIE FRANÇAISE

Véritable Petit-Beurre, Beurré nantais, boudoir, Paille d'or, ou encore Casse-Croûte BN et Petit Breton… tous ces biscuits bien connus des petits et des grands sont nés à Nantes !

Ces douceurs, qui ont su conquérir les palais de nombreuses générations, sont bien plus qu'une simple friandise : elles font littéralement partie de notre patrimoine !

Depuis le Moyen Âge, et durant des siècles, les marins qui partent en mer pour de grandes traversées se nourrissent principalement de biscuits : des petits pains carrés et très durs que l'on fait sécher au four et qui se conservent très longtemps. Une spécialité nantaise puisque la ville abrite déjà à l'époque des fabricants de biscuits de mer.

En 1846, un jeune pâtissier originaire de la Meuse, où on fabrique depuis toujours les biscuits roses de Reims, vient s'installer à Nantes. Son nom : Jean-Romain Lefèvre. Dans la pâtisserie qu'il tient rue Boileau avec sa femme, Isabelle Utile, il vend des biscuits sucrés à consommer avec le champagne, qui connaissent un joli succès lors des expositions locales. Quelques décennies plus tard, leur fils, Louis Lefèvre-Utile, reprend la société en main. Fasciné par le succès des biscuits secs anglais, il décide d'industrialiser sa production et d'ouvrir une usine sur les quais de la Loire. C'est là qu'il met au point toute une série de produits nouveaux, dont le célèbre petit-beurre, en 1886 : avec ses quatre oreilles, ses cinquante-deux dents et sa texture croustillante, c'est un carton ! L'année suivante, Louis fonde la société LU, d'après les initiales de Lefèvre-Utile.

En 1913, la marque emploie mille deux cents personnes. Quelques années plus tôt, toute une partie de l'usine s'est mobilisée pour lancer une nouvelle spécialité, la Paille d'or. Ces gaufrettes fourrées à la gelée de framboises sont si compliquées à fabriquer que personne ne se risque à les copier ! Elles sont considérées à l'époque comme l'un des produits haut de gamme de l'entreprise.

Concurrente de LU dès la fin du XIXe siècle, la Biscuiterie Nantaise produit au départ des gaufres, des madeleines, des boudoirs et des gaufrettes, puis son premier produit star, le Petit Breton. Après la Première Guerre mondiale, la misère fait rage. La marque imagine alors un gâteau bon marché et nourrissant : le Casse-Croûte BN naît en 1922 et rentre très vite dans les habitudes alimentaires des ouvriers et des écoliers. Le Choco BN, autre grand succès de la marque, naît onze ans plus tard. Beaucoup de biscuits nés à Nantes sont devenus des icônes. Ils rappellent l'histoire de la ville, son port, ses marins bien sûr, et l'ingéniosité des marques créées ici.

LE RAFFINAGE DU SUCRE DE CANNE

Sans le sucre de canne, importé des Antilles il y a plusieurs siècles, le développement de Nantes n'aurait pas été le même.

Au XVIIe siècle, Colbert décide de faire des Antilles des colonies sucrières. L'utilisation d'esclaves se met alors en place à grande échelle, et Nantes occupe un rôle de premier plan à la fois dans l'importation du sucre et dans la traite des Noirs. Le sucre candi, constitué de cristaux de sucre de canne ou de betterave grâce à un procédé de concentration par évaporation, est produit en énormes quantités dans les raffineries de la ville dès 1654. Elles sont cinq en 1690, douze en 1698. Leur essor coïncide avec le renforcement des relations commerciales entre Nantes et les Antilles.

Après les apothicaires et les épiciers, les confiseurs prennent l'ascendant sur le commerce du sucre. À la fin du XVIIIe siècle, Nantes possède de nombreuses enseignes de confiseurs et des chocolatiers de renom.

Les activités liées au sucre ont un impact sur toute l'économie nantaise, des imprimeries aux ferblanteries en passant par les conserveries et les biscuiteries.

Des noms de futurs grands industriels apparaissent, comme celui de Louis Say, qui débarque à Nantes pour reprendre et diriger une raffinerie, en 1812, ou Duval, associé à son gendre Cossé, qui va se spécialiser dans le sucre candi pour adoucir les vins mousseux. Un autre capitaine d'industrie, Georges Billard, lance la raffinerie de l'Océan en 1897, après s'être enrichi grâce au tapioca et au chocolat. Son entreprise est rachetée dans les années 1930 par les descendants de Louis Say, qui fondent à cette époque la dernière raffinerie de la côte Atlantique, sur le quai Wilson. Considérée comme la plus moderne d'Europe, elle regroupe des marques encore bien connues de nos jours, comme L'Antillaise ou encore La Perruche. En 1987, le groupe Béghin lance une OPA (offre publique d'achat) sur Say pour former Béghin-Say, et en 2004, c'est Tereos qui prend les commandes. Le raffinage cesse définitivement dans la capitale de la Loire-Atlantique en 2009.

LES ORIGINES ANTILLAISES DU GÂTEAU NANTAIS

Voilà une spécialité qui nous replonge directement dans l'histoire de la ville et ses liens avec les Antilles !

Dès le XVIIe siècle, Nantes est un port important du commerce triangulaire, le commerce des esclaves noirs que la ville expédiait aux Antilles pour travailler dans les champs de canne à sucre.

Le rhum, distillé à partir de la canne à sucre, fait évidemment partie des marchandises importées en abondance à Nantes. Sa présence dans la recette du gâteau nantais rappelle à quel point il était employé et apprécié autrefois.

Ce gâteau moelleux, riche en amandes et en sucre, copieusement imbibé de rhum, appartient à la catégorie des « gâteaux de voyage », donc destiné à une longue conservation. Il fait même l'objet d'un concours, organisé depuis une petite dizaine d'années par une association, Mémoire de l'Outre-Mer.

Son créateur serait un certain Rouleau, maître fouacier (un artisan spécialisé dans la fabrication des fouaces, des pains briochés parfumés à la fleur d'oranger en forme de couronne) installé dans le quartier Saint-Clément à Nantes. La recette, qui contient du sucre de canne à l'origine, remonterait à 1820.

Tombé progressivement dans l'oubli au fil des années, le gâteau nantais revient sur le devant de la scène en 1910, grâce à la marque LU. Sa production s'arrête dans les années 1970. Heureusement, de nombreux artisans ont repris sa fabrication et le proposent à leurs clients dans sa version la plus authentique. Aujourd'hui, le gâteau nantais est une des meilleures ventes du week-end chez les pâtissiers de la ville.

La recette historique

LE VRAI BEURRE BLANC NANTAIS

Ingrédients :

- 200 g de muscadet
- 400 g de vinaigre de vin blanc
- 100 g d'échalotes grises
- 200 g de crème liquide
- 200 g de beurre demi-sel

1. Émincez finement les échalotes.
2. Faites-les chauffer dans une casserole à feu moyen avec le muscadet et le vinaigre.
3. Faites réduire de moitié
4. Ajoutez le beurre et la crème. Faites bouillir, puis mixez.
5. Si vous le désirez, vous pouvez filtrer cette sauce.

La cathédrale d'Orléans

LE CENTRE

La Loire, artère vitale de la région, façonne son paysage et sa gastronomie. Plaines fertiles, coteaux ensoleillés, forêts et étangs enrichissent la table de mets et de vins de caractère, qui séduisent sans effort les amoureux des valeurs sûres.

LA FINESSE DU SELLES-SUR-CHER

Autrefois fabriqué à la ferme par les paysannes, ce fromage de chèvre servait de complément de revenus aux autres activités agricoles et familiales. À la fin du XIXe siècle, les coquetiers, ramasseurs d'œufs et de volailles, commencent à collecter les fromages locaux pour répondre à la demande croissante des villes.

Reconnaissable à sa forme ronde et légèrement tronconique, ainsi qu'à la fine couche de charbon végétal qui le recouvre, le selles-sur-cher pèse généralement 150 grammes. À l'origine, des cendres de sarments de vignes étaient utilisées par les fromagers pour l'enrobage. Sous cette croûte, la pâte est blanche, crémeuse et homogène, avec une texture fondante et fine.

Sa saveur est délicate et subtile, avec des notes de noisette et un goût légèrement caprin. En vieillissant, il développe des arômes plus prononcés et complexes, mais reste frais en bouche. Il bénéficie d'une AOP (appellation d'origine protégée) depuis 1996.

L'ANDOUILLE DE JARGEAU

Confectionnée exclusivement à Jargeau, dans le Loiret, ainsi que dans ses environs, cette très ancienne spécialité, sans doute d'origine gauloise, tire son nom de l'adjectif gallo-romain *dollium*, qui signifie « gonflé », « rebondi ».

Composée de 60 % de viande de porc hachée et de 40 % de chaudins (intestins) précuits du même animal, elle est assaisonnée d'échalotes, de persil et d'épices. Dégustée grillée au four, accompagnée de pommes de terre, elle peut aussi se manger froide. Depuis 1971, une confrérie gastronomique, les Chevaliers du Goûte-Andouille, protège sa recette et assure sa notoriété.

L'ANECDOTE : LE VINAIGRE D'ORLÉANS

L'histoire du vinaigre d'Orléans remonte au Moyen Âge, une époque où la Loire était un fleuve navigable crucial pour le commerce. Orléans est alors un port fluvial de premier plan, qui réceptionne des vins de Chinon, de Bourgogne et d'Auvergne. Certains, qui tournaient durant le transport, prenaient alors le nom de « vins piqués ». Plutôt que de les jeter, les artisans d'Orléans se sont mis à les transformer en vinaigre, donnant ainsi naissance à une tradition locale de vinaigriers.

Au XVIe siècle, sous le règne d'Henri III, les vinaigriers d'Orléans obtiennent des lettres patentes royales qui reconnaissent officiellement leur métier et établissent des standards de qualité pour lutter contre les contrefaçons. La ville devient ainsi la capitale du vinaigre, et le processus de fermentation utilisé, lent et minutieux, est connu sous le nom de « méthode d'Orléans ». Ses arômes subtils, légèrement boisés, et sa saveur fruitée en font un produit d'exception.

L'industrie du vinaigre d'Orléans a atteint son apogée au XVIIIe siècle, avec environ 400 vinaigriers produisant presque tout le vinaigre consommé en France. Cependant, avec l'avènement des méthodes de production plus rapides au siècle suivant, le nombre de vinaigriers diminue considérablement. Aujourd'hui, la maison Martin-Pouret est la seule entreprise à perpétuer la méthode artisanale traditionnelle à Orléans, assurant la continuité de cette riche histoire.

LA TARTE TATIN, UN MONUMENT SOLOGNOT

Sans le critique gastronomique Maurice-Edmond Saillant, dit Curnonsky, cette exquise tarte renversée n'aurait sans doute pas fait le tour du monde ! Alors qu'il sillonne les routes de France dans les années 1920 pour recenser la cuisine régionale et les meilleurs restaurants, le gourmet fait étape en Sologne. Dans un petit restaurant de Lamotte-Beuvron, il découvre un dessert inédit : une tarte aux pommes renversée, inventée, lui dit-on, par deux vieilles demoiselles, les sœurs Tatin, anciennes propriétaires de l'établissement.

Après les traumatismes de la Première Guerre mondiale, les Français de l'époque sont friands de recettes traditionnelles issues du terroir. Curnonsky, en bon journaliste, capte l'air du temps. Rentré à Paris, il concocte une savoureuse histoire et décide de la mettre en scène auprès de ses confrères : au cours d'un déjeuner de presse, organisé chez « Maxim's » à Paris en 1926 ou 1927, il présente la fameuse tarte. Le pâtissier du prestigieux restaurant l'a exécutée selon ses consignes. La tatin serait née au XIXe siècle d'une étourderie, raconte Curnonsky. Les demoiselles Tatin, Caroline et Stéphanie, descendantes d'une longue lignée d'aubergistes, s'occupent respectivement de la clientèle et de la cuisine.

Un jour, la cadette, dans le feu de l'action, saupoudre des pommes de sucre et de beurre avant de les enfourner, en oubliant de glisser la pâte dans le moule. Plutôt que de jeter les pommes qui ont bien caramélisé, elle sort la tarte du four, la couvre de pâte puis la remet à cuire. Pour la démouler, elle la renverse sur un plat…

La tarte autant que l'anecdote plaisent aux journalistes invités par Curnonsky. On sait aujourd'hui que la version du célèbre gastronome est inexacte : en effet, les demoiselles auraient hérité la recette de leur père, lui-même boulanger à Romorantin… Et la tarte originelle n'aurait été composée que de beurre, de sucre et de pommes. Des vérités historiques qui n'ont pas empêché l'inscription de la célèbre tatin au patrimoine immatériel de l'UNESCO, en 2015.

LES DÉLICES DE L'AUTHENTIQUE PITHIVIERS

L'origine de ce gâteau remonte à l'Antiquité. Les Carnutes, une tribu gauloise vivant dans la région de Pithiviers, étaient réputés pour leurs galettes. Avec l'introduction des amandes en Gaule par les Romains, une variante de ces galettes apparaît et donne naissance à l'ancêtre du pithiviers.

Sa recette est très proche de celle d'un quatre-quarts : un mélange de sucre, de beurre, d'œufs et de poudre d'amandes (qui remplace la farine), avec des quantités identiques pour chacun des ingrédients. Appelé « pithiviers fondant » ou encore « le glacé », en raison de son glaçage blanc, décoré de morceaux d'angélique confite et de bigarreaux, il ne doit pas être confondu avec ce gâteau feuilleté, fourré de crème d'amandes, semblable à une galette des rois, qui porte lui aussi le nom de « pithiviers ». Un authentique pithiviers ne peut être que « fondant », selon la confrérie, créée en 1982, qui défend les deux versions mais veille à leur distinction.

LA PRALINE DE MONTARGIS, L'UN DES PLUS ANCIENS BONBONS DE FRANCE

Sous le règne de Louis XIII, le maréchal duc de Plessis-Praslin, pour profiter d'une retraite paisible, s'installe à Montargis, sa ville natale. Selon la légende, son officier de bouche, Clément Jaluzot, a l'idée de griller des amandes avant de les enrober de sucre. Les amandes ainsi caramélisées sont baptisées « prasline », en hommage au duc. Transmise de génération en génération, la recette de Jaluzot ainsi que la confiserie Huet qui en fait commerce à Montargis sont rachetées en 1903 par Léon Mazet, un confiseur de talent qui a exercé dans les meilleures maisons de France, et son épouse Jeanne, elle-même fille de chocolatier. Leur dynamisme et leur utilisation de la publicité dès les années 1920 vont permettre une diffusion du produit élargie à la France entière. Ce sont eux qui, en 1926, déposent la marque Prasline de Montargis. Cette confiserie se distingue par son enrobage coloré de brun et sa surface irrégulière, obtenue grâce à une opération dite de « sablage », c'est-à-dire la caramélisation du sucre autour des fruits à coque.

La recette historique

LE PÂTÉ DE CHARTRES

Connu depuis le XVIe siècle et inscrit à l'inventaire du patrimoine culinaire de l'UNESCO, ce pâté en croûte était autrefois préparé en grande partie avec du pluvier guignard, une espèce autrefois très abondante dans les terres cultivées de la Beauce. Aujourd'hui rare et protégé, cet oiseau migrateur est remplacé par du perdreau, de la perdrix ou du canard sauvage.

Ingrédients (pour 6 p.) :

Pour la pâte brisée

- 2 œufs
- 180 g de beurre
- 125 ml d'eau
- 500 g de farine

Pour la farce

- 1 kg de canard sauvage désossé
- 750 g de gorge de porc
- 250 g de noix de veau
- 100 g de foie gras frais
- 1 œuf + 1 jaune
- 5 cl de cognac
- 5 cl de porto
- 1 échalote
- 1 oignon
- sel, poivre, thym, laurier
- 1 sachet de gelée
- 100 g de cerises au vinaigre

Préparation : 4 jours

1. Commencez par découper les viandes en gros morceaux. Laissez-les mariner une nuit dans le mélange d'alcool avec le laurier et le thym.

2. Le deuxième jour, mettez l'échalote et l'oignon à confire. Ajoutez ensuite la viande détaillée en petits dés. Salez, poivrez puis liez avec l'œuf et réservez au frigo pendant 2 jours.

3. Le troisième jour, préparez la pâte brisée. Mélangez la farine, les œufs et l'eau, puis ajoutez le beurre bouillant. Formez une boule et réservez au frais.

4. Le dernier jour, laissez réchauffer la pâte à température ambiante. Beurrez un moule puis abaissez la pâte. Gardez-en un peu pour le couvercle. Remplissez de farce jusqu'à mi-hauteur, déposez une généreuse couche de foie gras, puis garnissez avec le reste de la préparation. Recouvrez ensuite de pâte en pinçant bien les bords.

5. Dorez au pinceau avec un jaune d'œuf battu. Aménagez une petite cheminée au centre pour la vapeur. Placez 1 heure au frigo, puis enfournez entre 1 h 30 et 2 heures à 150 °C (th.5). Lorsque le pâté est cuit et refroidi, préparez la gelée et introduisez-la avec un entonnoir par le trou du couvercle. Réfrigérez 12 heures, puis dégustez avec des cerises au vinaigre. Accompagnez le pâté d'un saumur-champigny ou d'un vouvray.

LA CHAMPAGNE

GOURMANDE ET EFFERVESCENTE

Si le vin « saute-bouchon », comme on le surnommait autrefois, est indissociable de la région, celle-ci possède bien d'autres atouts à découvrir et à déguster... sans modération !

LES DÉLICATS LENTILLONS CHAMPENOIS

Cette variété de lentilles, qui s'épanouit sur les sols pauvres et calcaires de la Champagne, était appelée autrefois « lentille rouge » ou encore « lentille à la reine ». On la consommait le plus souvent sous forme de purées. À 40 kilomètres au nord de Reims, on surnommait les habitants de certains villages des « mangeurs de lentilles », parce qu'ils en cultivaient et étaient connus pour en faire une consommation importante.

Résistant au gel, le lentillon, semé à l'automne, est toujours associé au seigle, céréale qui lui sert de tuteur jusqu'à la récolte, au mois d'août.

L'INCOMPARABLE JAMBON DE REIMS

Noix de jambon ou épaule, le morceau choisi est salé pendant quatre à cinq jours, puis immergé dans un bouillon aromatisé et épicé. Cuite durant huit heures, la viande est ensuite retirée du liquide, puis découpée en morceaux plus ou moins grossiers ou effilochée à la main. Assaisonnée comme une farce, additionnée de persil et d'échalotes hachées, elle est mise en terrine, arrosée de son bouillon filtré, puis pressée. Après un séjour de douze heures au frais, le jambon est la plupart du temps enrobé de chapelure. Il se déguste à l'apéritif ou en entrée, tranché comme un pâté et volontiers accompagné de cornichons ou de salade, avec son bouillon transformé en appétissante gelée.

DES SAVOUREUX FROMAGES AOP…

Le langres

C'est un fromage au lait de vache, à pâte molle et à croûte lavée, d'une couleur jaune clair qui vire ensuite au brun-rouge. Autrefois mis à sécher sur des feuilles de platane, il est actuellement affiné dans une cave humide. Comme il n'est jamais retourné, une sorte de « cuvette » se forme progressivement au sommet du fromage. Certains y versent quelques gouttes de champagne ou de marc-de-bourgogne, pour une dégustation encore plus raffinée !

Le chaource

Ce très ancien fromage est confectionné à partir de lait entier de vache. Son nom est celui d'un bourg de l'Aube, situé dans le sud de la Champagne, à proximité de la Bourgogne. Sa pâte, salée au sel sec puis affinée, est onctueuse, souple et ferme à la fois. Sa croûte, recouverte de moisissures blanches, dégage une odeur de crème et de champignons frais.

… À LA RÉUSSITE D'UNE ICÔNE DE L'AGROALIMENTAIRE

En 1944, Jean-Noël Bongrain se retrouve aux manettes de la laiterie du Domaine de la Côte la Biche, à Illoud-en-Bassigny, dans le département de la Haute-Marne. En 1956, après cinq années de recherches, il lance une spécialité fromagère onctueuse et fondante, à la pâte enrichie en crème et à la croûte fleurie d'un blanc immaculé. « Fromage crémeux frais », le Caprice des Dieux bouscule les codes de l'univers fromager de l'époque : sa forme de calisson, son emballage bleu ponctué de rouge, et son nom, qui évoque la mythologie, créent la rupture. Visionnaire, Jean-Noël Bongrain se lance dans une stratégie de marketing et de communication qui va décupler les ventes de son fromage : distribution gratuite de Caprice des Dieux aux Halles Baltard, flottille de camionnettes aux couleurs de la marque sillonnant la France en 1959, et slogans publicitaires audacieux tels « Un amour de fromage » positionnent définitivement son invention comme l'une des plus rentables – et durables – de l'industrie agroalimentaire.

UN BISCUIT ROSE « GIRLY »

Cette friandise à la couleur rose soutenue, composée de sucre, d'œufs, de vanille, de farine et de bicarbonate, saupoudrée après cuisson de sucre glace, est une célébrité de la ville de Reims depuis le XVIe siècle. La légende raconte que les rois de France en dégustaient la veille de leur sacre pour s'endormir en toute sérénité !

Conçus pour se conserver durablement et être trempés dans du vin, contrairement à d'autres biscuits destinés à une consommation immédiate, ils sont fabriqués dès 1756 par la maison rémoise Noël Houzeau pour la table du roi. Soixante-dix ans plus tard, la maison Derungs, établie dans la capitale champenoise, détient le brevet de fabricant du roi, frappé du sceau de Charles X. L'enseigne Fossier, qui lui succède en 1845, se consacre au développement de la production et de la notoriété du biscuit. À l'époque, il est vendu en deux couleurs, blanc et rose. Certains prétendent que le colorant rose aurait été ajouté pour masquer les grains noirs de la vanille qui le parfume. À l'origine, il s'agit d'un colorant naturel, le carmin, un pigment rouge vif tiré d'un insecte, la cochenille.

LA POIRE ROUSSELET DE REIMS

Cette très ancienne variété faisait les délices de Louis XIV, qui avait ordonné qu'on en plante dans ses jardins. Cultivée depuis la fin du XVIe siècle, elle faisait partie des friandises offertes aux rois de France lors de leur sacre, mais sous forme de poire « tapée », c'est-à-dire sèche. Henri IV, Louis XV, Louis XVI, Napoléon Bonaparte et Marie-Louise, ainsi que Charles X ont tous pris goût à ce cadeau traditionnel de la cité, toujours accompagné de quelques flacons d'exception.

De petite taille, le fruit est d'une couleur rouge brique piquée de points gris. Sa chair, fine et parfumée, possède un goût de pain d'épices caractéristique. Délicieuse crue, la poire rousselet déploie toute sa saveur en confiserie.

L'ANECDOTE : LES CRAYÈRES, UNE CATHÉDRALE SOUTERRAINE

La colline de Saint-Nicaise, située à quelques encablures de la cathédrale rémoise, est classée au patrimoine mondial de l'UNESCO. Elle abrite des dizaines de kilomètres de galeries, creusées durant quasiment deux mille ans pour exploiter une ressource indispensable à la construction des maisons, des églises, des forteresses, et bien sûr de la célèbre cathédrale : la craie. C'est de cette roche calcaire blanche que provient le nom de « crayères ». Employées à protéger les habitants des bombardements durant les deux guerres mondiales, elles ont renoué avec un débouché plus glamour, initié dès le XVIIIe siècle : six des plus grandes maisons de champagne, Charles Heidsieck, Ruinart, Veuve Clicquot, Martel, Taittinger et Pommery, y entreposent leur production à l'abri de la lumière, à une température constante de 11 °C et à 40 mètres sous terre. Des millions de bouteilles dorment ici dans des conditions de vieillissement et de conservation idéales.

Uniques au monde, ces caves à la hauteur sous plafond souvent vertigineuse – jusqu'à 30 mètres pour certaines – méritent bien leur surnom de « cathédrales souterraines ». Somptueuses et singulières, elles sont inscrites depuis 2015 sur la liste du patrimoine mondial de l'humanité.

La recette historique

LE POULET AU BOUZY

Ce vin tranquille, à la robe rouge rubis et issu de pinots noirs, est l'un des 17 grands crus de l'appellation champagne.

Ingrédients :

- 1 gros poulet
- des petits oignons
- des lardons
- 1 c. à s. de farine
- 1 verre d'eau-de-vie de champagne
- 1 l de bouzy
- 2 gousses d'ail
- 1 bouquet garni
- fécule
- sel
- poivre

1. Coupez un gros poulet en morceaux que vous faites revenir dans une cocotte avec du beurre.

2. Dès que les morceaux sont légèrement colorés, ajoutez dans la cocotte des petits oignons et des lardons. Laissez suer quelques minutes et saupoudrez d'une c. à s. de farine. Mélangez bien en laissant sur le feu.

3. Flambez avec un verre d'eau-de-vie de champagne. Versez par-dessus 1 litre de bouzy. Ajoutez 2 gousses d'ail dégermées et écrasées et un bouquet garni. Portez à ébullition. Assaisonnez et couvrez. Laissez cuire à petit feu une bonne heure.

4. Liez ensuite la sauce avec un peu de fécule délayée dans du vin. Ôtez le bouquet garni et servez avec des croûtons de pain et une bonne purée de pommes de terre.

LA CHARENTE-MARITIME

Son histoire, sculptée par sa façade maritime, s'écrit grâce aux pêcheurs, ostréiculteurs, mytiliculteurs, mais aussi grâce à ceux qui, dans l'arrière-pays, ont su trouver des ressources inattendues, entre la vigne, l'élevage et la transformation des produits laitiers.

LES HUÎTRES MARENNES OLÉRON

Seules en France à avoir à la fois une IGP (Indication géographique protégée) et un Label rouge, les huîtres de Marennes Oléron bénéficient d'un affinage particulier : elles finissent de grandir dans des claires, de petits bassins d'argile peu profonds. Grâce à cette méthode traditionnelle, les huîtres ont un goût unique et une couleur verte spéciale, due à une microalgue appelée la « navicule bleue ». Pour vraiment savourer leur goût, il faut les croquer et bien les mâcher. Avec du pain de seigle et du beurre salé, le combo parfait ! Si vous souhaitez en savoir plus, une visite à la Cité de l'huître à Marennes s'impose !

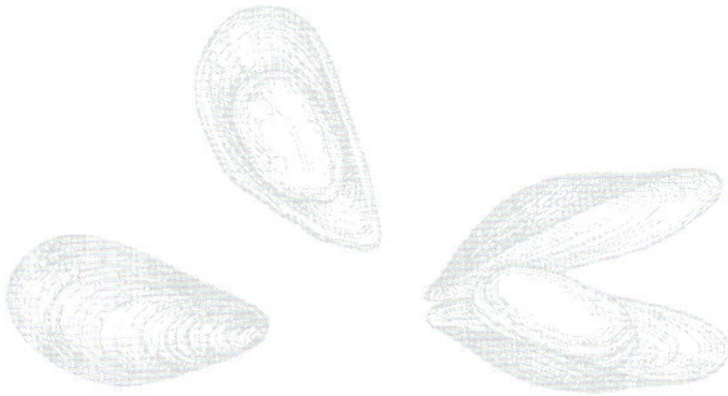

LES MOULES DE BOUCHOT

Reconnaissables à leur chair orangée, charnue, juteuse et légèrement sucrée, due à une alimentation riche en plancton et en nutriments, ces mollusques sont élevés durant un an sur des pieux en bois, les fameux bouchots. Récoltée entre le début de l'été et la fin de l'automne, La Charron, réputée pour ses qualités gustatives et nutritionnelles, est la fierté de la baie de l'Aiguillon. On l'élève à Charron, Marsilly ou encore Esnandes.

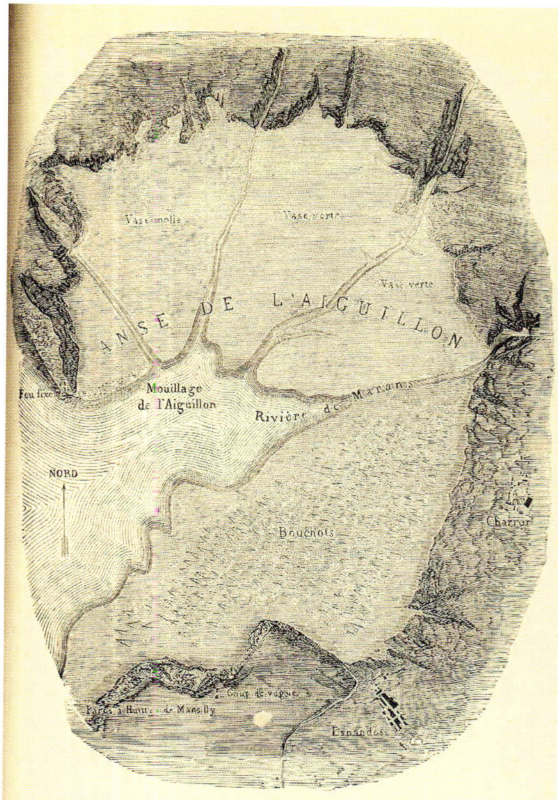

Fig. 13.—A map of the Bay of Aiguillon.

LE GRILLON CHARENTAIS

Originaire des anciennes provinces d'Aunis, Angoumois et Saintonge, où il nourrissait les paysans du petit déjeuner au goûter, ce mets rustique était préparé à chaque fois qu'avait lieu la tuerie du cochon.

Encore aujourd'hui, le grillon est confectionné à base de morceaux maigres de porc, comme l'épaule et le jambon, que l'on fait rissoler puis confire durant des heures. Pendant la cuisson, l'excédent de gras est retiré à l'aide d'une louche. Plusieurs ingrédients sont utilisés, tels que l'ail, le sel de mer de l'île de Ré, le poivre et parfois la noix de muscade. Pendant des décennies, il était conservé dans des pots en grès, recouvert de sa propre graisse, de sel et d'un disque de papier kraft, noué d'un brin de raphia.

Dégusté froid, en entrée, étalé sur un bon pain de campagne, il est actuellement souvent proposé en accompagnement des huîtres de Marennes Oléron. Ce produit bénéficie d'une charte de qualité depuis 1998.

L'ANECDOTE : LE BEURRE DE SURGÈRES

À la fin du XIXe siècle, la Charente, région viticole à l'origine, est ravagée par l'épidémie de phylloxéra. Des prairies et des vaches, importées de Normandie, remplacent la vigne moribonde, et une reconversion vers l'élevage mobilise les hommes. Dès 1888, des coopératives laitières sont mises sur pied. La première ouvre ses portes à Chaillé, au nord-est de Surgères, dans une ancienne distillerie, grâce à un certain Eugène Biraud. Le développement des lignes de chemin de fer permet, lui aussi, d'entamer la commercialisation du beurre charentais en direction de la capitale. Écrémage, barattage de la crème et malaxage du beurre se font dans chacune des cent laiteries coopératives en activité dans la région en 1900.

Une avancée capitale dans la saga du beurre a lieu deux ans plus tard, avec la création de la « station d'industrie », à Surgères. Ce centre de recherches, doté de laboratoires modernes, va permettre un traitement collectif du lait en vue d'un développement industriel. Devenue un modèle pour l'industrie laitière balbutiante, la région a réussi le pari de concurrencer les grandes laiteries normandes, véritables usines agricoles à elles seules. Les cuisinières locales, qui avaient l'habitude d'utiliser du saindoux, voire de l'huile de noix, les remplacent par le beurre dans leurs recettes.

Bien que la clientèle des gourmets et de nombreux grands restaurants parisiens soit restée longtemps attachée au beurre d'Isigny, le beurre des Charentes est devenu, grâce à sa qualité régulière et son prix accessible, le produit de référence. Ses arômes subtils, son goût de noisette et son onctuosité subliment toutes les recettes, salées et sucrées, et même une simple tranche de pain !

LE ROI COGNAC

Au XVIe siècle, les producteurs locaux commencent à distiller leur vin pour réduire son volume et faciliter son exportation, notamment vers les Pays-Bas. Les Hollandais, principaux importateurs de ces *brandewijns*, ou vins brûlés, découvrent que le vin non seulement supporte mieux le long voyage après distillation, mais développe aussi des saveurs plus complexes et agréables lorsqu'il est stocké dans des fûts de chêne pendant le transport. C'est ainsi que les vignerons charentais se sont mis à distiller le vin à deux reprises et à le vieillir intentionnellement, donnant naissance au cognac tel que nous le connaissons aujourd'hui. Ces techniques le font entrer dans une autre catégorie : celle des eaux-de-vie de renom. Aujourd'hui mondialement reconnu pour sa complexité aromatique, le cognac, sous l'appellation contrôlée qui garantit son origine et sa qualité, doit vieillir au moins deux ans. Mais de nombreux producteurs choisissent un élevage beaucoup plus long pour enrichir encore plus son profil de saveurs profondes : noix, vanille, caramel et épices.

LA DOUCEUR DU PINEAU DES CHARENTES

La légende raconte qu'en 1589 un vigneron aurait versé par mégarde du moût de raisin frais dans un fût contenant du cognac, empêchant ainsi la fermentation du jus. Ce mélange inattendu aurait donné naissance à un vin de liqueur, sucré et riche en arômes.

De la légende à la commercialisation puis à la reconnaissance, il aura fallu près de quatre siècles ! En 1921, un viticulteur local, Émile Daud, le commercialise pour la première fois, mais c'est seulement le 6 juillet 1935 que l'existence du pineau des Charentes est officiellement reconnue par décret. Dix ans plus tard, il prend le statut de « vin de liqueur d'appellation d'origine contrôlée ».

On rencontre trois variétés de Pineau : le blanc, aux notes miellées et épicées, le rosé et le rouge, tous deux à la fraîcheur fruitée, le plus souvent appréciés à l'apéritif.

DIVINES COQUILLES

Les cagouilles charentaises, ou escargots petits-gris, sont un mets très apprécié. Leur ramassage, qui se fait à la main, souvent après la pluie quand ils sortent de leur cachette, est une étape importante : choisir des escargots de bonne taille garantit leur maturité et leur qualité. Avant d'être cuisinées, les cagouilles doivent jeûner environ une semaine, pour purger leur système digestif. Pendant cette période, elles sont généralement nourries avec de la farine ou des légumes verts qui « nettoient » leur estomac. Ensuite, elles sont soigneusement lavées et placées dans une solution saline pour enlever toute trace de terre et de sable. Traditionnellement, on les blanchit dans un court-bouillon parfumé d'herbes pendant quelques minutes pour détendre leur chair et les extraire plus facilement de leur coquille. Une recette typique consiste à les farcir de chair à saucisse assaisonnée d'ail et de persil, et à les cuisiner dans une cocotte en fonte avec de la graisse de canard. On y ajoute souvent des tomates concassées, ce qui donne une sauce délicieuse.

La recette historique

L'ÉCLADE DE MOULES

Ce plat traditionnel de la Charente-Maritime associe les parfums de la moule de bouchot à celui des aiguilles de pin qui, une fois embrasées, permettent de rôtir le coquillage dans son jus. Le mot « éclade » proviendrait de la chaleur vive et intense qui se dégage lors de la cuisson et fait éclater les coquilles. Il fait aussi référence à *équiade*, c'est-à-dire « aiguillade » en français, pour désigner le manteau épais d'aiguilles de pin déposé sur les moules.

Ce « barbecue » de mollusques sur des aiguilles de pin ressemble un peu à une sculpture : les moules doivent être dressées verticalement (pointe vers le haut) et en spirale sur une planche de bois assez épaisse, voire une planche de contreplaqué recouverte d'une feuille d'aluminium (au centre de laquelle on a planté quelques clous). On peut aussi poser les quatre premières moules horizontalement en croix, puis on intercale les autres verticalement en comblant les trous et en les serrant bien afin qu'elles ne s'ouvrent pas à la cuisson. Le premier « trépied » de moules est la base de l'édifice. On dispose les autres en escargot, en tournant autour du centre, et on recouvre d'une grande quantité d'aiguilles de pin à laquelle on met le feu.

À l'origine, les moules étaient disposées sur de la vase séchée des marais et recouvertes de tiges de fèves desséchées. Le plat portait alors le nom de « terrée ». En plus du résultat bluffant produit par ce type de cuisson, l'éclade est un événement festif et une manière très conviviale de se réunir en plein air.

LA CORSE

Cette île, située au centre de la Méditerranée, ou plutôt, cette « montagne dans la mer », pour reprendre l'expression d'un célèbre géographe allemand (Friedrich Ratzel, en 1899), est une terre d'accueil qui a beaucoup reçu et offert, au fil du temps, les trésors de son patrimoine culinaire. Les nombreuses vallées qui la composent représentaient autrefois une unité religieuse, administrative et économique, appelée « pieve ». Les besoins quotidiens et l'alimentation de chacune se faisaient en toute indépendance. De là vient sans doute l'ancrage de ses traditions et de ses techniques locales, si longtemps préservées et toujours authentiques.

LE BROCCIU, L'ÂME DE LA CUISINE CORSE

Considéré comme l'un des produits les plus représentatifs de l'île, ce fromage, fabriqué à partir de petit-lait (lactosérum) de brebis ou de chèvre, bénéficie de l'appellation d'origine protégée (AOP) depuis 2003.

Le mélange de petit-lait et de lait entier chauffé permet d'obtenir ce fromage frais, moelleux et crémeux. Traditionnellement, il est fabriqué entre novembre et juin, avec une période optimale de consommation de mars à mai.

> *La montagne dans la mer.*

On retrouve le brocciu dans une grande variété de plats, allant des entrées aux desserts : cannellonis, omelette au brocciu et à la menthe, sturzapreti (boulettes de brocciu et de blettes). Côté sucré, le brocciu est l'ingrédient clé de desserts traditionnels comme le fiadone, un flan parfumé au citron, et une variété de beignets.

Il est aussi consommé frais, souvent accompagné de sucre ou d'une goutte d'eau-de-vie, et parfois avec de la confiture de figues ou du café.

La nepita

Son nom provient du latin *nepeta* qui est aussi à l'origine du nom de la ville italienne de Nepi, où l'herbe était endémique. Cette marjolaine sauvage est emblématique du maquis corse. Elle pousse principalement en moyenne montagne, dans les zones rocailleuses et ensoleillées de l'île.

Elle se distingue par son parfum puissant et complexe qui rappelle à la fois la menthe et l'origan, avec une légère note camphrée, et un goût frais et légèrement piquant. En cuisine, elle est polyvalente et s'utilise pour parfumer les viandes, poissons et légumes, et même certains desserts, comme les glaces. Si vous ne trouvez pas de nepita en dehors de la Corse, vous pouvez lui substituer la marjolaine ou la menthe sauvage dans les recettes.

LES HERBES DU MAQUIS

La Corse regorge d'herbes aromatiques aux parfums incomparables. Elles sont nombreuses et poussent très facilement. Trois d'entre elles sont particulièrement recherchées pour leur utilisation en cuisine.

L'arba barona

Aussi connue sous le nom de *Thymus herba-barona*, elle pousse principalement dans les régions montagneuses de l'île, souvent à proximité des pâturages. Le terme « barona » fait référence aux anciennes terres féodales qui étaient sous le contrôle des barons locaux. Les plantes telles que l'arba barona y prospéraient.

Cette plante se distingue par son parfum prononcé de thym avec une note de carvi (cumin des prés). Sa saveur est intense et légèrement épicée, ce qui en fait une herbe idéale pour relever les marinades, les ragoûts et les plats de viande, notamment l'agneau, avec lequel elle se marie à merveille. On s'en sert aussi pour aromatiser certaines charcuteries comme le lonzo, des fromages et des soupes.

Le myrte

Cet arbuste au nom grec *myrtos* originaire du bassin méditerranéen est largement présent en Corse. Profondément enracinée dans la culture corse, aussi bien pour ses usages culinaires que pour ses propriétés médicinales, la plante possède des arômes puissants et complexes, avec une odeur douce et légèrement épicée qui évoque à la fois le clou de girofle et l'eucalyptus. Ses baies, feuilles et fleurs sont utilisées en cuisine et en parfumerie. Essentiel pour confectionner une célèbre liqueur, le myrte est aussi utilisé pour parfumer les viandes et le gibier.

LA FARINE DE CHÂTAIGNE, DU PAIN QUOTIDIEN À LA RELANCE D'UNE FILIÈRE

Depuis plus de cinq siècles, le châtaignier occupe une place centrale dans la vie des villages de l'intérieur de la Corse. Il pousse librement entre 500 et 800 mètres d'altitude, offrant ses fruits à l'automne. Ces châtaignes servaient autrefois de monnaie d'échange et pouvaient même constituer une dot. Lors des mariages dans les villages de montagne, le banquet comptait 22 plats différents, tous préparés avec de la farine de châtaigne. À table, les convives, menés par le marié, s'exclamaient : « Tant qu'il y a des châtaignes, il y aura du pain ! » Cet « arbre à pain », autrefois essentiel à l'économie corse, a perdu de son importance au fil du temps.

Heureusement, la relance de la castanéiculture a pris une nouvelle ampleur depuis les années 2010, grâce à des initiatives locales et collectives déterminées à revitaliser ce secteur traditionnel de l'agriculture corse. L'Office du développement agricole et rural de Corse (ODARC) joue un rôle clé dans ce renouveau en soutenant les producteurs et en valorisant les produits issus du châtaignier, comme la farine de châtaigne, qui bénéficie d'une AOP (appellation d'origine protégée) depuis 2006.

Fraîchement moulue, la farine de châtaigne est fine, blanche, piquetée de points rouge-brun assez nombreux, provenant des débris d'enveloppes que l'émondage n'a pas pu séparer. Elle dégage une odeur particulière et possède une agréable saveur sucrée.

L'ANECDOTE : LES TRÉSORS CHARCUTIERS DE L'ÎLE DE BEAUTÉ

Particulièrement renommée, la charcuterie corse est l'héritage d'une tradition ancienne, profondément liée à la vie en autarcie qu'ont menée les Corses pendant des siècles, où chaque foyer dépendait en grande partie de ses propres ressources pour subsister.

L'élevage du cochon s'est développé en Corse bien avant l'époque moderne. Dans les villages isolés de l'île, le cochon était considéré comme une richesse. On le nourrissait avec soin tout au long de l'année jusqu'à son abattage en hiver. Un événement qui marquait le début de la saison froide ainsi qu'une période cruciale pour la préparation des salaisons qui devaient durer toute l'année.

La consommation de viande de porc était réservée aux grandes occasions, souvent religieuses, et gérée avec méthode et parcimonie. On valorisait chaque morceau de l'animal et on le consommait selon un calendrier précis afin de conserver la viande le plus longtemps possible. Le début de l'hiver était marqué par la consommation de saucisses fraîches et de figatellu, une saucisse emblématique de la Corse à base de foie de porc. Au fur et à mesure que les jours rallongeaient, le saucisson prenait le relais, permettant aux habitants de s'alimenter jusqu'au printemps. Vers la fin de cette saison, le lonzu, une autre spécialité à base de filet de porc, faisait son apparition sur les tables. Le début de l'été était consacré à la coppa, un morceau de viande plus maigre et séchée.

Le jambon, pièce maîtresse de la charcuterie corse, était réservé pour les fêtes estivales. Sa conservation relevait de méthodes ingénieuses : un simple linge placé sur la tranche exposée et un enfouissement sous un tas de cendres permettaient au jambon de résister à la chaleur et de garder intacte sa saveur.

Les pièces de lard, comme la vuletta et la pancetta, étaient quant à elles consommées tout au long de l'année, sans distinction de saison.

Au fil des siècles, ces techniques de salaison non seulement ont assuré la subsistance des familles corses, mais ont aussi contribué à forger une identité culinaire unique, aujourd'hui reconnue bien au-delà des rivages de l'île.

UN PARADIS DES AGRUMES

Le climat et le terroir de l'île favorisent la culture des agrumes : douceur méditerranéenne, richesse des sols, et moindres risques parasitaires dus à son insularité représentent ses atouts principaux.

Parmi tous les agrumes, la clémentine est sans doute la plus célèbre et la plus représentative de l'île. Introduite en Corse dans les années 1920, elle est aujourd'hui cultivée principalement dans la plaine orientale, sur près de 1 600 hectares de vergers. La clémentine de Corse bénéficie d'une indication géographique protégée (IGP) depuis 2007. Contrairement à d'autres variétés, la clémentine de Corse se distingue par son goût légèrement acidulé, sa peau fine et brillante, ainsi que son « petit cul vert », signe distinctif dû à sa récolte à pleine maturité. Devenue un véritable symbole de l'île, avec près de 90 % de la production vendue hors de Corse, elle représente un produit d'exportation majeur.

Autrefois cultivé en abondance, notamment au cap Corse, le cédrat, au parfum et à la saveur douce, indispensable à la fabrication de confiseries et de liqueurs, a connu un réel déclin. Le manque d'artisans confiseurs locaux, les changements climatiques et économiques, et des taxes élevées sur le sucre ont eu raison de cet agrume exceptionnel. Il ne reste actuellement que quelques hectares dédiés à cette culture, bien que des efforts soient faits pour relancer la production.

La richesse des agrumes corses ne s'arrête pas à la clémentine et au cédrat. L'île abrite également une collection unique d'agrumes, installée par l'INRA à San-Giuliano dans les années 1960. Cette collection, qui regroupe plus de huit cents variétés d'agrumes sur 13 hectares, est l'une des plus complètes au monde.

LES CANISTRELLI, LE GOÛT DE LA TRADITION

Souvent préparés de manière artisanale dans les boulangeries et à la maison, ces petits biscuits trouvent leurs racines dans la cuisine paysanne corse, où ils étaient autrefois confectionnés pour célébrer les fêtes religieuses ou pour accompagner le café. Leur nom vient probablement du terme italien *canestro* qui signifie « panier », ce qui laisse penser qu'ils étaient autrefois transportés et stockés dans des paniers en osier. En forme de losange ou de carré et préparés avec des ingrédients simples comme de la farine, du sucre, de l'huile d'olive et parfois du vin blanc, les canistrelli possèdent une texture croquante et friable. Les graines d'anis dont on les parfume leur donnent une saveur légèrement sucrée et épicée à la fois.

Certaines variantes de la recette peuvent inclure des ingrédients comme des amandes ou des noisettes, ce qui ajoute de la complexité à la saveur du biscuit.

La recette historique

LES SARDINES AU BROCCIU

Cette recette traditionnelle se sert en entrée ou en plat principal, au choix.

Ingrédients (pour 4 p.) :

- 16 sardines fraîches, écaillées, ouvertes sur le côté et vidées par le poissonnier
- 400 g de feuilles de blettes
- 160 g de brocciu
- 1 gousse d'ail hachée
- 1 petit bouquet de persil plat, lavé et ciselé
- 1 jaune d'œuf
- 40 g de farine
- huile à friture
- sel et poivre

PRÉPARATION : 1 H | CUISSON : 10 MIN

1. Lavez les sardines sous l'eau froide et épongez-les. Lavez les feuilles de blettes et éliminez les côtes blanches. Faites chauffer de l'eau dans une grande casserole jusqu'à ébullition. Jetez-y le vert des blettes que vous laissez cuire 3 minutes. Passez-les sous l'eau froide pour les rafraîchir et égouttez-les. Hachez-les ensuite dans un saladier. Ajoutez le brocciu, l'ail et 3 c. à s. de persil ciselé. Mélangez le tout à l'aide d'une fourchette et incorporez le jaune d'œuf. Salez et poivrez.

2. Mettez la moitié des sardines à plat sur un plan de travail. Farcissez chacune d'elles d'une c. à s. de la préparation, puis déposez par-dessus les sardines restantes. Appuyez légèrement pour les assembler. Farinez-les et faites-les frire pendant 4 minutes. Servez sans attendre.

Sainte-Lucie-de-Tallano

Menton

LES DÉLICES DE LA CÔTE D'AZUR

La Côte d'Azur, joyau de la Méditerranée, n'est pas seulement connue pour ses paysages idylliques et son climat ensoleillé, mais aussi pour sa cuisine riche et variée, influencée par des siècles de traditions culinaires, venues pour la plupart de l'Italie voisine.

L'INCONTOURNABLE SOCCA NIÇOISE

Parmi les spécialités culinaires françaises, bien peu possèdent une histoire aussi ancienne que celle de la socca, déjà connue il y a… huit mille ans ! Sorte de grande galette fine, à base de farine de pois chiche, d'huile d'olive et d'eau, elle se mange à toute heure, juste assaisonnée d'un peu de sel et de poivre. Sa recette est presque aussi ancienne que la civilisation du bassin méditerranéen, puisque les Égyptiens utilisaient déjà cette farine pour une préparation similaire.

Au Moyen Âge, la culture du pois chiche débarque en Europe grâce aux croisés. La plante pousse comme du chiendent, y compris sur des sols pauvres. C'est à Gênes qu'apparaît tout d'abord la fameuse galette. Tout naturellement, elle débarque à Nice, au XVIIe siècle.

La recette s'affine : la pâte est versée en une couche fine dans un plat cuivré et bien huilé, puis cuite dans un four à bois. Pendant des années, la socca sert de nourriture quotidienne aux paysans et aux pêcheurs. Son nom proviendrait d'un couvre-chef typique des chasseurs alpins, la « soque », remarqué par les vendeurs ambulants de socca au XIXe siècle.

Bientôt, le plat prend une nouvelle dimension grâce aux marchands qui le vendent aux ouvriers et aux dockers du port : la socca devient le casse-croûte emblématique des travailleurs niçois et des classes populaires en général.

Aujourd'hui, elle est servie partout dans les Alpes-Maritimes, y compris dans les restaurants gastronomiques. Elle est dégustée le plus souvent comme un en-cas, ou servie à l'apéritif ou encore en entrée, copieusement saupoudrée de poivre. Dans le Var, on la trouve sous le nom de « cade », comme c'est le cas à Toulon.

L'ANECDOTE :
L'HISTOIRE ACIDULÉE DU CITRON DE MENTON

Bien plus qu'un simple agrume, le citron est un véritable symbole de la Côte d'Azur. Originaire du sous-continent indien et de Chine, il voyage à travers la Perse et le Moyen-Orient avant d'arriver en Méditerranée. Au XIe siècle, sous la domination arabe en Sicile et en Espagne, il prend racine dans ces régions. Jusqu'au milieu du XVe siècle, le paysage de Menton se compose essentiellement de céréales, de vignes et de figuiers. La culture du citron y démarre dès la fin du XVIIe siècle, portée par un climat idéal, doux et ensoleillé.

Au siècle suivant, la découverte du citron comme remède au scorbut qui décime les marins au long cours donne un coup d'accélérateur à sa production : manne financière pour ceux qui gouvernent la ville, le citron de Menton va connaître son âge d'or. L'agrumiculture devient la première activité économique locale.

Les « limoneuses » sont les femmes chargées de la cueillette des citrons ; cette activité représente un revenu complémentaire, essentiel pour le foyer. Elles transportent les fruits sur leur tête, dans de grandes corbeilles, depuis les vergers jusqu'aux magasins installés près du port. Les citrons sont ensuite triés et emballés avec soin dans du papier de soie, avant d'être expédiés à travers la France et l'Europe. Les caisses « lyonnaises », contenant 500 citrons, sont destinées au marché français, tandis que les « flandrines », de 400 citrons, prennent la route du nord de l'Europe. Les « messinoises », de 360 citrons, embarquent quant à elles en direction de l'Amérique.

Le citron de Menton se décline en trois variétés principales : les Bignettes avec leur peau lisse et fine, très juteux ; les Sériesqués, à la peau lisse mais épaisse, moins juteux que les Bignettes ; et les Bullotins, à la peau très épaisse et grumeleuse, pauvres en jus mais qui compensent par un arôme puissant.

Chaque année, à la mi-février et depuis 1934, Menton célèbre avec faste son agrume lors de la Fête du Citron, une initiative de la municipalité de l'époque et des hôteliers locaux qui cherchaient à dynamiser la ville pendant la saison hivernale.

DES BLETTES…

Utilisé à Nice en particulier, dans de nombreuses préparations, ce légume aux larges feuilles vertes et aux cardes (tiges) blanches ne se consomme presque jamais seul, sauf bouilli, à la manière des épinards en branches. Au Moyen Âge, la blette se mange en soupe, appelée « porée » ou « poirée », additionnée de poireau. Appréciée en salade au XVIIe siècle, elle est omniprésente dans les Alpes-Maritimes deux cents ans plus tard, à travers une dizaine de variétés.

… À LA TOURTE DE BLETTES

La *torta de blea*, ou « tourte de blettes », est un plat traditionnel sucré-salé et une spécialité de la cuisine nissarde si populaire qu'elle figure sur la liste des treize desserts provençaux de Noël.

Hachées menu après qu'on eut retiré leurs côtes épaisses, les feuilles sont mélangées avec des œufs, du parmesan râpé, des raisins secs macérés dans du rhum, des pignons de pin, des pommes, de la cassonade, des zestes de citron, un peu de vieux marc, de l'huile d'olive et une pincée de poivre. On verse cette préparation sur une pâte sablée à l'huile d'olive, et on recouvre le tout d'un deuxième disque de pâte. Après une heure de cuisson, la tourte est saupoudrée de sucre glace, puis découpée et servie tiède ou froide.

LES OLIVES NOIRES ET L'HUILE D'OLIVE

Cultivées depuis l'Antiquité, elles sont particulièrement prisées pour leur petite taille et leur goût unique. Leur variété, reconnaissable à sa couleur noir profond et à sa texture à la fois ferme et charnue, se nomme « cailletier ». Petites, pesant environ 1 gramme, les olives de Nice sont douces, légèrement amères et subtilement fruitées, avec des notes de noisette.

Elles entrent dans la composition de la fameuse tapenade, une pâte d'olive populaire dans la cuisine méditerranéenne. L'huile qu'on en extrait, connue sous le nom d'« Huile d'olive de Nice AOP », est réputée pour sa qualité exceptionnelle. Elle est obtenue par une première pression à froid, qui préserve ses arômes délicats et ses propriétés nutritives. Sa robe dorée aux reflets verts et sa saveur douce avec des nuances d'amande et d'artichaut en font un ingrédient parfait pour les salades, les plats de poisson et la cuisine provençale en général.

DU PISSALA(T) À LA PISSALADIÈRE

À l'origine, cette préparation fermentée se compose d'une sorte de purée d'anchois et de sardines, parfois relevée d'épices. Descendant du garum des Romains de l'Antiquité, qui appréciaient sa saveur corsée, le pissala ou pissalat n'a rien d'une banale crème d'anchois : seules quatre communes, Antibes, Cros-de-Cagne, Nice et Menton, se voient accorder le privilège de la pêche aux alevins. Ces derniers sont macérés dans du sel avec des aromates, thym et romarin, pendant environ un mois et demi, remués chaque jour et stockés à l'abri de la lumière. Broyé ensuite au pilon, le pissala(t) est mis en pots, recouvert d'une couche d'huile d'olive et employé pour confectionner, entre autres, la fameuse pissaladière. Cette tarte, composée de pâte à pain, est garnie de pissala(t) mais aussi d'oignons fondus et légèrement caramélisés, ainsi que d'olives noires locales semblables à des bonbons salés !

La recette historique

LE PAN-BAGNAT

Selon Jacques Médecin, maire de Nice de 1966 à 1990 : « À l'origine, le pan-bagnat, littéralement "pain mouillé", est une salade niçoise dans laquelle on incorpore, une bonne heure avant de servir, du pain de campagne rassis, préalablement effrité au marteau ou au pilon, de la taille d'une bouchée. Bien imbibé d'huile et de jus de tomates, ce pain constitue un délicieux accompagnement de la salade. Si délicieux d'ailleurs que nos grands-mères firent preuve d'imagination afin d'accommoder de manière pratique et permanente la salade niçoise avec le pain de campagne. Ainsi naquit le pan-bagnat moderne, un pain rond d'une vingtaine de centimètres de diamètre, cuit spécialement par les boulangers de la région à cet effet. Mais n'importe quel pain, de n'importe quelle forme peut faire l'affaire. »

Ingrédients :

- 1 gousse d'ail
- vinaigre
- huile d'olive
- 1 tomate
- 1 concombre
- fèves fraîches et/ou petits artichauts frais du pays, coupés en rondelles
- 1 poivron vert
- petits oignons frais
- basilic
- 1 œuf dur
- filets d'anchois
- olives noires de Nice
- sel, poivre

1. Partagez le pain en deux dans l'épaisseur et enlevez un peu de mie à ce qui va constituer le fond et le couvercle du pan-bagnat.
2. Frottez l'intérieur de chaque moitié avec une gousse d'ail, mouillez légèrement au vinaigre, largement à l'huile, salez, poivrez et installez les ingrédients d'une salade niçoise entre les deux tranches.

Phare de Goury, La Hague

LE COTENTIN

Robuste et raffinée à la fois, la cuisine locale repose sur un vaste choix de coquillages, poissons et crustacés de la mer. Mais elle tire tout autant profit de produits plus rustiques, cultivés dans une terre où infusent depuis toujours des saveurs iodées, héritages des marées dont les hommes ont fini par triompher pour survivre.

LA CAROTTE DE CRÉANCES, BELLE DES SABLES

La légende raconte que l'on doit sa culture à un jeune Normand privé d'héritage du fait de sa position de cadet de la famille. Il aurait tenté d'utiliser les sables de la lagune pour remplacer la terre, et des algues marines comme engrais…

Si l'origine exacte de cette culture demeure un mystère, on sait que déjà, sous Napoléon 1er, les Créançais se rendaient en voiture à cheval au marché de Caen pour y vendre leurs carottes. Mais la culture maraîchère ne se limite pas à la carotte puisque poireaux, oignons et salades font également la fierté des producteurs locaux.

Longtemps semées à la main, les parcelles où poussent les carottes sont recouvertes d'une fine couche de fumier afin de les protéger des vents marins. L'hiver, elles sont abritées par un lit de paille. Gourmandes en eau, elles sont irriguées en permanence en été. AOC dès 1960, dotées d'un label rouge deux ans plus tard, elles offrent aux amateurs leur belle couleur rouge orangée et leur incomparable saveur iodée d'août à avril.

LE TENDRE AGNEAU DE PRÉ-SALÉ

À l'origine, la création d'un élevage ovin à proximité du Mont-Saint-Michel est dictée par la volonté de seigneurs du Moyen Âge de gagner sur la mer la moindre portion de terre. En effet, à chaque grande marée, les terres côtières sont inondées. Au xe siècle, des travaux d'endiguement sont lancés pour maintenir les herbus, c'est-à-dire l'endroit où l'herbe pousse en abondance. L'élevage de moutons peut alors commencer. À la même époque, la charte de fondation de l'abbaye de Lessay mentionne la production ovine dans la région des havres du Cotentin. En 1181, la dîme (impôt) de cette abbaye repose en grande partie sur la laine de mouton. Un privilège, le « droit de brebiage », permet aux moines du Mont-Saint-Michel de s'approprier tous les ans la plus belle brebis dans chaque troupeau de la baie.

Plus tard, les pèlerins, premiers visiteurs du Mont-Saint-Michel, découvrent les moutons des prés-salés, et en vantent la qualité au cours de leurs pérégrinations.

Au début du xxe siècle, l'arrivée des premiers touristes sur la côte normande contribue à étendre largement cette renommée. Les familles bourgeoises, à la recherche d'une nourriture originale et typiquement régionale, commencent à demander de l'agneau de pré-salé aux restaurateurs. Après la Seconde Guerre mondiale, le tourisme se développe et bientôt à l'image du Mont-Saint-Michel s'associe ce produit devenu gastronomique, l'agneau de pré-salé. Mais la demande est vite supérieure à l'offre et des fraudes s'installent. Les abus constatés provoquent même d'importants remous dans la région. Face au problème, les éleveurs réagissent, d'où la création d'une appellation d'origine, en 2007.

L'EMBLÉMATIQUE COQUILLE SAINT-JACQUES DE NORMANDIE

Filière importante, la pêche à la coquille Saint-Jacques est ouverte du 1er octobre au 15 mai dans la Manche, et de fin novembre à fin mars en baie de Seine. Elle représente une tradition ancienne en Normandie. Appelées autrefois « pèlerines » ou encore « ricardeaux », les Saint-Jacques sont très appréciées dans la capitale, solidement approvisionnée grâce à sa proximité géographique. Surexploitée et menacée d'extinction dès le milieu du XXe siècle, elle est sauvée par une réglementation très stricte cinquante ans plus tard. Elle est le premier coquillage vivant, sauvage et non transformé à avoir obtenu deux labels rouges, pour la coquille entière, puis pour sa noix.

LA GRAISSE NORMANDE OU « GRAISSE DE CHERBOURG »

Bien avant que le café au lait-tartines ne devienne un rituel matinal, on avalait dans les campagnes une soupe, composée de pommes de terre et de légumes du jardin, et de la fameuse graisse de Cherbourg, ajoutée en quantité respectable dans la marmite. On la prélevait autour d'un rognon de bœuf, puis on la mettait dans un chaudron de bonne taille au-dessus d'un feu très doux, en la surveillant pour qu'elle ne brûle ni ne noircisse. On y ajoutait ensuite une garniture de légumes (carottes, poireaux, navets, choux et herbes aromatiques). Le tout cuisait 48 heures, avant d'être filtré. La graisse, elle, était conservée dans des pots de grès et utilisée pour assaisonner des farces ou enduire des viandes mises à rôtir. En plus de sa saveur très particulière, cette préparation présentait l'avantage de se conserver deux ans de suite sans rancir.

LES MOULES SAUVAGES DE BARFLEUR...

Leur coquille, très bombée et d'un bleu violet, et leur chair jaune et parfumée font de ces moules, présentes en gisements massifs dans ce village de l'est du Cotentin, une ressource importante. Elles naissent et grandissent en pleine mer, elles se pêchent au large et à la drague (engin de pêche constitué d'une poche en filet ou en anneaux métalliques) avec de petits bateaux. Plus volumineuses et plus charnues que les moules d'élevage, elles sont triées à la main, lavées à l'eau de mer, puis mises en sac. Elles seront ensuite triées une seconde fois, puis contrôlées et pesées pour vérifier leur taux de remplissage ou « indice de chair ». L'étiquetage « Moule de Barfleur » est la reconnaissance des soins apportés à leur sélection ainsi qu'à leur qualité.

Une coutume ancienne consistait à jeter une pièce de monnaie en argent dans l'eau de cuisson des moules, et à jeter celles-ci si la pièce noircissait : le changement de couleur indiquait un manque de fraîcheur et un risque sanitaire, à une époque où les techniques de conservation étaient rudimentaires.

LE BOUQUET DE COSQUEVILLE, UNE CREVETTE DE LUXE

Proche du homard par son prix, à ne pas confondre avec la crevette grise ou « sauticot », et semblable à la crevette rose (cuite), il est aussi baptisé « Demoiselle de Cherbourg ». Ce petit crustacé rose et très charnu à la saveur fine, particulièrement recherché des pêcheurs à pied, se capture à marée basse, idéalement lors des grandes marées : il a tendance à se glisser dans des mares laissées par la mer qui se retire. C'est là que le bouquet est le plus facile à attraper, à partir du mois de juillet. Rapidement cuits dans un court-bouillon parfumé d'herbes (laurier, thym) et de poivre noir, puis dégustés tièdes, accompagnés d'un bon pain de campagne et de beurre salé, les bouquets sont un mets de choix.

LES CROQUANTES HUÎTRES DE SAINT-VAAST-LA-HOUGUE

Des parcs, délimités par de petits murets en pierre et situés entre la digue de Saint-Vaast et l'île Tatihou, composaient avant le XVIe siècle le premier bassin ostréicole normand.

Charnues, iodées et marquées par un goût de noisette caractéristique, les huîtres creuses locales bénéficient des forts courants marins du Gulf Stream, mais aussi des algues, phytoplanctons et autres composants organiques apportés par les nombreux ruisseaux qui alimentent Saint-Vaast en eau douce.

LES SECRETS DE L'OMELETTE DE LA MÈRE POULARD

Célèbre dans le monde entier l'omelette inventée à la fin du XIXe siècle par Annette Boutiaut, épouse de Victor Poulard, tous deux aubergistes et propriétaires de l'établissement Saint Michel Teste d'Or, au Mont-Saint-Michel, a excité la curiosité des chefs et des gourmets, désireux de percer ses secrets. Quand on lui demandait sa recette, voici ce que déclarait la cuisinière : « Je casse de bons œufs dans une terrine, je les bats bien, je mets un bon morceau de très bon beurre dans la poêle, j'y jette les œufs et je remue constamment. »

Beaucoup se sont imaginé que la mère Poulard enlevait de sa recette un œuf sur trois, et versait dans la poêle un bon verre de crème fraîche au milieu de la cuisson. Une version énergiquement réfutée par la patronne de l'Auberge Saint-Michel Teste d'Or : « Pouvez-vous croire, pouvez-vous penser que j'aurais perdu tous ces blancs ? Non. Je prenais les œufs et je les battais tels quels. Quant à la crème, pure invention ! Ce qui est vrai, c'est que nous avions toujours le meilleur beurre du pays et toujours très frais. Nous n'y regardions pas. Nous en mettions dans la poêle un bon morceau, que nous ne laissions pas roussir. Surtout, nous nous gardions bien de trop cuire. Voilà tout mon secret. Nous faisions comme tout le monde. »

Après avoir « roulé » des omelettes pendant plus de 40 ans et avoir profité d'une longue retraite, la mère Poulard s'est éteinte le 7 mai 1931.

La recette historique

COQUILLES SAINT-JACQUES « CÔTE DE NACRE »

Ingrédients :

- 3 coquilles/personne
- 1 oignon
- 1 gousse d'ail
- 2 verres de cidre
- mie de pain
- lait
- persil haché
- chapelure
- sel
- poivre
- beurre

1. Les noix doivent être retirées « à cru ». Réservez les coquilles, lavez-les bien et nettoyez-les sous l'eau froide.
2. Dans une casserole, faites revenir dans du beurre un gros oignon haché. Ajoutez un peu de mie de pain trempée dans du lait et les noix des Saint-Jacques. Remuez et couvrez.
3. Faites étuver un instant. Ajoutez une gousse d'ail écrasée, salez et poivrez.
4. Mouillez avec 2 verres de cidre et laissez mijoter pendant 10 minutes. Retirez du feu. Saupoudrez de persil haché, remuez.
5. Garnissez les coquilles avec au minimum trois noix dans chacune d'elles. Nappez-les des éléments de cuisson. Saupoudrez de chapelure. Arrosez de beurre fondu.
6. Faites gratiner à four assez vif.

Balazuc

LA DRÔME ET L'ARDÈCHE

Ces deux départements voisins du sud-est de la France se distinguent par leurs paysages contrastés et complémentaires. La Drôme, marquée par des plaines fertiles et des collines douces, se prête à une agriculture diversifiée, tandis que l'Ardèche, plus sauvage et montagneuse, offre un terroir plus rude, mais généreux. Ces divergences se reflètent dans leurs traditions culinaires, où l'une mise sur la diversité des cultures et l'autre, sur l'authenticité d'une nature préservée.

L'OLIVE DE NYONS, LA PERLE NOIRE DE LA DRÔME PROVENÇALE

Aussi connue sous le nom de « tanche », cette grosse olive en forme de cœur est cultivée depuis des siècles dans la région. Il s'agit de la première olive en France à avoir obtenu une appellation d'origine contrôlée (AOC) en 1994, en gage de son authenticité et de sa qualité exceptionnelle, puis une appellation d'origine protégée (AOP) deux ans plus tard. Cette variété unique, résistante aux rigueurs de l'hiver, produit une huile d'olive vierge extra d'une grande finesse.

Elle sent la pomme et le foin coupé, et possède une saveur douce, légèrement fruitée avec des notes de noisette et une pointe d'amertume, parfaitement équilibrée. La production, essentiellement artisanale, se déroule dans les oliveraies ensoleillées de Nyons, où les olives sont récoltées à maturité en décembre, lorsqu'elles présentent une peau ridée, une couleur brune et une chair délicate et savoureuse.

LES BELLES COULEURS DE L'ABRICOT DES BARONNIES

Reconnu par une indication géographique protégée (IGP) depuis avril 2024, il est riche d'un savoir-faire ancestral qui remonte bien avant 1880. À cette époque, la culture de l'abricot est principalement réservée à un usage familial et local. À partir de cette date et grâce au développement du chemin de fer ainsi qu'à l'installation des premières usines de transformation à Nyons, il prend une dimension commerciale dans la région des Baronnies, entre le sud-est de la Drôme et l'ouest des Hautes-Alpes.

Entre 1920 et 1950, la production d'abricots est multipliée par dix. C'est à cette période que des vergers dédiés exclusivement à la culture de l'abricot voient le jour. Le microclimat est, en effet, particulièrement favorable à la culture de l'abricot.

Le gel dévastateur de 1956, qui détruit de nombreux oliviers, accélère encore ce phénomène : les oliviers arrachés sont souvent remplacés par des abricotiers, renforçant ainsi la place de ce fruit dans le paysage agricole des Baronnies. À partir de 1995, des variétés telles que l'Orangered et le Bergeron apparaissent dans les vergers et, portées par ce terroir d'exception, développent des saveurs incomparables.

Cueillis à maturité comme l'exige le cahier des charges IGP, les fruits adoptent une teinte rosée caractéristique, le « blush ». La saison démarre dès la première semaine de juillet.

LE CHÂTAIGNIER, « ARBRE À PAIN » DE L'ARDÈCHE

La culture de la châtaigne, qui démarre dès le XIIIe siècle, va perdurer durant des décennies et composer la majeure partie de l'alimentation humaine. Au siècle suivant, les plus gros fruits sont exportés en direction des grandes villes du sud de la France. À Joyeuse, à Saint-Sauveur-de-Montagut, à Vesseaux et aux Vans, des bourgs importants de la région, des revendeurs venus des villes alentour viennent s'approvisionner sur les marchés locaux.

En 1820, la découverte par les soyeux lyonnais des propriétés des tanins du châtaignier change la donne : pour teindre la soie en noir, plusieurs usines d'extraction de la précieuse substance ouvrent leurs portes vers 1890 et un million d'arbres sont abattus en cinquante ans. En effet, la rentabilité de « l'arbre à pain », comme on le surnomme pour l'utilisation de la farine de châtaigne, est faible comparée à son utilisation industrielle.

À la même époque, la culture de mûriers, destinée à l'élevage du ver à soie, s'implante dans la région. Cette nouvelle source de revenus concurrence fortement la châtaigne et conduit les paysans désormais enrichis à diversifier leur alimentation avec des céréales, au détriment du fruit.

En 1875, un fléau s'abat sur les plantations de châtaigniers : la maladie de l'encre, causée par un champignon microscopique, ravage les arbres. Il faut attendre les années 1930 et 1950 pour que des castanéiculteurs locaux se rassemblent en syndicat de producteurs et décident de replanter des parcelles extrêmement réduites. La demande provient cette fois des grossistes et des exportateurs qui poussent la filière à se réinventer grâce à des techniques de culture et de récolte plus modernes.

Actuellement peu consommée fraîche, la châtaigne reste un fruit apprécié en conserve, au naturel, mais aussi en confiserie, où marrons glacés, crème, purée et confiture de marrons sont toujours recherchés par les gourmets. Trois grandes maisons, à la production industrielle ou semi-artisanale, continuent de se disputer ce marché très convoité : les marques Clément Faugier (depuis 1887), Sabaton (1907) et enfin Imbert (1914).

LA RENAISSANCE DU CHATUS, UN CONCENTRÉ D'ARDÈCHE

Ce cépage rouge ancien, profondément enraciné dans le patrimoine viticole de l'Ardèche, a failli disparaître avec la crise du phylloxéra au XIXe siècle. Grâce à la détermination des vignerons ardéchois, il a été réintroduit dans les années 1990 et refait actuellement surface.

Les vignes du chatus sont principalement cultivées sur des terrasses de grès, appelées « faïsses », dans les Cévennes ardéchoises. Comme ceux qui le cultivent passent autant de temps à remonter les murs des terrasses supportant le chatus qu'à cultiver la vigne, on les a surnommés les « vignerons-maçons ». Peu sensible aux maladies comme le mildiou et l'oïdium, il arrive à maturité tardivement, fin septembre ou début octobre. Ses grappes, compactes, portent des grains petits et ronds. Les vins produits sont puissants, acides et très tanniques, et nécessitent un élevage en fûts de chêne pour assouplir leur structure. Ils développent des arômes complexes de fruits confits, de tabac, de café, avec des notes de vanille et de cannelle. Ce sont des vins de garde par excellence, qui atteignent leur pleine expression après plusieurs années de vieillissement.

LA CAILLETTE, HISTOIRE D'UNE RIVALITÉ GOURMANDE ENTRE DRÔME ET ARDÈCHE

Son nom trouve son origine dans le mot *caïon*, c'est-à-dire « cochon » en patois. Au XVIe siècle, on trouve la trace d'un plat appelé « cayette » préparé lorsque l'on tuait le cochon dans les fermes.

Depuis 1967, la confrérie des Chevaliers du Taste-Caillette défend jalousement ce joyau de la gastronomie régionale. Pourtant, des variations de recettes existent entre la Drôme et l'Ardèche, deux départements qui se disputent l'origine de cette spécialité.

À l'époque, chaque famille tuait son cochon et allait chercher des herbes fraîches dans le potager pour préparer la caillette. Cependant, à Chabeuil, située dans la Drôme, qui revendique son statut de berceau d'origine, la caillette se distingue par une proportion plus importante de viande, et donc une présence plus discrète des herbes comparée à sa cousine ardéchoise. Selon la confrérie, aucun ingrédient ne doit dominer : le porc, les blettes, la salade, les épinards et un mélange d'épices dont certaines charcuteries gardent jalousement le secret doivent s'harmoniser parfaitement.

En Ardèche du Sud, la caillette se caractérise par une utilisation exclusive de blettes, sans épinards ni salade. Les blettes constituent au moins un tiers du poids de la préparation, et l'ail y est plus généreusement ajouté. Malgré ces différences, le processus de fabrication reste semblable de part et d'autre du Rhône. Les herbes sont soigneusement sélectionnées et hachées séparément, puis les ingrédients sont dosés avec précision. Les boulettes ainsi formées sont enveloppées dans une crépine de porc avant d'être cuites lentement à environ 200 °C pendant 2 h 30 à 3 heures.

Que ce soit en Drôme ou en Ardèche, la caillette représente une véritable fierté locale. Chaude ou froide, elle se déguste à toutes les occasions : en entrée, en plat principal, et même avec le fromage !

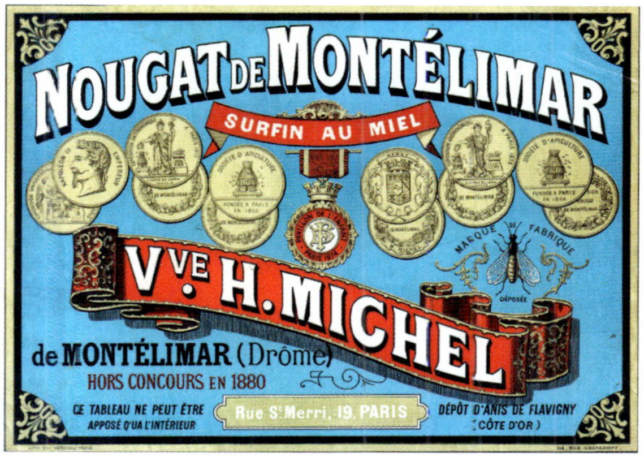

L'ANECDOTE : LE NOUGAT DE MONTÉLIMAR

Selon certains historiens, les premières mentions du nougat à Montélimar remontent à l'année 1097, bien que cette friandise ait une histoire encore plus ancienne. L'étymologie du mot « nougat » proviendrait du latin *nux gatum*, qui signifie « gâteau à base de miel et de noix ». Les Romains, qui le confectionnent, l'apportent en Gaule en remontant le Rhône, ce qui explique son installation dans la région de Montélimar. Le terme *nux gatum* aurait évolué peu à peu en nougo en provençal, avant de devenir le « nougat » que nous connaissons aujourd'hui. Les Phéniciens, qui commerçaient sur la Méditerranée il y a environ deux mille ans, propagent eux aussi sa recette dans toute la région, jusqu'en Grèce, en Italie et en Espagne.

Le nougat est fabriqué avec des noix, une tradition qui perdure jusqu'à la fin du XVIe siècle en France. C'est à cette époque qu'Olivier de Serres, un célèbre agronome, introduit les premiers amandiers en Ardèche, remplaçant progressivement les noix par des amandes, qui avaient l'avantage de ne pas rancir aussi rapidement. Une étape importante dans l'évolution du nougat.

Mais c'est au XVIIe siècle que Montélimar devient véritablement la capitale du nougat. Vers 1650, la recette du nougat blanc tel qu'on le connaît aujourd'hui est mise au point, bien qu'on n'en connaisse pas l'inventeur. En 1701, cette spécialité fait son entrée dans l'histoire lorsque Claude Souchon, premier consul de Montélimar, offre 2 quintaux de nougat au duc de Bourgogne et au duc de Berry lors de leur passage dans la ville. Cette tradition d'offrir du nougat aux visiteurs de marque perdure jusqu'au début de la Révolution française.

Aujourd'hui, pour mériter l'appellation « Nougat de Montélimar » celui-ci doit être fabriqué selon une recette bien définie, avec une garniture composée d'au moins 30 % d'amandes douces, dont 28 % d'amandes et 2 % de pistaches. De plus pour bénéficier de la mention « au miel », le miel doit représenter au moins 20 % des matières sucrantes utilisées. Cette friandise, devenue incontournable, est particulièrement prisée pendant les fêtes de Noël où elle fait partie des treize desserts traditionnels de Provence.

La recette historique

LE COUSINAT ARDÉCHOIS

Cette soupe, hivernale et réconfortante, utilise des châtaignes cuites. Autrefois, ces fruits étaient récoltés en automne, séchés et stockés en prévision de la saison froide.

Ingrédients (pour 6 p.) :

- 1 kg de châtaignes d'Ardèche AOP ou 1 kg de châtaignes au naturel (entières épluchées)
- 1 l de court-bouillon de volaille
- 1 noix de muscade à râper
- 6 feuilles de céleri (le Lapi des vallées ardéchoises de préférence)
- 1 l de crème fraîche
- sel et poivre

PRÉPARATION : 30 MIN | CUISSON : 1H30

1. Faites cuire les châtaignes dans de l'eau bouillante après avoir enlevé la première peau. Quand elles sont cuites, ôtez la seconde peau.
2. Réservez les 2/3 des châtaignes. Passez le tiers restant à la moulinette.
3. Faites bouillir le bouillon de volaille avec la noix de muscade râpée, les feuilles de céleri et les châtaignes moulinées. Salez, poivrez.
4. Au bout d'une demi-heure, ajoutez le litre de crème fraîche. Quand la soupe commence à bouillir, ajoutez les 2/3 des châtaignes pelées.
5. Rectifiez l'assaisonnement et laissez mijoter 1 heure.

LA FRANCHE-COMTÉ

ENTRE CHARCUTERIES ET FROMAGES

Ici, le lait des pâturages fait la réputation de grands fromages, le bois des conifères apporte aux charcuteries et salaisons leur irrésistible goût fumé, et la terre porte en elle tout ce qu'il faut de relief pour donner naissance à l'un des vignobles les plus singuliers du pays.

L'OMNIPRÉSENCE DU SEL

La Franche-Comté possède des gisements de sel souterrains vieux de plus de deux cents millions d'années avant notre ère.

Dès le XVIIe siècle, à Salins-les-Bains dans le Jura, comme dans toute la Franche-Comté, on exploite ces gisements en récupérant, par un système de pompage, les eaux salées qui sont remontées à la surface. Elles sont ensuite chauffées au bois dans des cuves jusqu'à évaporation de l'eau et cristallisation du sel. Le bois des forêts francs-comtoises sert de combustible, jusqu'à l'arrivée du charbon au début du XIXe siècle.

> *« J'ai failli rester prise aux charmes des Monts-Boucons. Vieux arbres fruitiers, cerisiers et mirabelles ; murs épais, impétueux feux de bois, sèches alcôves craquantes – il s'en fallut de peu que de Bourguignonne je ne tournasse Bisontine, tout au moins Franc-Comtoise.*
>
> — Colette, qui vivra six mois chaque année, pendant huit ans, au-dessus de Besançon

LA GRANDE SALINE

Sous le règne de Louis XV, le sel de la Grande Saline, une des plus anciennes usines de France, alimente le comté de Bourgogne, la Suisse et les Flandres. Ses 14 000 tonnes annuelles font de la ville de Salins-les-Bains la capitale économique de la région et la deuxième ville de Franche-Comté après Besançon, qui en est le centre politique et administratif.

À la fin du XIXe siècle, la fin du monopole d'État sur l'« or blanc », la hausse du prix du combustible et la baisse du prix du sel provoquent le déclin de la Grande Saline. Un établissement thermal, créé sous le second Empire, permet de maintenir une activité saisonnière, jusqu'à la fermeture définitive, en 1962.

Aujourd'hui inscrite au patrimoine mondial de l'UNESCO, la Grande Saline compte parmi les hauts lieux touristiques de Bourgogne-Franche-Comté.

LES GOÛTS FUMÉS

Cousin de la bresaola italienne ou encore de la viande des Grisons, le brési est de la viande de bœuf séchée prise dans un morceau appelé « gîte à la noix ». Longtemps considéré comme un plat de pauvres, en raison des bêtes de réforme employées pour sa fabrication, le brési se gardait autrefois entre six et huit mois dans la cheminée, avant d'être mis à tremper pour la cuisson. Vers la fin du XIXe siècle, il devient courant de le consommer cru, en tranches fines. Salé comme n'importe quel jambon, le brési confectionné par les artisans locaux est frotté à la main avec du sel sec, des aromates et des épices. Il est ensuite suspendu pendant six à douze semaines dans le tuyé (prononcer « tué »), une cheminée typique de la région.

Les fameuses saucisses de Morteau et de Montbéliard, ainsi que le jambon de Luxeuil sont fabriqués selon les mêmes principes de fumage et de séchage : la première, qui doit séjourner au minimum quarante-huit heures dans le tuyé pour mériter son appellation, a fait la réputation des Séquanes, peuple gaulois qui occupait la Franche-Comté à l'époque celtique. La seconde, connue depuis le XVIIIe siècle, doit la complexité de ses arômes au tuyé, mais également au carvi, une herbe locale. Quant au jambon de Luxeuil-les-Bains, très en vogue durant la Belle Époque, il subit une macération de quatre semaines dans du vin rouge du Jura, avant un salage à sec et un fumage lent à la sciure de résineux.

LE TUYÉ, INGÉNIEUX ET ATYPIQUE

Cette très ancienne cheminée pyramidale en bois, d'une hauteur de 10 à 15 mètres, servait autrefois de garde-manger dans les fermes comtoises, en particulier dans les « montagnons », un terme qui désigne aussi bien les habitants que les coins montagneux de la région. Ses parois étaient tapissées de salaisons, charcuteries et toutes sortes de pièces de viandes, suspendues à des perches. On y faisait brûler des bois résineux, comme l'épicéa, le sapin ou le genévrier. La fumée dégagée permettait de chauffer la ferme tout en offrant aux viandes un goût unique et une conservation parfaite. Cette pratique ancestrale du fumage est actuellement reproduite par des artisans charcutiers et salaisonniers, ou des producteurs semi-industriels spécialisés.

UNE RENOMMÉE FROMAGÈRE

Bleu de Gex, cancoillotte, comté, mont-d'or, morbier, carré de l'Est, et même Vache qui rit ! Les vaches de race montbéliarde, incontournables dans la région, ont fait de celle-ci une des plus réputées de France pour la qualité de ses fromages et leur diversité. Jusqu'à la fin des années 1990, il y avait une fruitière, c'est-à-dire une fromagerie coopérative, dans chaque village : matin et soir, chaque éleveur y apportait sa production de lait. Très nombreuses, y compris dans les plaines, jusqu'à la fin de la Seconde Guerre mondiale, les coopératives n'ont cessé de diminuer, jusqu'à atteindre aujourd'hui le chiffre de 140 fruitières.

À l'inverse, l'installation des groupes industriels, qui remonte, elle, à la fin du XIXe siècle, a pris son essor à partir des années 1939-1945.

EDIT. L. GAILLARD-PRÊTRE, BESANÇON
EXCURSION EN FRANCHE-COMTÉ
990. Fabrication du Fromage de Gruyère

L'ANECDOTE : LA SAGA DE LA VACHE QUI RIT

Ce produit incontournable de l'agroalimentaire mondial est né en Franche-Comté. Tout commence en 1917 avec les frères Graf, commerçants en gruyère d'origine suisse. Gottfried, Emile et Otto inventent une recette de pâte de gruyère fondu qui leur permet de recycler les meules fendues ou en surproduction, y compris quand leur qualité laisse à désirer. Autre avantage : ce produit se conserve longtemps dans des boîtes rondes, dont la forme évoque celle des camemberts. En 1921, les établissements Bel, spécialisés de longue date dans le négoce du fromage, prennent une participation dans l'entreprise Graf, devenue en quelques années une importante industrie locale et le plus grand employeur de Dole. C'est à Léon Bel que l'on doit, en 1924, la création de la marque La Vache qui rit, et au coup de crayon du génial illustrateur Benjamin Rabier la figure hilare d'une vache, parée de boucles d'oreilles en forme de... boîtes de fromage en portions !

Cette même année en effet, Léon Bel, qui a équipé son atelier de machines modernes, met au point la couleuse à portions triangulaires enveloppées dans du papier d'étain et conditionnées dans les fameuses boîtes en carton. Entre image de marque, conditionnement novateur et campagnes de communication soutenues, le succès de La Vache qui rit s'est transformé en mythe international.

Fig. 1. — Laiterie de Roche-sur-Loue à Arc-et-Senans (Doubs). — A, entrée du lait. — B, pèse-lait. — C, bidons de 20 litres. — D, tamis. — E, réservoir bain-marie. — F, distributeur de lait dans les écrémeuses. — G, écrémeuses. — H, intermédiaires. — I, réservoir de crème à courant d'eau. — K, barattes. — L, délaiteuse. — M, auge à beurre. — N, malaxeur. — S, bac de lavage. — T, conduit de lait écrémé. U, chaudière à fromage. — V, presses. — α, laboratoire : essai des laits. — β, tuyau de chauffage. — γ, eau courante. — ε, lampes.

Arbois

LES SECRETS DU FAMEUX VIN JAUNE

Un unique cépage, le savagnin, produit le célèbre vin jaune du Jura. Vendangé à maturité à l'automne, il est vinifié en blanc sec, puis entreposé dans des fûts de 228 litres où il va débuter sa mystérieuse transformation. Les fûts en chêne sont remplis seulement jusqu'aux trois quarts pour permettre le développement d'un voile, appelé également « fleur de levure » . Au lieu d'altérer le vin et de lui donner un goût de vinaigre, ce voile le protège de l'oxydation lente et finit par lui procurer son inimitable goût de jaune, c'est-à-dire des arômes de noix fraîche, de pomme, de fenugrec, de camomille séchée et de curry.

C'est seulement après six ans et trois mois que le vin est embouteillé dans le clavelin, une bouteille spéciale de 62 centilitres, au lieu des flacons habituels de 75 centilitres. Les 13 centilitres de différence représentent la perte de liquide durant l'élevage. Grand moment festif local, la fameuse « percée du vin jaune » marque la fin de la période de maturation en fûts ainsi que la mise en bouteilles.

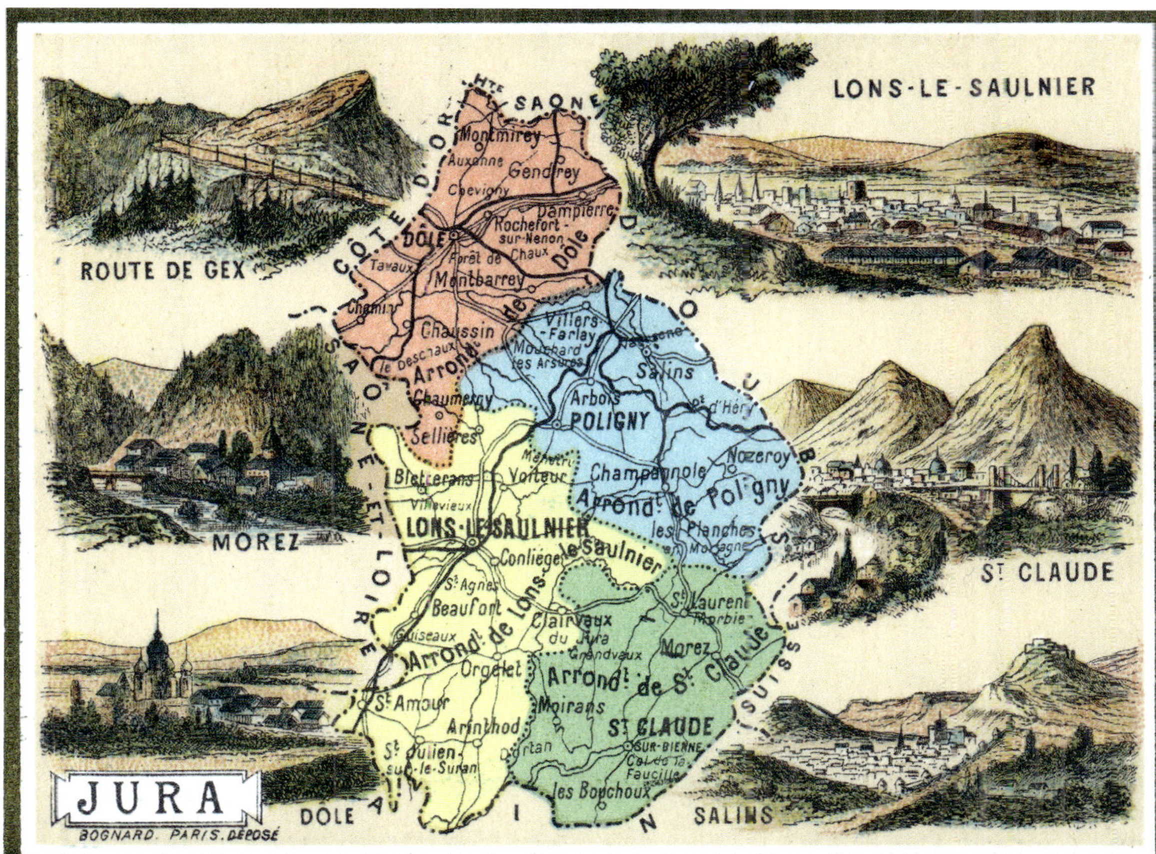

La recette historique

LES CRAQUELINS

Ces petits gâteaux, dont la forme évoque celle d'un bretzel alsacien en plus allongée, figuraient parmi la liste des produits que les boulangers de Besançon devaient impérativement confectionner autrefois durant le carême. Mais c'est dans la ville de Baume-les-Dames, au cœur des vallées du Doubs et du Cusancin, que sont nées ces friandises, fabriquées là-bas depuis le milieu du XVIIe siècle. Voici la recette d'origine de ces gâteaux dorés, légers et croustillants, au bon goût beurré.

Ingrédients :

- 200 g de farine
- 100 g de beurre
- 10 cl de lait
- 15 g de pâte à pain au levain
- 1 jaune d'œuf
- 50 g de sucre
- 1 pincée de sel

1. Mélangez la farine, le sel et le sucre. Creusez un puits et versez-y le beurre fondu. Ajoutez le lait. Travaillez énergiquement cette pâte et incorporez la pâte à pain au levain.
2. Laissez lever 4 heures sous un torchon propre, à l'abri des courants d'air.
3. Étalez la pâte sur une surface farinée. Formez des petits boudins puis des 8. Laissez lever de nouveau environ 30 minutes et dorez la surface à l'aide d'un pinceau trempé dans le jaune d'œuf. Enfournez 15 minutes à 180 °C (th. 6). Laissez refroidir et dégustez !

Citadelle de Besançon

Le Pont du Gard

LE GARD ET LA LOZÈRE

L'un et l'autre peu peuplés, ces deux départements occitans se partagent le spectaculaire massif et parc national des Cévennes, et sont connus pour leur biodiversité. L'agriculture et l'élevage, dont celui des chèvres, conservent une place essentielle dans la gastronomie locale.

L'OLIVE PICHOLINE ET L'HUILE D'OLIVE DE NÎMES AOP

Les olives de Nîmes ont une histoire qui remonte à l'Antiquité. Les Grecs et les Romains cultivaient déjà l'olivier dans cette région connue pour son climat méditerranéen idéal. Depuis, la tradition s'est perpétuée et les olives de Nîmes sont devenues une véritable spécialité locale, protégée par une appellation d'origine protégée (AOP) depuis 2004.

Il existe deux variétés principales d'olives de Nîmes : la picholine et la négrette. La picholine est la plus répandue. On la reconnaît à sa forme allongée et à sa couleur verte, très brillante. Elle est récoltée lorsque les olives sont encore vertes, dès le mois de septembre, à la main pour éviter les marques sur les fruits, mais elle

peut aussi être cueillie plus tard, quand elle devient noire et confite. Le nom « picholine » provient du patronyme de deux Italiens, les frères Picholini, installés dans les Bouches-du-Rhône au XVIIIe siècle et inventeurs d'une recette qui permettait aux olives de garder leur belle couleur verte tout en restant comestibles !

La négrette, elle, est une variété plus rare, de forme plus ronde et de couleur noire à maturité. Elle est généralement récoltée un peu plus tard, en octobre, et peut être cueillie mécaniquement. L'huile qu'on en tire est très appréciée pour sa qualité et son goût fruité avec une légère amertume. Celle extraite de la picholine est une AOP vierge extra, réputée pour sa légère amertume, ses arômes herbacés et son goût d'artichaut cru en bouche. 184 communes du Gard et 40 communes de l'Hérault sont concernées par sa production qui répond à un cahier des charges particulièrement strict.

LA BRANDADE DE MORUE, UNE FIERTÉ NÎMOISE

Apparue à Nîmes, vers la fin du XVIIIe siècle, cette spécialité tire son origine de la route du sel. Avant de partir affronter l'océan Arctique, les pêcheurs de morue de Saint-Malo faisaient étape en Occitanie, à Aigues-Mortes en particulier, pour se procurer du sel, destiné à la conservation du poisson. Le moyen de paiement le plus usité alors était le troc, c'est-à-dire un échange de grandes quantités de morues contre des sacs de sel.

La chair débarrassée de ses arêtes est longuement broyée dans un mortier et délayée avec du lait, de l'huile d'olive et des aromates. Elle a donné naissance à cette brandade, du verbe *brandar* qui signifie « remuer » en provençal. Un nom imaginé vers 1830 par un certain Charles Durand, cuisinier réputé et baptisé par certains « le Carême de la cuisine provençale ». En mettant à la carte de son restaurant une brandade enrichie de lamelles de truffes noires, il a contribué à immortaliser ce plat d'origine familiale.

Un conseil : si vous voyez de la pomme de terre dans une brandade, fuyez ! Elle n'a rien à y faire.

LA MODE DE L'AOP PÉLARDON

Jadis appelé « péraldou », ce petit fromage rond et plat, initialement fabriqué à Anduze, dans les Cévennes, est composé de lait de chèvre. Il possède une saveur marquée, à la fois sèche et piquante. Sa production, limitée à l'origine à une consommation familiale, d'autant qu'il voyage et se conserve mal, s'est développée à partir des années 1960. Le renouveau de l'élevage caprin ainsi que le phénomène du retour à la terre choisi par une population d'anciens citadins ont permis de le faire connaître au-delà des marchés locaux et d'en faire un produit tendance sur les plateaux de fromages.

L'ANECDOTE : LE RIZ DE CAMARGUE, FRANÇAIS ET BIGARRÉ

À cheval entre le Gard et les Bouches-du-Rhône, la Camargue, connue pour sa réserve naturelle, est une région riche en histoire et traditions culinaires, comme celle de la culture du riz, qui démarre officiellement en 1593, grâce au roi Henri IV. Le souverain, conscient de l'engouement pour cette céréale, ordonne qu'elle y soit implantée. L'humidité, les faibles écarts de températures, la luminosité intense et le mistral réunis forment un emplacement idéal.

Pendant longtemps, la production reste limitée et il faut attendre le XIXe siècle et l'apport d'eau douce, grâce à l'endiguement du Rhône, pour que la culture du riz commence à se développer. L'eau douce est pratique pour dessaler les terres, préparer le sol à d'autres cultures comme la vigne, compléter l'alimentation des bêtes et réguler les crues du fleuve.

Durant la Seconde Guerre mondiale, le gouvernement de Vichy, qui craint une pénurie alimentaire, réquisitionne et expédie des centaines de travailleurs indochinois dans les rizières camarguaises pour augmenter la production, dans des conditions épouvantables. Après 1945, la riziculture en Camargue prend son envol grâce au plan Marshall qui permet de grands travaux hydrauliques et l'achat d'équipements indispensables à une culture du riz intensive.

Blanc, rouge, noir ou complet, le riz de Camargue se distingue par ses différentes variétés aux caractéristiques et aux saveurs uniques. Leurs points communs : une texture ferme et un léger goût de noisette qui sont particulièrement appréciés en cuisine. Le riz blanc est parfait pour les plats du quotidien comme les risottos et les salades de riz. Le riz rouge et le riz noir, avec leurs saveurs plus prononcées, ajoutent une touche d'originalité aux recettes. En salades composées, plats de légumes ou même desserts, le riz de Camargue est un véritable caméléon, facile à décliner ! Aujourd'hui, ce riz est largement reconnu et protégé par une indication géographique protégée (IGP) garantissant son origine et sa qualité.

LE CROQUANT DE MENDE, UNE FRIANDISE LONGUE DURÉE

Ce petit biscuit sec, de forme allongée, est fabriqué exclusivement dans sa ville d'origine dont les charcutiers étaient autrefois renommés pour leurs pâtés de foie gras. Des amandes, cueillies sur les amandiers des gorges du Tarn, et des noisettes, récoltées dans les haies du massif montagneux de la Margeride, servaient autrefois à le confectionner.

Sa recette, créée au tout début du XXe siècle par un pâtissier nommé Frédéric Majorel, exige que les biscuits soient coupés au couteau avant la cuisson. Le croquant, délicieux à déguster avec du thé ou du café, présente l'avantage de se conserver très longtemps, s'il n'est pas exposé à l'humidité.

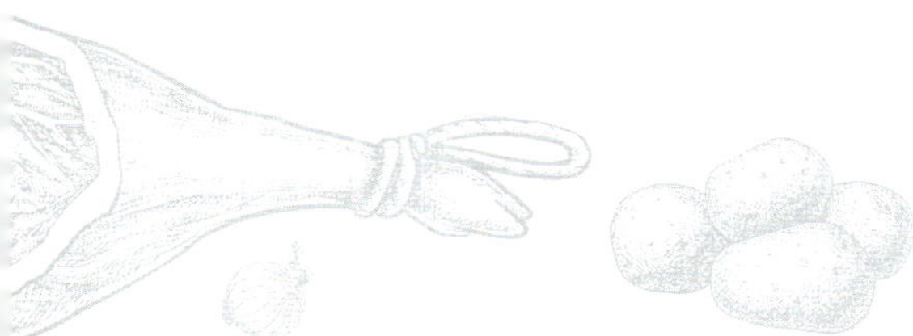

LA POUTEILLE ET LES MANOULS

Ces deux spécialités très roboratives sont originaires du village de La Canourgue, situé à l'ouest de la Lozère. La première, mélange de pieds de porc, de bœuf à braiser, de saindoux, de pommes de terre, d'oignons, d'ail, d'échalotes, de bouquet garni, de marc et de vin rouge, était autrefois préparée le dimanche ou lors des festivités, puis portée chez le boulanger pour être cuite dans son four.

Variante des tripoux, à base de tripes, de panses de mouton, de fraise de veau et de poitrine salée cuits durant sept heures dans du vin blanc, additionnés d'aromates, de carottes et d'oignons, les manouls étaient traditionnellement servis à Pâques, et plus largement aux lève-tôt en prévision d'une longue journée de labeur. Une confrérie, fondée en 1972, défend avec ardeur ces deux institutions locales.

LA PETITE HISTOIRE DU PAIN DE BEAUCAIRE

Fabriqué depuis le XVe siècle par les fourniers de Beaucaire, c'est-à-dire les ancêtres des boulangers, il est constitué de deux types de farine, l'une bise, baptisée « Florence Aurore », et l'autre dite « meunier d'Apt » ou encore « touselle blanche de Pertuis », une variété très ancienne de blé. Le pâton est en forme de rectangle, fendu et rabattu, puis découpé en bandes. Sa mie alvéolée et très moelleuse, sa croûte claire et fine en font un pain original, au goût délicat, qui se conserve longtemps sans durcir. Dans sa composition, on retrouve une grande quantité de levain naturel, ce qui explique qu'il soit beaucoup moins long à lever que les pains traditionnels. La ville de Beaucaire, située sur la rive droite du Rhône, a abrité pendant plusieurs siècles, du XIIIe à la fin du XIXe, une foire très célèbre qui attirait des marchands venus de toute la Méditerranée, mais aussi des Anglais et des Allemands. D'où la présence de ce pain, rapide à confectionner et donc adapté à une forte demande. Très rarement produit après la Première Guerre mondiale, il est quasiment introuvable aujourd'hui.

La recette historique

LA COUPÉTADE DE LOZÈRE

Sorte de pain perdu, enrichi de pruneaux et bon marché, la coupétade était traditionnellement mise à cuire dans un plat en terre de forme profonde, appelé « coupet ».

Ingrédients (pour 6/8 p.) :

- 1 l de lait entier
- 1 gousse de vanille, fendue en deux dans le sens de la longueur
- 1 brioche d'environ 750 g, un peu rassise
- 250 g de gros pruneaux moelleux dénoyautés
- 6 œufs
- 200 g de sucre en poudre
- 10 g de beurre

PRÉPARATION : 20 MIN | REPOS : 1 H | CUISSON : 1 H

1. Chauffez le lait entier dans une casserole avec la gousse de vanille. Retirez du feu et laissez infuser. Coupez la brioche en tranches et les pruneaux en morceaux. Fouettez les œufs entiers avec le sucre. Versez dessus le lait tiède et mélangez énergiquement au batteur.

2. Beurrez un moule à charlotte. Tapissez-le de tranches de brioche après en avoir mis quelques-unes de côté. Garnissez ensuite avec deux ou trois tranches coupées en dés et les pruneaux en morceaux. Versez par-dessus la préparation à base d'œufs, de lait vanillé et de sucre. Couvrez le gâteau avec les tranches de brioche réservées.

3. Patientez 1 heure avant d'enfourner la coupétade à 180 °C (th. 6), après avoir placé le moule au bain-marie. Laissez cuire 1 heure.

4. Sortez du four et laissez refroidir complètement. Quand la coupétade est froide, gardez-la au minimum 2 heures au réfrigérateur. Puis démoulez-la sur un plat creux et servez.

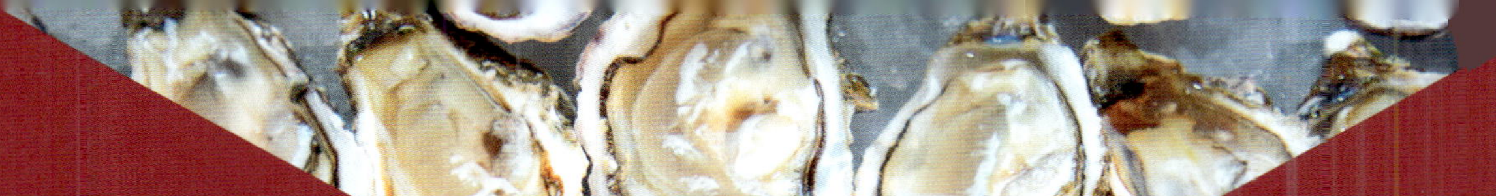

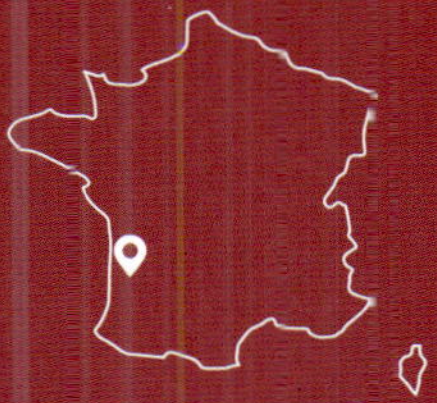

LA GIRONDE

Région viticole parmi les plus renommées au monde, elle abrite dans ses paysages contrastés des vignobles prestigieux, notamment ceux de Bordeaux qui produisent des vins réputés, à la hauteur de ses nombreux châteaux, églises et monuments historiques. Sa cuisine est généreuse, souvent influencée par la vigne et ses fruits, ainsi que par les mélanges terre et mer. Les desserts ne sont pas oubliés non plus, et les accords mets et vins sont si vastes que l'on n'en finit plus de se régaler ni de s'émerveiller.

LES HUÎTRES DU BASSIN D'ARCACHON

Au milieu du XIXe siècle, l'ostréiculture débute dans le bassin d'Arcachon, encouragée par l'empereur Napoléon III qui règlemente la profession et décide de la localisation des premiers parcs à huîtres.

En 1868, alors que le navire marchand *Le Morlaisien* remonte les côtes françaises depuis le Portugal en direction d'Arcachon, chargé à ras bord d'une précieuse cargaison d'huîtres de la région de Setúbal, une violente tempête contraint le capitaine et son équipage à se diriger vers le port du Verdon, dans le Médoc, et à jeter les huîtres par-dessus bord. Certaines de ces huîtres creuses parviennent à s'acclimater dans le sable de l'estuaire, et cohabitent avec la variété appelée « Gravette », c'est-à-dire les huîtres plates locales, jusque dans les années 1920 où ces dernières sont décimées par une maladie. Cinquante ans plus tard, ce sera au tour de la variété d'origine portugaise de s'éteindre. L'importation d'huîtres creuses japonaises permettra de sauver l'ostréiculture du bassin. Aujourd'hui, ce sont les seules à y être élevées. Plus charnues que les huîtres plates bretonnes, de couleur vert clair et d'un goût assez prononcé, elles sont fermes en bouche.

Véritables stars du bassin, elles se dégustent de plusieurs manières, dont une traditionnelle dans la région : accompagnées d'une petite saucisse chaude appelée « crépinette » (des chipolatas grillées la remplacent parfois). On gobe l'huître, et on avale ensuite une petite bouchée de crépinette chaude. Le tout arrosé d'un flacon de graves ou d'entre-deux-mers bien frais !

LE CAVIAR D'AQUITAINE, UN SAVOIR-FAIRE FRANÇAIS

Connu depuis l'Antiquité, le caviar, élaboré à partir des œufs d'un poisson nommé « esturgeon », doit sa renommée aux tsars russes et à leur Cour. À Paris, dès 1900, le restaurateur Émile Prunier en propose à sa table, mais la révolution bolchevique de 1917 stoppe son importation. Alors que des Russes exilés à Paris se démènent pour importer de la mer Caspienne les meilleurs grains, Prunier décide d'investir dans les pêcheries de la Gironde qui pullulent d'esturgeons. Une légende raconte qu'une princesse russe, choquée de voir les pêcheurs jeter les œufs de ce poisson aux canards, leur aurait révélé la valeur de l'or qu'ils avaient entre les mains… Dans les années 1950, les pêcheurs en récoltent jusqu'à 5 tonnes par an. Mais la surpêche, la pollution des eaux et la construction de barrages menacent d'extinction l'esturgeon d'Europe qui fraye dans les estuaires de la Gironde et de l'Adour. Dans les années 1990, l'élevage prend le relais. Durant la fameuse « perestroïka », c'est-à-dire la période de reconstruction de la Russie initiée par l'ancien président Gorbatchev, des Russes apprennent aux Français de Nouvelle-Aquitaine à élever le baeri, une espèce originaire de Sibérie, qui supporte la captivité.

Depuis l'effondrement des réserves de la mer Caspienne, la région Nouvelle-Aquitaine est devenue un des phares du caviar mondial. Deux fermes productrices, l'une au Teich et l'autre à Biganos, situées toutes les deux en Gironde, maîtrisent ce savoir-faire avec toutes les exigences de la traçabilité.

LE BŒUF DE BAZAS, DU CARNAVAL À L'IGP

Considérée par certains comme l'une des races les plus anciennes du Midi, déjà présente au temps des Romains et très appréciée des Gaulois, la bazadaise proviendrait, pour d'autres, d'un croisement entre un bœuf ibérique et un bœuf aquitain. Utilisée pour labourer les champs pendant des siècles, la bazadaise a également le privilège depuis sept cents ans de défiler en ville, le jeudi précédant Mardi gras. Cette tradition porte le nom de « fête des Bœufs Gras ». Engraissés, élevés au grand air au minimum six mois avant la fête, les bœufs sont décorés de fleurs et de rubans, et accompagnés par la foule et par des instruments de musique. Présentés ensuite à un jury, face à la cathédrale de Bazas, les animaux reçoivent pour certains des récompenses, avant d'être conduits à l'abattoir. Indication géographique protégée (IGP) depuis 2008, la bazadaise est une viande onctueuse et parfumée, connue pour son léger goût de noisette. Elle est l'ingrédient parfait pour la fameuse entrecôte bordelaise (voir « Bordeaux »).

LE GRENIER MÉDOCAIN, CASSE-CROÛTE DES VIGNERONS

Cette spécialité charcutière se compose d'une panse de porc, salée, aillée et épicée, roulée en boule puis cousue avant d'être cuite au court-bouillon. Son nom, « grenier », désigne l'estomac du porc. La panse de l'animal est d'abord nettoyée, puis pochée quelques minutes dans de l'eau frémissante avec un bouquet garni. On dispose ensuite sur la chair raffermie par la cuisson une farce de couennes cuites, de parures de poitrine fraîche, d'ail, d'échalotes et de persil. Salée et poivrée, la préparation est roulée et introduite dans un filet où elle prend sa forme ovale, avant de cuire une douzaine d'heures, dans un bouillon parfumé aux légumes et au vin blanc. Refroidi dans son propre jus, le grenier médocain se gélifie et devient prêt à consommer.

Traditionnellement, les paysans du Médoc dégustaient cette charcuterie dans leur casse-croûte au milieu des vignes. Le général de Gaulle raffolait de cette spécialité et s'en faisait livrer, paraît-il, chaque semaine à l'Élysée.

LES ASPERGES DU BLAYAIS IGP, FONDANTES ET NACRÉES

Ici, à l'embouchure de la Gironde, les asperges ont trouvé de longue date un sol sableux propice à leur développement. Leurs caractéristiques, grande finesse, chair fondante et peau fine, en font un produit recherché des gourmets. Blanches ou violettes, elles sont facilement identifiables grâce à leur pointe serrée et à leur turion légèrement courbé.

L'ANECDOTE : LES MACARONS DE SAINT-ÉMILION

Depuis plus de quatre siècles, ces délices, composés d'amandes et d'amandes amères, de sucre et de blancs d'œufs, font le bonheur des gourmands de la région et du monde entier. La recette, créée en 1620 par Mme Lacroix, fondatrice de la communauté des ursulines, n'a jamais été modifiée. Transmise fidèlement de génération en génération, elle a failli disparaître pendant la Révolution française, lorsque le couvent a été détruit et les religieuses, dispersées. Selon la légende, une sœur nommée Mlle Boutin, qui vivait dans la misère depuis 1789, aurait proposé de dévoiler la précieuse recette des ursulines en échange d'un refuge et d'un repas.

Au XIXe siècle, la recette passe entre les mains de la veuve Goudichaud, et les macarons connaissent alors une popularité nationale. Lors de l'Exposition universelle de 1867, les producteurs des meilleurs vins de la région organisent une présentation collective et accompagnent leurs envois de nombreuses caisses de macarons fabriqués selon la recette de la veuve Goudichaud.

Cette dernière la transmet ensuite à son gendre, Joseph Grandet, qui obtient le droit de produire les macarons en suivant l'ancienne recette des ursulines. Il les vend sous la marque Recette des Anciennes Religieuses, Veuve Goudichaud, Grandet aîné successeur.

Après lui, la tradition est perpétuée par Mmes André, Jeanne Passama, Magdeleine Blanchez, Danièle Blanchez, et plus récemment, Nadia Fermigier.

LE PUITS D'AMOUR DE CAPTIEUX, UN DÉLICE GIRONDIN

Créé au XVIIIe siècle par le chef cuisinier Vincent La Chapelle, au service de Mme de Pompadour, la favorite de Louis XV, le puits d'amour est une friandise en pâte feuilletée, semblable dans la forme à une bouchée à la reine et garnie à l'origine de confiture de fruits rouges. Ce gâteau, un peu trop suggestif, fait scandale auprès des ecclésiastiques et des âmes pieuses. Mais il devient presque aussitôt un des préférés de Louis XV, grand amateur de femmes et de soupers fins. Plus tard, la confiture est remplacée par de la crème pâtissière caramélisée pour éviter toute allusion érotique. Seul le nom, très évocateur, est resté. Depuis 1952, la Maison Seguin à Captieux en produit une variante, en pâte à choux, garnie au cœur de crème Chiboust (une crème pâtissière additionnée de blancs battus en meringue), puis caramélisé au four. Une gourmandise à la fois mousseuse, fondante et craquante, et un grand succès régional.

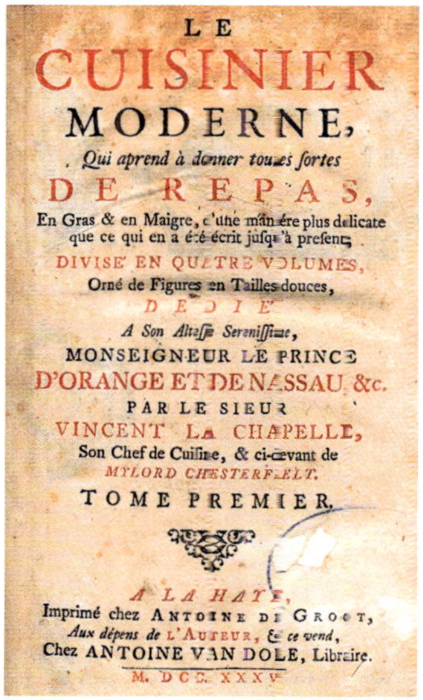

LE
CUISINIER
MODERNE,
Qui aprend à donner toutes sortes
DE REPAS,
En Gras & en Maigre, d'une manière plus délicate que ce qui en a été écrit jusqu'à présent;
DIVISÉ EN QUATRE VOLUMES,
Orné de Figures en Tailles douces,
DÉDIÉ
A Son Altesse Serenissime,
MONSEIGNEUR LE PRINCE
D'ORANGE ET DE NASSAU, &c.
PAR LE SIEUR
VINCENT LA CHAPELLE,
Son Chef de Cuisine, & ci-devant de
MYLORD CHESTERFIELT.
TOME PREMIER.

A LA HAYE,
Imprimé chez ANTOINE DE GROOT,
Aux dépens de L'AUTEUR, *& se vend,*
Chez ANTOINE VAN DOLE, Libraire.
M. DCC. XXXV.

La recette historique

LA POÊLÉE DE CIVELLES (OU PIBALES)

Ces alevins d'anguilles, qui remontent des Sargasses, sont devenus si rares qu'ils sont à présent surnommés « l'or blanc de la Gironde » ! Leur pêche, strictement règlementée, est autorisée uniquement de décembre à mars-avril et excite toutes les convoitises. Le marché annuel représente seulement 60 tonnes.

1. Pour les préparer, une très ancienne astuce consiste à faire d'abord infuser une grande feuille de tabac séchée dans de l'eau chaude pendant une dizaine de minutes.
2. On plonge les civelles fraîchement pêchées dans un saladier d'eau froide, puis on verse par-dessus l'infusion de tabac, qui les tue sur le coup et les purge en même temps.
3. On les égoutte, on les lave en changeant l'eau à plusieurs reprises, puis on les ébouillante et on les rince de nouveau.
4. On met de l'huile d'olive à chauffer dans une grande poêle, on y ajoute plusieurs gousses d'ail épluchées et hachées, ainsi qu'un petit piment épépiné et haché lui aussi.
5. On ajoute alors les civelles, qui vont cuire une minute.
6. On les sert sans attendre, accompagnées d'un vin blanc.

[BORDEAUX]

Bordeaux, capitale du commerce des vins, est aussi une capitale culturelle, qui entretient la mémoire de ses philosophes et de ses écrivains.

Une phrase de l'un d'entre eux, Michel de Montaigne, magistrat de la cité au XVIe siècle, résonne toujours avec les valeurs de la gastronomie actuelle : « Je crois qu'il est plus sain de manger plus bellement et moins, et de manger plus souvent. »

Douée pour l'équilibre des saveurs, la cuisine bordelaise sait s'emparer d'un produit pour le sublimer. Dans la capitale de la Nouvelle-Aquitaine, les solides n'ont rien à envier aux liquides.

> *Je crois qu'il est plus sain de manger plus bellement et moins, et de manger plus souvent.*
>
> — Michel de Montaigne

L'AUTHENTIQUE ENTRECÔTE À LA BORDELAISE

Cette magnifique pièce de viande, généralement issue du bœuf de Bazas, est aussi connue dans la région sous le nom d'« entrecôte Maître de Chai ». Pour respecter la tradition locale, elle doit être d'une belle épaisseur et être mise à griller sur ses deux faces au-dessus d'un feu de sarments de vigne. On la parsème au dernier moment d'échalotes finement hachées et revenues dans du beurre. Attention à ne pas la confondre avec l'entrecôte « marchand de vin », qui, elle, est cuite à la poêle et accompagnée d'une sauce au vin rouge et à l'échalote.

On raconte que l'ancêtre de ce plat délicieux se confectionnait avec une tout autre viande… Des rats nourris dans les chais de la Gironde, vidés et écorchés, recouverts d'une très légère couche d'huile et de beaucoup d'échalotes grossièrement hachées, étaient ensuite mis à griller sur un feu de débris de futailles ou de sarments de vigne. Cette spécialité portait le nom d'« entrecôte à la tonnelier »…

LA LAMPROIE, « POISSON-GIBIER »

Cet animal au physique assez effrayant, semblable à un serpent ou une anguille avec une bouche en forme de ventouse, est pêché dans la Dordogne et la Garonne dès la fin de l'hiver, mais est surtout recherché au début du printemps, où sa chair est encore tendre. Depuis peu, la lamproie semble en voie d'extinction.

Déjà présente dans les traités culinaires du Moyen Âge où ce mets de luxe est préparé en pâté, rôti, frit ou bouilli, accompagné de sauces épicées, la lamproie, au goût marqué, est systématiquement saignée avant d'être cuisinée : son sang est utilisé pour lier la sauce, quinze minutes avant la fin de la cuisson.

Curieusement, la recette de la lamproie « à la bordelaise » n'apparaît que tardivement, au XIXe siècle, sous la plume du grand cuisinier Antonin Carême qui la cite en 1822 dans plusieurs de ses menus.

Elle cuit deux heures, découpée en tronçons, dans un bon vin rouge avec des oignons, de l'ail, des clous de girofle, des herbes aromatiques, et surtout des poireaux, le petit secret qui apporte au plat ses indispensables notes sucrées-salées.

LA CAPITALE DU VIN

Sa longue histoire viticole, l'excellence et la diversité de ses terroirs, ainsi que son rôle central dans le commerce international du vin, sans oublier sa capacité à s'adapter, à innover et à maintenir une qualité exceptionnelle au fil des siècles, ont fait de la ville une référence incontournable.

L'histoire du vin à Bordeaux remonte à plus de deux millénaires, débutant avec la conquête de Burdigala par les Romains en 56 av. J.-C. Au Ier siècle, l'introduction du cépage Biturica et la conquête de la Grande-Bretagne par l'empereur romain Claude marquent les débuts de la viticulture bordelaise. Malgré cinq siècles de troubles, le vignoble prospère, grâce à la propagation du christianisme et à l'essor démographique.

En 1154, l'union d'Aliénor d'Aquitaine et d'Henri II Plantagenêt relie Bordeaux à l'Angleterre. Durant trois siècles, Bordeaux devient un centre névralgique du commerce du vin, notamment du claret, un vin rouge léger, peu tannique, proche des rosés actuels, très apprécié par les Anglais.

Le XIXe siècle est un nouvel âge d'or. La viticulture s'industrialise et se professionnalise grâce à des innovations comme le palissage sur fil de fer, une méthode consistant à attacher les vignes à des fils tendus entre des piquets pour améliorer leur croissance et leur exposition au soleil. Des traitements contre l'oïdium, un champignon qui attaque les vignes, se développent.

Le classement officiel des vins de Bordeaux en 1855, lors de l'Exposition universelle de Paris, est un événement majeur. Ce classement distingue les grands crus de la région, notamment les vins de Lafite, Latour, Margaux et Haut-Brion. La réputation mondiale des vins de Bordeaux est officielle.

Mais l'apparition du phylloxéra en 1870, suivi du mildiou, met fin à cette prospérité et entraîne une crise profonde. Les décennies suivantes sont marquées par des calamités naturelles, mais aussi par une transformation technologique majeure, portée par les œnologues, qui révolutionne le vin de Bordeaux et le propulse au rang de produit de haute technicité.

En 2016, la Cité du Vin ouvre ses portes à Bordeaux. Ce centre culturel et touristique a pour mission d'assurer la transmission, la valorisation et la sauvegarde du patrimoine culturel, universel et vivant du vin.

L'ANECDOTE : LES CANELÉS

Nés lors du déchargement des navires sur les quais de Bordeaux, et confectionnés avec les restes de farine récupérés dans les cales, ils deviennent, au XVIe siècle, la spécialité des sœurs de l'Annonciade, actuel couvent de la Miséricorde à Bordeaux. Plusieurs ingrédients de la recette les relient de façon évidente à leur terroir d'origine, entre l'histoire du commerce triangulaire et celle de la viticulture : le sucre de canne, la vanille et le rhum transitent en permanence sur le port. Quant aux jaunes d'œufs, ils sont d'autant plus disponibles en grande quantité que les vignerons de l'époque emploient les blancs pour « coller » le vin, c'est-à-dire pour le clarifier. Cassés directement dans les barriques, les blancs permettent d'agglomérer les particules et de les coller au fond de la cuve, ce qui débarrasse le vin de ses impuretés.

Lors de la Révolution française, alors que les religieuses sont délogées, des pâtissiers s'emparent de la recette originale. Baptisé à cette époque « canelat » ou « canaule », le gâteau est alors roulé autour d'une tige de canne avant sa cuisson, d'où son nom. Ce sont désormais des artisans portant le nom de « canauliers » qui sont spécialisés dans sa fabrication. Ils forment une corporation puissante et bien organisée, que les pâtissiers ne parviennent pas à concurrencer.

Sous la Restauration, de grands pâtissiers et chocolatiers suisses arrivent à Bordeaux, et les petits gâteaux, trop rustiques peut-être, tombent en désamour. Réapparus peu avant la Grande Guerre, ils prennent à la fois leur forme et leur nom définitifs, grâce à un petit moule en cuivre, strié de cannelures, graissé de beurre ou de cire d'abeille.

En 1985, la confrérie du Canelé de Bordeaux est créée. Depuis des années déjà, le maire de la ville, Jacques Chaban-Delmas, s'emploie à faire connaître le canelé dans toutes les fêtes et les réceptions, pour en faire un emblème de la capitale girondine. Devenu une marque déposée à l'Institut national de la propriété intellectuelle (INPI), le canelé connaît alors un engouement immense. Les Bordelais le savent : un bon canelé est à la fois croustillant à l'extérieur et fondant à l'intérieur. Il se conserve trois à cinq jours, et se réchauffe doucement au four pendant plusieurs minutes afin d'être dégusté tiède.

LE TEMPS DES GUINETTES

Ces cerises au kirsch, enrobées de fondant aromatisé et de chocolat, sont confectionnées entièrement à la main par quelques rares chocolatiers-confiseurs bordelais. La variété sélectionnée, baptisée « guigne », « guinette » ou encore « guin », est ancienne et parfaite pour la recette, car les cerises ne se ratatinent pas et restent fermes au contact de l'eau-de-vie. Cueillies au mois de juin, elles sont ensuite triées et plongées dans des bocaux remplis de très bon kirsch, où elles macèrent cinq mois, avec leur queue.

Égouttées après des mois passés dans la pénombre d'une cave, elles sont trempées dans du fondant additionné de kirsch. Dès qu'il a cristallisé et durci, les guinettes sont plongées dans un assemblage de chocolat de couverture, dont chaque maison a le secret. Décorées de fines paillettes de chocolat noir, elles doivent patienter encore une bonne semaine dans le laboratoire, le temps que l'acidité du fruit dissolve presque entièrement le fondant. Enfin prêtes, elles font les délices de plusieurs générations de Bordelais depuis leur apparition dans l'entre-deux-guerres.

LA COURONNE OU BRIOCHE DES ROIS

Cette brioche en forme de couronne, garnie de fruits confits comme la cerise, l'angélique et le cédrat, est aromatisée à l'eau de fleur d'oranger, et parfois au cognac ou au rhum. Saupoudrée de gros grains de sucre, elle se déguste principalement lors de l'Épiphanie, où elle représente une alternative à la traditionnelle galette des rois à base de pâte feuilletée et de frangipane.

Cette recette aurait été mise au point au XVIIIe siècle par un cuisinier d'origine espagnole qui aurait caché, à l'intérieur de la brioche, un médaillon en diamants destiné au roi Louis XV. Enchanté de ce cadeau, le roi aurait demandé à remplacer le médaillon par un louis d'or dès l'année suivante.

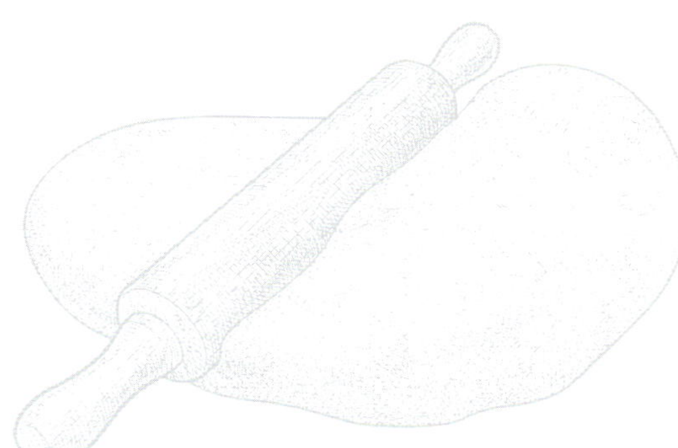

La recette historique

LES CÈPES FARCIS À LA BORDELAISE

D'après une recette de Robert Julien Courtine, critique gastronomique (1910-1998). Selon une ancienne croyance, les pluies abondantes en périodes de vendanges feraient pousser les cèpes. Les cèpes farcis, un régal typiquement bordelais, sont depuis toujours l'accompagnement traditionnel d'une viande rouge grillée, d'un poisson grillé ou encore d'un confit de canard.

1. Faites revenir à part pendant 10 minutes les pieds hachés des cèpes dans de l'huile d'olive avec échalotes et ail, et ajoutez le tout à du pain rassis trempé dans du lait et aromatisé d'un jus de citron.
2. Dans une autre poêle, versez de l'huile d'olive, chauffez-la et mettez les chapeaux à cuire, le bombé dessus, durant 5 minutes.
3. Lorsqu'ils sont aux 3/4 cuits, déposez-les dans un plat à gratin après les avoir retournés, et farcissez-les du mélange précédent.
4. Poudrez de chapelure et terminez la cuisson au four.

Le Pont du diable sur *l'Hérault*

L'HÉRAULT

Un climat méditerranéen, idéal pour la viticulture et l'oléiculture, ensoleille ses paysages variés, depuis ses plages magnifiques jusqu'aux montagnes du Haut-Languedoc. Marqué par différentes cultures, romaine et occitane, l'Hérault reflète cette diversité à travers sa cuisine, fortement imprégnée de la mer et de la terre.

DU SEL ET DES HOMMES

L'histoire du sel de Camargue est riche et remonte à l'Antiquité, lorsque l'ingénieur romain Peccius organise la production de sel à Aigues-Mortes. L'exploitation salicole s'intensifie au Moyen Âge, notamment sous le règne de Louis IX qui fait assainir les marais pour favoriser les activités économiques locales. La construction des remparts d'Aigues-Mortes sous les règnes de Philippe III et Philippe IV permet de consolider cette évolution.

Un tournant décisif est pris en 1855 avec Henri Merle, un ingénieur chimiste qui acquiert 8 000 hectares de marais à Salin-de-Giraud. Il fonde la société Henri Merle et Cie pour exploiter ces marais salants, son but étant de produire du sel pour l'industrie chimique de Salindres, dans le Gard. Son initiative marque le début de la production industrielle de sel en Camargue, qui atteint rapidement 30 000 tonnes par an.

En 1856, les propriétaires des petits salins de la région se regroupent pour former la société Renouard et Cie, devenue Compagnie des Salins du Midi en 1868. Cette société, basée à Montpellier, marque l'essor industriel des activités salicoles en Camargue.

Les Salins d'Aigues-Mortes s'étendent sur 8 000 hectares, avec un réseau complexe de bassins où l'eau de mer est pompée et évaporée pour cristalliser le sel. La fleur de sel, récoltée à la main, est particulièrement prisée pour sa texture délicate et ses qualités gustatives. Un climat naturellement favorable, beaucoup d'ensoleillement et bien sûr le fameux mistral facilitent la production naturelle de sel de Camargue.

Depuis 1995, les Salins d'Aigues-Mortes sont inscrits à l'inventaire général du patrimoine culturel. Aujourd'hui, le site est également un refuge pour une importante biodiversité : on y trouve de nombreuses espèces d'oiseaux, dont les flamants roses.

LA TIELLE SÉTOISE, UN PLAT AUX ACCENTS ITALIENS

Des pêcheurs de la petite bourgade de Gaète, au nord de Naples, installés à Sète au XVIIIe siècle, auraient apporté cette recette exquise : une tourte ronde, à la pâte épaisse et dorée, enrichie d'un peu de vin blanc pour la rendre plus moelleuse. À l'intérieur, une garniture généreuse de poulpe, cuisiné dans une sauce tomate relevée avec de l'ail, du vin blanc, des oignons, du piment et des herbes aromatiques. Le mot « tielle » provient de l'italien *teglia*, qui désigne l'ustensile en terre dans lequel le plat était confectionné.

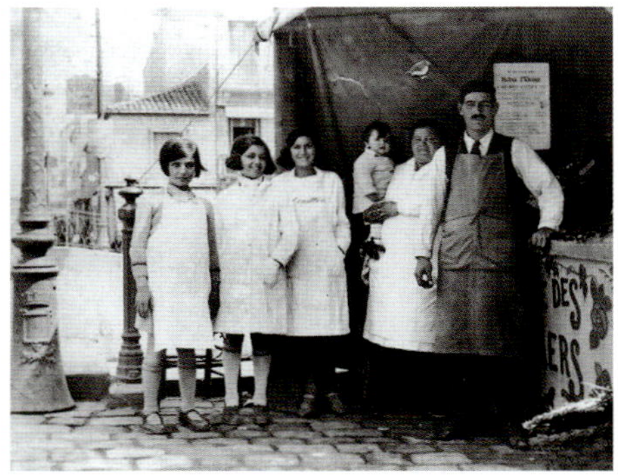

La légende raconte que ce plat servait à nourrir les enfants, sous la domination espagnole au siècle de Charles Quint. À l'origine, il s'agit d'un morceau de pâte à pain étalée, d'un peu d'huile d'olive, de quelques morceaux de poissons ou des fruits de mer, et de quelques olives. Les occupants espagnols confectionnaient, eux aussi, quelque chose de très similaire, à un détail près : un couvercle de pâte, parfait pour conserver leur plat qui séchait un peu trop vite !

Des siècles plus tard, toujours à Sète, une « tielle de pouffre », c'est-à-dire de poulpe, sert de casse-croûte aux enfants de pêcheurs d'origine italienne quand ils se rendent à l'école. Beaucoup d'entre eux se cachent pour la manger, car leurs petits camarades, eux, ont droit aux croissants du boulanger ! Aujourd'hui la tielle est un plat vendu partout, du supermarché au restaurant gastronomique, avec plus ou moins d'authenticité.

L'ANECDOTE : LES PETITS PÂTÉS DE PÉZENAS

Ces petits pâtés à la croûte dorée et en forme de bobine se composent de viande de mouton ou d'agneau hachée, assaisonnée de cassonade brune, de cannelle et d'écorces d'agrumes.

Selon la légende, leur créateur serait un lord anglais, Robert Clive, de passage dans la région au XVIIIe siècle. Issu d'une vieille famille noble, Clive accomplit une grande partie de sa carrière militaire aux Indes, dont il fait la conquête jusqu'à devenir gouverneur de l'État du Bengale. Devenu immensément riche, il se repose au château de Larzac, à proximité de Pézenas. Son cuisinier, d'origine indienne, lui confectionne pour la première fois ces petits pâtés, en mars 1768. Ils remportent un grand succès auprès de lord Clive et de ses invités.

Avant de retourner dans son pays, le cuisinier de lord Clive aurait transmis la recette des petits pâtés à un pâtissier nommé Roucayrol, qui les vend sous le nom de « petits pâtés écossais de lord Clive » dans sa boutique de la rue Saint-Jean, à Pézenas.

En réalité, l'inspiration du cuisinier provient du répertoire traditionnel écossais : depuis le Moyen Âge, on confectionne en Écosse les mince-pies, ces petits pâtés farcis à la viande d'agneau et à la graisse de rognons mêlées d'épices et de fruits secs confits, un mélange très commun pour cette époque où on apprécie énormément les épices et le sucré-salé...

Très vite, la recette est imitée, voire déformée et se propage dans les communes des environs, comme Béziers, Montpellier et même dans le Gard, à Beaucaire. Dans cette ville, à la période de Pâques, on trouve encore parfois de petits pastissons ou pastissous, dont l'origine orientale et anglo-saxonne est évidente : leur pâte, additionnée de cassonade, d'eau de fleur d'oranger, de citron et de cédrat confit, est garnie d'une farce de moelle et de graisse de rognons de bœuf !

L'ÂME DE LA GARDIANNE DE TAUREAU

Appelé aussi « daube camarguaise », semblable à une daube provençale, ce plat est en fait un ragoût de taureau. Pourtant, à l'origine de la gardianne, on retrouve un ragoût d'épaule d'agneau ! En effet, l'élevage des moutons a précédé celui des taureaux en Camargue, dans la plaine de La Crau.

Au XIXe siècle, les gardians, les cow-boys de la Camargue, créent cette recette réconfortante, pour nourrir leurs familles après de longues journées de travail.

Le secret de la gardianne réside dans sa marinade. La viande est coupée en morceaux et marinée toute une nuit dans un vin rouge corsé, généralement un côtes-du-rhône. Cette marinade est enrichie d'herbes de Provence, d'ail, d'oignons, de carottes et de zestes d'orange.

Tous ces ingrédients apportent des arômes profonds et complexes qui se développent lors de la cuisson lente, qui aura lieu dès le lendemain, durant plusieurs heures. Une méthode essentielle pour attendrir la viande et permettre aux saveurs de se mêler harmonieusement. Savoureuse et naturellement parfumée, la viande de taureau possède des caractéristiques proches du gibier. Première viande rouge française à bénéficier d'une AOC (appellation d'origine contrôlée), le taureau de Camargue est représenté par seulement deux races distinctes : le raço di biou, une race locale, et le brave, importé d'Espagne. Élevés en liberté dans le parc naturel régional de Camargue et le triangle bordé par Montpellier, Fos-sur-Mer et Tarascon, ils sont abattus dans l'aire d'appellation.

La recette historique

LES OREILLETTES DE MONTPELLIER

Ces beignets, préparés autrefois par les familles pour le carnaval, à l'approche du Mardi gras, ont une pâte fine et croustillante. On les déguste saupoudrés de sucre, quasiment tout au long de l'année.

Ingrédients (pour 20 pièces) :

- 500 g de farine
- 1 sachet de levure chimique
- 4 œufs
- 125 g de beurre mou
- 4 zestes de citron finement râpés
- 1 c. à s. d'eau de fleur d'oranger
- 1,5 l d'huile pour la friture (arachide ou tournesol, au choix)
- sucre en poudre ou sucre glace

1. Mettez la farine dans un saladier. Faites un puits au centre et ajoutez les œufs, la levure, le beurre, les zestes, la fleur d'oranger. Mélangez le tout, du centre vers l'extérieur. Écrasez et pétrissez jusqu'à obtenir une pâte souple. Ajoutez éventuellement de la farine. La pâte ne doit pas coller aux mains. Faites une boule et laissez-la reposer une bonne heure.

2. Sur un plan de travail fariné, étalez la pâte et étirez-la au rouleau le plus finement possible. Confectionnez plusieurs « grosses oreilles ».

3. Faites chauffer de l'huile dans une bassine à friture. Plongez-y les oreillettes au fur et à mesure en les retournant plusieurs fois avec une écumoire. Elles doivent prendre une couleur dorée.

4. Égouttez-les et saupoudrez-les de sucre ou sucre glace.

Vétheuil

L'ÎLE-DE-FRANCE
ET SON GOÛT LOCAL

Les cueillettes, les fermes, les laiteries et les potagers franciliens ne datent pas d'hier : manger local est le quotidien d'innombrables Parisiens et Franciliens depuis l'an mille. L'abondance des cuisines et des produits ne représente pas vraiment ceux qui y vivent et qui très souvent sont nés ailleurs. Petits pois de Clamart, cresson de Méréville, cerises de Montmorency, volaille de Houdan et tant d'autres pépites issues des savoir-faire locaux démontrent que la capitale et ses environs sont pourvus d'un terroir et d'un patrimoine gourmand bien à eux.

DU CRESSON, DIAMANT VERT DE MÉRÉVILLE…

Plante semi-aquatique, qui prolifère à l'état sauvage dans les ruisseaux, le cresson est une mine de bienfaits, riche en fer et en vitamine C. Sa culture démarre en 1857 à Vayres-sur-Essonne, choisie pour ses vallées à fond plat et ses sources d'eau pure. Près de quarante ans plus tard, la commune de Méréville, située sur les sources de la Juine, à la lisière du département du Loiret, est repérée comme un site idéal et convertie en cressonnières. Agenouillés durant des heures, les cressiculteurs tranchent infatigablement les tiges, les mains plongées dans une eau à 12 °C, été comme hiver, car le cresson exige d'être toujours au frais. Ils les assemblent ensuite en bottes, qu'ils lient à l'aide de brins d'osier. Malgré la pénibilité du travail, la culture de la plante est suffisamment rentable à l'époque pour donner à d'autres pionniers l'idée de s'installer dans le périmètre. Le cresson est en effet devenu, en quelques années seulement, la vedette du ventre de Paris : chaque matin à 5 heures, sa vente démarre sur le parvis de l'église Saint-Eustache, sur le carreau des Halles, aux cris de « La verdure ! La verdure ! ». Économique, bon pour la santé et appétissant, le cresson a tout pour plaire et triomphe pendant des décennies en salade, purée ou soupe.

Au cours des années 1960, l'entreprise Darbonne (devenue aujourd'hui Darégal), spécialisée dans les herbes aromatiques et basée à Milly-la-Forêt, achète d'importantes quantités de cresson aux récoltants : déshydraté, il sert à la confection de soupes pour les marques Royco et Knorr. Son jus est utilisé pour composer des boissons apéritives, comme le vermouth, ses tiges, recyclées dans des petits pots de légumes pour bébé, et ses racines, incorporées en produits de beauté dépuratifs pour la peau. Le transfert des Halles à Rungis en 1969 signe le début du déclin du cresson, en raison de l'accroissement des distances. Actuellement, il subsiste à peine une dizaine de cressiculteurs dans le département de l'Essonne. La plupart sont installés à Méréville. Le cresson a permis à la commune d'être inscrite dans le Pays d'art et d'histoire de l'Étampois, et de figurer depuis 2015 dans le réseau des Sites remarquables du goût.

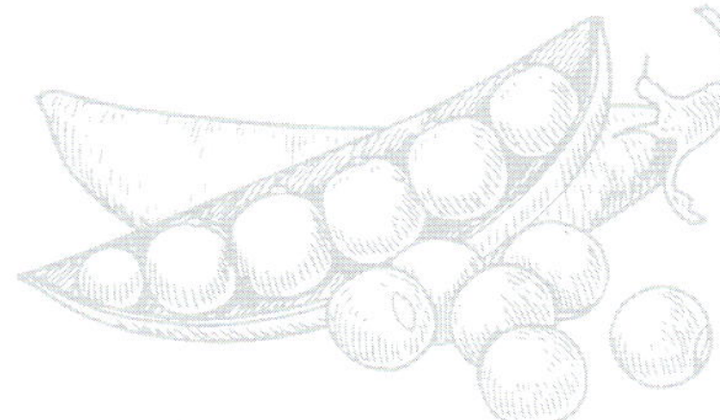

... AUX PRINCES-JARDINIERS DES PETITS POIS

Quelques décennies avant la Révolution française, la commune de Clamart est réputée pour ses fraises et ses nombreux fruits rouges, ses prunes, ses asperges et ses pommes de terre précoces. Bientôt, un secret, transmis de génération en génération, va permettre l'essor du village : pour préserver les jeunes pousses très tendres, tout juste sorties de terre, de la voracité des mulots ou des oiseaux, les maraîchers aspergent les semences de petits pois de pétrole ! Leur odeur est si puissante qu'elle suffit à écarter les nuisibles. Cette astuce permet aux jardiniers de Clamart de récolter leurs primeurs avant ceux des environs. Sur des terrains communaux récupérés lors de ces temps troublés, ils sèment des petits pois, devenant ainsi les premiers à proposer aux barrières de la capitale leurs délicieux légumes frais. La qualité de leur production, sans cesse améliorée, fait perdurer jusqu'au milieu du XXe siècle la culture du petit pois dans de très nombreux jardins de Clamart. Une rue des Petits-Pois ainsi qu'un événement annuel, la fête des Petits-Pois, rappellent aujourd'hui ce glorieux passé maraîcher.

LA POULETTE DE LUXE DES YVELINES

Star des basses-cours dès le XVIIe siècle, la poule de Houdan s'invite sur les tables royales et impériales de France, d'Angleterre et de Russie, ainsi que dans les dîners du Tout-Paris, au début des années 1900. Le goût atypique de sa chair la fait surnommer « la poule au goût de gibier ».

Élevée par les fermiers de Houdan, ainsi que par ceux de Nogent-le-Roi et de Dreux, cette poule pure race au plumage noir tacheté de blanc bénéficie de soins hors normes : les poussins sont nourris au lait caillé, à la farine et aux céréales (orge, avoine, sarrasin) dès leur plus jeune âge, pendant une durée de trois mois. Transportés tous les jours dans les bois ou les champs, ils ont à leur disposition des abris de paille.

Confiées ensuite à des engraisseurs qui les nourrissent pendant plus de trois mois d'une pâtée faite de farine et d'orge détrempée dans du lait, les volailles étaient à l'époque vendues deux fois plus cher que celles de Bresse sur les marchés parisiens ! Après la Première Guerre mondiale, les élevages déclinent, frappés par la concurrence des races hybrides, moins coûteuses à nourrir et au rendement plus rapide. Heureusement, depuis quelques années, des éleveurs amateurs et une poignée de chefs passionnés luttent, aux côtés de la Confrérie gastronomique de la poule et du pâté de Houdan, créée en 2016, pour faire revivre cette viande délicate, qui possède son Label rouge.

NOTRE AMIE LA ROSE (DE PROVINS)

Depuis le XIIe siècle, on cultive à Provins une rose aux pétales d'un beau rouge carmin, originaire d'Asie Mineure. Baptisée « rose des apothicaires », elle est prisée au Moyen Âge pour ses nombreux bienfaits : injections, gargarismes, collyres et compresses fabriqués à partir de boutons de cette rose étaient recherchés pour tonifier certains organes ou adoucir et atténuer quintes de toux et hémorragies. Déjà à cette époque, son parfum envoûtant aromatise les sirops, sorbets, confitures et autres « conserves sèches », comme les pâtes de fruits. On en parsème les lits royaux ou les rues avant le passage des processions, on en remplit des coussins et on en broie les pétales avec du sucre et de l'eau de rose pour en faire une sorte de remède aussi universel que gourmand.

Tombée en désuétude à la fin du XVIIIe siècle, en raison de la concurrence d'autres villes comme Fontenay-aux-Roses ou Puteaux, la rose de Provins connaît un retour en grâce depuis quelques décennies : l'habileté des confiseurs locaux a permis de recréer d'antiques et délicieuses recettes, comme le confit de roses. Mais les déclinaisons de la *Rosa gallica* – sa dénomination botanique – ne s'arrêtent pas là : la suavité de ses arômes enchante des produits aussi variés que des moutardes, du café, du thé, du vinaigre ou encore... des bougies !

DU « GOBET » À LA CERISE DE MONTMORENCY

Dès le Moyen Âge, cette cerise se distingue des autres par la finesse et la brillance de sa peau et sa faible acidité. Les arbres porteurs de ce fruit abondent dans la vallée de Montmorency, au nord de Paris. Sous l'Empire et la Restauration, le « gobet », comme on l'appelle, est si apprécié que des Parisiens viennent le cueillir dès les beaux jours. Les arbres sont loués à l'heure pour permettre une dégustation sur place. Le dimanche, des ânes, réquisitionnés dans les villages alentour et équipés de selles différentes, y conduisent les bourgeois et leur famille.

Une liqueur, proche du cherry-brandy anglais, est confectionnée dans toute la vallée. Actuellement, seules deux variétés de cerises (sur les vingt produites autrefois) subsistent, à Saint-Prix et à Soisy-sous-Montmorency : la Montmorency royale et la Montmorency de Saint-Aignan. Toujours recherchée, la cerise de la vallée est considérée comme un produit de luxe, dans un marché dominé par les bigarreaux.

La recette historique

LA TALMOUSE DE SAINT-DENIS

Sorte de tartelette individuelle en forme de tricorne, réputée jusqu'à la fin du XIXe siècle et originaire de la ville de Saint-Denis, la talmouse, salée ou sucrée selon les époques, était dégustée comme un en-cas par les voyageurs et les flâneurs. Son nom demeure une énigme puisqu'il dérive soit de *tabula* (« table »), soit de *tamelier* (« boulanger »). Surnommée aussi « casse-museau », la talmouse, dont la notoriété est comparable à celle de nos actuelles pizzas, traverse les siècles jusqu'aux Années folles où elle disparaît complètement. Les ultimes versions de sa recette font entrer une sauce Mornay (sorte de béchamel additionnée de fromage râpé) dans sa composition.

Ingrédients :

- 250 g de fromage à la crème
- 250 g de fromage de Brie
- 15 g de sucre
- 20 g de fécule de riz
- 4 œufs
- 1 pâte feuilletée
- sel

1. Mettez dans un saladier le fromage à la crème, le fromage de Brie (sans les croûtes afin qu'il soit bien blanc), un peu de sel, le sucre et la fécule de riz. Ajoutez 2 œufs entiers et 2 jaunes. Travaillez bien le tout, à la fourchette puis à l'aide d'une spatule.

2. Lorsque la pâte est bien homogène, fouettez les 2 blancs restants en neige et incorporez-les.

3. Coupez la pâte feuilletée en cercles de 20 cm de diamètre. Déposez au centre de chacun des cercles l'équivalent de 2 c. à s. de la pâte de fromage préparée précédemment, aplatissez-la de façon régulière sur le feuilleté. Formez un triangle en relevant et en pinçant les bords avec les doigts pour emprisonner la garniture.

4. Enfournez les talmouses dans un four chaud à 180 °C (th. 6). Laissez cuire un quart d'heure. Avant de servir, saupoudrez de sucre glace.

Moret-Sur-Loing

Pont-en-Royans

L'ISÈRE

De Jean Anthelme Brillat-Savarin, inventeur de la gastronomie au début du XXe siècle, à Curnonsky, l'infatigable défricheur des terroirs dans les années 1930, les plus grands défenseurs de la cuisine française ont toujours vanté les louanges de cette région, où les montagnes abritent des sommets de gourmandise.

UN PAYS DE GRATINS ET DE RAVIOLES

Le célébrissime gratin dauphinois, mélange de pommes de terre finement émincées, de lait et de noisettes de beurre, parfois saupoudré d'un peu de gruyère râpé, était autrefois associé à des alouettes, en particulier dans le Vercors ! D'autres ingrédients servent de base à la préparation des gratins, comme les queues d'écrevisses, le potiron, les blettes, les macaronis et bien sûr, les ravioles : ces petits carrés de pâte farcis au fromage et au persil sont une spécialité du Dauphiné, récompensés d'une AOC en 1989, puis d'une IGP en 2009. Des charbonniers italiens, venus travailler dans le Vercors, probablement au XVe siècle, auraient remplacé la farce à la viande de leurs ravioles ou raviolis par une garniture à base de fromage de chèvre.

Arrosées de crème fraîche liquide et saupoudrées de comté râpé, elles composent un gratin aussi facile à réaliser que gourmand !

DE L'ONCTUEUX SAINT-MARCELLIN...

À l'origine, cette tomme, mélange de laits de chèvre et de vache, fabriquée exclusivement dans les fermes des plaines et des vallées de la région, est destinée à la consommation familiale. Le surplus, lui, alimente la vente sur les marchés, comme ceux de la place forte de Saint-Marcellin, considérés comme les plus importants des environs au XVe siècle. Au fil du temps, le fromage finit par adopter le nom de la bourgade. À partir du XIXe siècle, le fromage se fait connaître au-delà de son terroir d'origine, en grande partie grâce aux coquetiers, des ramasseurs qui collectent les produits des fermes environnantes pour les revendre sur les marchés des villes des environs. Vendus jusqu'à Romans, Grenoble, Bourgoin-Jallieu et même Lyon, grâce au développement des chemins de fer, les saint-marcellin sont de plus en plus demandés. Après la Première Guerre mondiale, la production de saint-marcellin connaît un sérieux coup d'arrêt quand des paysans désertent les campagnes pour s'engager comme ouvriers dans les villes. Pour remédier aux difficultés d'approvisionnement, les ramasseurs créent des fromageries. Désormais, le seul lait à entrer dans sa composition est celui de vache. Standardisée, la production de saint-marcellin prend un nouveau tournant. IGP depuis 2013, s'il est aujourd'hui exclusivement produit aux alentours de la ville qui lui a donné son nom, il doit son immense popularité à une figure lyonnaise, Renée Richard, surnommée « la Mère Richard », qui en a fait la spécialité de sa fromagerie et de sa cave d'affinage.

... AU TRÈS CRÉMEUX SAINT-FÉLICIEN...

Originaire de Saint-Félicien, en Ardèche, ce fromage fabriqué au départ avec du lait cru de chèvre est actuellement confectionné au lait de vache cru ou pasteurisé. Il possède la particularité d'être fabriqué partout en France, même s'il est majoritairement produit dans le Rhône et en Isère. Certains prétendent que son invention est due à un crémier lyonnais imaginatif, au début du XXe siècle : l'homme aurait eu l'idée de mélanger du lait invendu à de la crème, et de baptiser le fromage obtenu du nom de la place Saint-Félicien où il avait sa boutique. Les saveurs lactiques, légèrement salées et noisetées de sa pâte, crémeuse à souhait, et de sa croûte plissée et souple, font de ce fromage le cousin tout aussi irrésistible du saint-marcellin, présenté comme lui dans une coupelle pour qu'il ne coule pas sur un plateau.

LA CROQUANTE NOIX DE GRENOBLE

Dans les années 1860, les noix de Grenoble descendent le Rhône sur des radeaux de bois vers Marseille. De là, elles embarquent pour la Russie, et notamment pour Saint-Pétersbourg. En 1862, avec l'ouverture de la voie de chemin de fer de Valence à Grenoble qui longe la vallée de l'Isère, de nouvelles perspectives commerciales se dessinent : le gigantesque marché américain s'offre aux producteurs ! Le Nouveau Continent, qui accueille depuis plusieurs décennies un nombre croissant de migrants venus d'Europe du Nord, est une aubaine : les noix font en effet traditionnellement partie de leurs coutumes alimentaires, surtout pendant les fêtes de fin d'année.

À l'époque, la production locale n'existe pas. Seule la ruée vers l'or donne une raison de retourner la terre.

Des historiens ont retrouvé des traces de la noix de Grenoble dans les grands ports américains entre 1830 et 1848. Il s'agit du tout début d'échanges commerciaux qui vont s'accélérer trente ans plus tard grâce au progrès des transports, entre les bateaux à vapeur qui naviguent sur l'Atlantique et le chemin de fer français qui permet de transporter rapidement les fruits si appréciés.

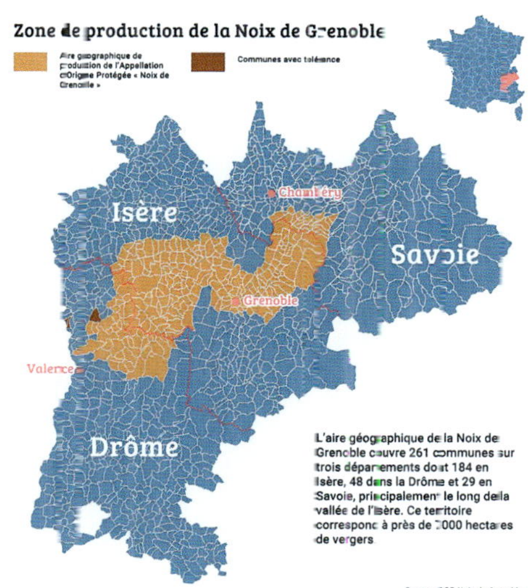

... ET AU BLEU DU VERCORS-SASSENAGE

Ce fromage fermier de montagne au lait de vache, autrefois confectionné à partir d'un mélange de plusieurs laits (vache, brebis et chèvre), possède une pâte ferme, striée de moisissures bleues. De forme cylindrique, imposant par sa hauteur (30 centimètres) et son poids (entre 4 et 4,5 kilos), il était paraît-il « passionnément » apprécié du roi François Ier. Produit principalement autour de Villard-de-Lans, c'est auprès des merceries que les amateurs avaient le plus souvent la chance de pouvoir se le procurer : située à la porte du Vercors, cette commune était autrefois le point de départ privilégié des colporteurs qui partaient vendre leur marchandise sur le haut-plateau en empruntant les chemins muletiers. Le plus souvent, ils l'échangeaient contre des produits fermiers. Le troc s'organisait donc entre les fromages ou d'autres produits laitiers et du fil, des aiguilles, et des rubans !

À la fin de la Seconde Guerre mondiale, le bleu du Vercors-Sassenage transformé à la ferme est sérieusement concurrencé par l'organisation des paysans en fruitières. Une seule laiterie continue à le fabriquer. En 1993, des producteurs laitiers locaux se lancent dans la reconnaissance de l'AOC. Obtenue cinq ans plus tard, elle se transforme en AOP (appelation d'origine protégée) en 2001. Son aire géographique, située au cœur du parc naturel régional du Vercors, impose aux propriétaires de troupeaux de les nourrir exclusivement de fourrages de qualité produits dans la zone AOP.

L'ANECDOTE : LA CHARTREUSE VERTE, DE PARIS À VOIRON

En 1257, des moines chartreux prennent possession des ruines du château de Vauvert, un domaine royal ayant appartenu environ deux siècles plus tôt à Robert II dit le Pieux, sur une partie de l'actuel jardin du Luxembourg, pour y mener une vie contemplative. La chartreuse possède un potager, qui couvre les besoins des moines en légumes et herbes médicinales, ainsi qu'un verger magnifique. Ce dernier, qui fait l'admiration des pépiniéristes et des amateurs, est exploité pour ses fruits et ses feuilles dans leur cuisine et leur apothicairerie. En 1605, le frère cadet de Gabrielle d'Estrées, la favorite d'Henri IV, offre aux pères chartreux la recette d'un élixir de longue vie, c'est-à-dire une liqueur composée d'un mélange de plantes. Le cadeau est tout sauf anecdotique, puisque offrir un remède secret est une promesse de succès commercial pour ceux qui vont le fabriquer.

Après la Révolution, le monastère disparaît, mais pas la Chartreuse verte. L'engouement est tel pour cette « liqueur de santé » qu'elle est renommée officiellement « Chartreuse verte », et la marque, déposée sous ce nom, en 1852. Jalousement gardée pendant des siècles, la recette aux cent trente plantes, écorces, racines et baies mystères est finalement transmise à la chartreuse-mère de Voiron. Aujourd'hui encore, elle est aux mains des pères chartreux qui l'élaborent dans leur distillerie d'Aiguenoire, au cœur du massif de la Chartreuse, à Entre-Deux-Guiers.

La recette historique

LA MARMITE DE LESDIGUIÈRES

Servi au XVe siècle à l'occasion des fiançailles du duc et connétable de France, François de Lesdiguières, ce plat gargantuesque a régalé ce haut personnage et ses amis, tous originaires du Dauphiné. Sa recette, aussi riche que complexe, a été retrouvée en 1938 seulement dans les archives régionales. Prévue pour cinquante convives, elle a été servie de nouveau en 1968 par la municipalité de Grenoble, à l'occasion des jeux Olympiques d'hiver.

Ingrédients (pour un banquet) :

- 20 à 30 tranches de lard
- 40 pieds de porc
- 10 paquets de couenne fraîche
- 2 grosses têtes de veau
- 15 kg de bœuf
- 80 carottes
- 50 tomates
- 12 oignons
- 4 clous de girofle
- 3 têtes d'ail
- 15 feuilles de laurier
- 1 bouquet de persil
- 10 bouteilles de vin vieux rouge
- 6 bouteilles de vin blanc sec
- 8 belles volailles
- 5 kg de champignons
- 2 pots de coulis de tomate
- 1 l de cognac
- 1 pot de glace de viande
- sel, poivre
- noix de muscade en poudre

1. Choisissez une grosse marmite pour 50 personnes. Garnissez le fond de 20 à 30 tranches de lard bien serrées. Déposez par couches tassées et successives 40 pieds de porc, 10 paquets de couenne fraîche, 2 grosses têtes de veau blanchies, dressées et ficelées, 15 kg de bœuf dans la culotte, finement lardé. Salez et poivrez.

2. Déposez au milieu 80 carottes coupées en quatre, 50 tomates, 12 oignons piqués chacun de 4 clous de girofle, 3 têtes d'ail, 15 feuilles de laurier et un bouquet de persil.

3. Saupoudrez de noix de muscade. Salez et poivrez à nouveau. Versez sur le tout le contenu de 10 bouteilles de bon vin vieux rouge et 6 de blanc sec.

4. Mettez cette préparation à feu doux à midi pour un repas du soir et laissez-la mijoter pendant 4 heures à couvercle fermé.

5. Retirez ensuite la marmite du feu. Ôtez l'ail, l'oignon, le laurier, le persil. Ajoutez 8 belles volailles (déjà bouillies à part), 5 kg de champignons, 2 pots de coulis de tomates, 1 pot de glace de viande et 1 l de cognac (versez-le en 3 fois) jusqu'à la cuisson définitive.

6. Dressez alors cet ensemble dans différents plats et arrosez chacun d'eux avec le jus filtré.

LES LANDES

Entre mer et montagne, entre Bordelais et Pays basque, cette région offre autant de gourmandises que de paysages variés. Ici, la tradition exige que les plats soient riches et les portions, copieuses. Impératif quand on connaît le talent des éleveurs, agriculteurs, producteurs, vignerons et distillateurs.

L'EXCEPTIONNEL CANARD FERMIER

Spécialité régionale incontournable, particulièrement apprécié pour son foie gras, le canard des Landes est élevé en plein air, durant plus de cent deux jours, dans un environnement naturel. Son alimentation se compose essentiellement de maïs local. Si l'élevage de canard fermier dans les Landes est vieux de plusieurs siècles, depuis les années 1960, la filière s'est structurée, avec une volonté de mise en avant du bien-être animal. Doublement labellisé, IGP (indication géographique protégée) depuis 2003 et Label rouge, il est réputé pour la qualité exceptionnelle de ses magrets et de son foie gras, mais dans le canard, rien ne se perd ! Ici, on cuisine des brochettes avec les cœurs, des salades avec les gésiers confits, on récupère des « graisserons », la viande qui subsiste dans le gras du canard au fond de la marmite des confits, on farcit des cous avec des fruits secs et du foie gras, on garnit du cassoulet avec des manchons confits et on confectionne des soupes et des bouillons avec des ailerons ! Même les carcasses, appelées « demoiselles », grillées dans la cheminée, salées et poivrées, se dégustent à belles dents.

LE SUCCÈS DES POULETS JAUNES

Toutes ces volailles sont élevées en plein air, sans barrières ni clôtures, et nourries de maïs et de végétaux. Les marensines, petites cabanes démontables, typiques de l'élevage landais, les protègent et préservent en même temps l'écosystème local. En 1959, sous l'impulsion de pionniers de l'élevage avicole, le poulet jaune des Landes a été le premier à obtenir le Label rouge, qui récompense sa chair tendre et savoureuse.

LE BŒUF DE CHALOSSE

Située au sud des Landes, entre le gave de Pau et l'Adour, la Chalosse est une terre d'élevage, particulièrement fertile, riche en herbe grasse et en cultures de maïs. Cela fait plusieurs siècles que l'élevage des bovins s'est développé dans la région, avec une tradition d'engraissement. À l'origine, le bœuf de Chalosse est employé comme bête de trait, réputée pour sa force et son agilité hors du commun. Dans leur *Trésor gastronomique de France*, paru en 1933, les critiques culinaires Curnonsky et Austin de Croze mentionnent déjà la qualité de sa viande, tendre et persillée.

LES SAVEURS DE LA CACAHUÈTE DE SOUSTONS

À des milliers de kilomètres de l'Amérique du Sud, son berceau natal, la cacahuète, fruit de l'arachide, a trouvé au milieu des pins, sur des terres davantage réputées pour leur culture du maïs, un lieu propice à son développement. Depuis les années 1950, une famille landaise, les Delest, s'est lancée dans sa production. De confidentielle à ses débuts, celle-ci est devenue féconde, avec plusieurs tonnes de cacahuètes au léger goût sucré qui sortent chaque année de la ferme Darrigade, au bord de l'océan, à Soustons.

ASPERGES des Sables DES LANDES

SOUS LES SABLES, L'ASPERGE !

Cette spécialité printanière cultivée dans les sols sablonneux de la région est particulièrement appréciée pour sa douceur et sa texture fondante. Sa culture remonte au XIXe siècle lorsque les sols sableux et le climat doux de la région ont été reconnus comme parfaitement adaptés. L'asperge des Landes se distingue par sa blancheur et son goût délicat. Comparée à d'autres variétés françaises, elle est plus douce et moins fibreuse. Elle détient depuis 2005 une IGP, « Asperges des Sables des Landes ». Récoltée de mars à juin, elle est ensuite conditionnée sur son aire géographique.

L'ARMAGNAC, PLUS ANCIENNE EAU-DE-VIE FRANÇAISE

Cette eau-de-vie, produite dans trois départements, le Gers, les Landes et le Lot-et-Garonne, remonte à l'époque romaine, lorsque la vigne a été introduite dans la région. Sa distillation, elle, a été influencée par les Arabes, et l'usage du fût, par les Celtes.

L'armagnac est divisé en trois appellations : Bas-Armagnac, Ténarèze et Haut-Armagnac. La région du Bas-Armagnac, qui représente la majeure partie de la production, est réputée pour ses sols sableux riches en fer, produisant des eaux-de-vie délicates et fruitées. Elle est principalement située dans les Landes et le Gers.

La distillation de l'armagnac utilise traditionnellement un alambic à colonne continue, contrairement au cognac qui est distillé deux fois dans un alambic charentais. De là proviennent à la fois sa grande diversité aromatique et sa typicité, plus marquée dès la première distillation. Le vieillissement de l'armagnac se fait en fûts de chêne, où il développe ses arômes complexes de fruits secs, d'épices et de vanille. Les assemblages d'armagnacs, mélangeant des eaux-de-vie de différents âges et origines, sont réalisés pour équilibrer et enrichir le produit final. Plus rustique que le cognac, plus léger et plus floral, mais soumis à des règles de production plus industrialisées, l'armagnac conserve une production plus artisanale et diversifiée. Les cépages dont il est issu sont le baco, le colombard, l'ugni blanc (comme en Cognac) ou encore la folle-blanche ou gros-plant, le plus traditionnel, connu dans la région sous le nom de « piquepoul ».

Dans le département des Landes, l'armagnac joue un rôle économique et culturel important, particulièrement dans le Bas-Armagnac. La région organise des événements tels que des festivals et des dégustations, qui attirent les amateurs d'eaux-de-vie du monde entier.

L'ANECDOTE : LA TOURTIÈRE LANDAISE

Garnie de pommes et/ou de pruneaux, cette gourmandise trouve ses racines dans les traditions culinaires paysannes des Landes. Elle est une variante de la croustade, une pâtisserie attestée depuis l'Antiquité romaine sous le nom de « crostata ». Réputée pour sa pâte étirée à la main et d'une finesse remarquable, surnommée « le voile de la mariée » en raison de sa transparence et de sa délicatesse, la tourtière subit plusieurs pliages avant de recouvrir les fruits : une technique de pâte étirée similaire à celle utilisée pour le baklava, originaire de Grèce et des Balkans. Son apparition en France remonte au Moyen Âge.

La recette historique

LE CANARD AUX OIGNONS

Vous connaissez peut-être le canard aux olives, aux navets, aux cerises, aux petits pois ou encore au sang, voire laqué. Dans les Landes, il existe une façon inédite d'accommoder le canard : la chair un peu « huileuse » du palmipède, associée à l'acidité sucrée de l'oignon, est exquise !

Ingrédients (pour 6 p.) :

- 1 beau canard d'environ 2,5 kg
- 1 kg de petits oignons
- 3 ou 4 couennes de lard
- 2 ou 3 gousses d'ail
- 1 tranche de pain grillé
- sel, poivre, huile
- armagnac

1. Videz et flambez un jeune canard bien tendre. Troussez-le solidement après avoir coupé les pattes aux jointures et enlevé la tête. Placez dans son estomac une rôtie de pain frottée avec un peu d'ail épluché, salée et poivrée, et garnissez le fond d'une cocotte avec les couennes de lard. À part, faites dorer le canard dans une poêle contenant de l'huile bien chaude.

2. Posez la volaille sur les couennes, entourée des petits oignons épluchés. Salez, poivrez et mouillez avec une lampée d'armagnac. Fermez bien le couvercle. Si le canard est jeune, il sera cuit en 1 heure, 1 h 30 au maximum ; s'il est plus âgé, il faudra compter 2 heures, voire plus.

3. Servez le canard entouré des petits oignons. Dégraissez le jus et couvrez-en le tout. Accompagnez d'une purée de pois cassés ou de fonds d'artichauts garnis de petits pois, à sauce très courte, et bien assaisonnés avec des lardons.

Phare de Contis

Turenne

LES FESTINS DU LIMOUSIN

C'est une terre d'élevage, où l'agriculture occupe encore la place qui lui revient, pour le plus grand bonheur de ceux qui ont accès à ses produits : bœuf labellisé, veau sous la mère, Agneau Baronet et cochon Cul Noir disputent leur bonne réputation aux champignons, à la pomme, aux noix, aux cerises, aux reines-claudes et à la châtaigne. Le tout a fière allure dans les services de table en porcelaine, dont la région est le fer de lance depuis des siècles.

LE BŒUF LIMOUSIN, UNE RACE BOUCHÈRE INCONTOURNABLE

L'histoire de l'élevage du bœuf limousin remonte à plusieurs siècles. La race limousine, une des plus prisées à travers le monde, est reconnue pour ses qualités exceptionnelles. Robuste, dotée d'une grande capacité d'adaptation et facile à élever, elle s'est développée à l'origine dans des conditions souvent rudes. Au XVIIe siècle, on utilise ces bovins pour des travaux agricoles, grâce à leur forte musculature et à leur endurance.

C'est en 1886 qu'intervient la reconnaissance officielle de la race : les premiers herd-books (registres d'élevage) commencent à être établis pour en garantir la pureté. Une sélection rigoureuse visant à améliorer les qualités bouchères de ces bovins, sans pour autant sacrifier leur résistance et leur adaptabilité, est mise en place. Dans les années 1930, quand les machines agricoles se démocratisent, la race décline : la mécanisation de l'agriculture remplace progressivement les bœufs. Trente ans plus tard, elle se réinvente et se reconvertit définitivement en race bouchère, grâce à ses qualités gustatives. Au fil des années, l'élevage de la limousine a pris une dimension internationale. Particulièrement recherchée pour sa tendreté, son faible taux de matières grasses et sa saveur riche, elle attire les consommateurs et les chefs cuisiniers du monde entier. On parle de viande de Bœuf Limousin Label rouge à propos d'animaux exclusivement de race limousine âgés de plus de 28 mois et de moins de 10 ans, élevés dans le respect des cycles de la nature, avec une alternance prairie/étable. L'herbe est la base de l'alimentation et la durée minimum de pâturage est de six mois par an. Lait, herbe, foin, céréales, fourrages et protéagineux composent l'alimentation d'une vache limousine Label rouge.

LA RENAISSANCE DU COCHON CUL NOIR

Vieille de 5 siècles, la race, née en Haute-Vienne du côté de Saint-Yrieix-la-Perche, est très recherchée au cours des siècles précédents pour l'épaisseur de son lard. La viande de cet animal, doté d'un arrière-train noir contrastant avec le reste de son corps, généralement de couleur plus claire, nourrit alors les familles limousines et leur évite la famine. Sa renommée s'étend jusqu'à Bordeaux, où il est fort apprécié par les bourgeois et par les commerçants locaux qui l'expédient par bateaux en direction des Amériques ou des Indes. Son essor se poursuit grâce à l'arrivée du chemin de fer, au début du XXe siècle. Mais au début des années 1980, l'exode rural et la désertification des campagnes manquent de provoquer l'extinction de la race, jugée pas assez productive. Celle-ci est carrément interdite par une loi de 1966, qui concerne l'élevage des races non référencées. En 1979, cachés par quelques éleveurs passionnés, les trois derniers verrats Cul Noir échappent de justesse à un contrôle de la gendarmerie et à l'abattage forcé.

Deux ans plus tard, l'attrait pour le patrimoine vivant incite le ministère de l'Agriculture à recenser les races anciennes. À partir d'un cheptel minuscule d'une cinquantaine de bêtes, la race Cul Noir est relancée et sauvée. Mais c'est seulement en 1997 qu'elle est officiellement reconnue par le ministère. Élevés en plein air ou en semi-liberté dans les prairies et les forêts du Limousin, les cochons Cul Noir se nourrissent naturellement de fruits, de racines et de glands. Leur viande, tendre et juteuse, possède un goût riche et nuancé qui n'est pas sans rappeler celui de leur cousin, le porc ibérique.

L'IGP AGNEAU DU LIMOUSIN, UNE VIANDE D'EXCEPTION

Végétation, prairies, herbes, climat, pluviométrie, géologie et altitude : toutes les cases sont cochées qui font du Limousin l'endroit idéal pour l'élevage de moutons ! Sur le territoire, entre 80 et 1 000 mètres d'altitude, les huit cents éleveurs qui représentent la filière ovine s'efforcent de préserver l'excellence de la viande d'agneau, bénéficiant d'une IGP (indication géographique protégée) depuis l'an 2000.

Élevés sous la mère au minimum pendant soixante jours, nourris à volonté de fourrages de la ferme, complémentés si besoin par des céréales ou des plantes fourragères, les agneaux sont abattus quand ils ont entre 70 et 180 jours. Bien que les brebis soient élevées majoritairement en plein air, les agneaux, eux, reçoivent leur complément d'alimentation après le sevrage en bergerie, pour mieux résister aux frimas ou à la sécheresse. La marque qualité des éleveurs du Limousin et des artisans porte le nom d'Agneau Baronet.

LA NOIX, DU FRUIT À LA LIQUEUR

Dès le XVIIIe siècle, il est attesté que la noix du bas pays limousin est vendue et transformée à Tulle. Très réputée pour son huile, elle va être exportée vers l'Angleterre, le Forez et le Languedoc. Un siècle plus tard, de nombreux pressoirs à huile sont toujours installés dans les villes, et la culture du noyer occupe une place importante dans le département de la Corrèze. Mais les noyers ont subi d'importants dégâts pendant la Révolution française : les plus beaux arbres ont été coupés pour fabriquer des crosses de fusil !

Peu à peu, l'huile de noix perd en popularité et prive les agriculteurs d'une ressource essentielle. Malgré tout, grâce au passage du chemin de fer, les marchands de noix et de cerneaux continuent d'exporter leur production en direction de Bordeaux, de Paris, mais aussi en Angleterre, en Belgique, en Hollande, et même en Russie et aux États-Unis !

Des maladies touchant les arbres, ainsi que leur exploitation pour la fabrication de meubles réduisent fortement la production durant l'entre-deux-guerres. Dans les années 1960, de nouveaux débouchés apparaissent, comme la confiserie pour deux variétés en particulier, la Corne et la Marbot, qui rencontrent un vrai succès dans les pays anglo-saxons.

L'ANECDOTE :

La production la plus célèbre à base de ce fruit est une liqueur inventée en 1839, le Suprême de la maison Denoix, au nom prédestiné !

Les noix encore vertes et tendres sont récoltées à la Saint-Jean, puis broyées. Leur jus âcre est conservé cinq ans en fûts de chêne. On ajoute un mélange d'armagnac, de cognac et de sirop de sucre à cette fermentation, aux arômes boisés et vanillés. Cette liqueur exceptionnelle est encore commercialisée de nos jours par la distillerie Denoix, à Brive-la-Gaillarde.

La recette historique

LA FLOGNARDE

Appelé « flognarde » ou « flaugnarde », ce délicieux flan est une spécialité limousine, mais se confectionne aussi dans d'autres régions comme l'Auvergne et le Périgord. Son nom est un dérivé du mot *fleugne*, qui signifie « mou » en vieux français. Proche du flan ou de la crêpe soufflée, la flognarde serait en réalité la version hivernale du célèbre clafoutis, qui lui ne tolère que des cerises dans sa pâte.

Ingrédients :

- 150 g de farine
- 50 g de sucre en poudre
- 4 œufs
- 1 pincée de sel
- 25 cl de lait bouilli et refroidi
- 1 c. à s. de rhum
- 50 g de beurre
- 1 c. à s. de sucre vanillé
- 2 belles pommes golden du Limousin (AOP) de préférence

1. Beurrez un moule à tarte à bords hauts. Saupoudrez-le d'une petite cuillérée de farine. Retournez-le pour en ôter l'excédent.
2. Dans un saladier, mélangez la farine, le sel et le sucre. Formez une fontaine et cassez-y les œufs. Mélangez puis incorporez le lait tiède et le rhum.
3. Garnissez le moule de tranches de pommes épluchées et épépinées. Versez la pâte sur les fruits. Disposez par-dessus de petits morceaux de beurre.
4. Enfournez 30 minutes à 180 °C (th. 6). Saupoudrez de sucre vanillé et servez.
5. Astuce : vous pouvez éventuellement remplacer les pommes par des pruneaux dénoyautés (70 g).

Limoges

Ambierle

LA LOIRE

Des plaines verdoyantes, des collines aux formes généreuses, des petits bijoux d'architecture aux couleurs chaudes comme le Sud qui n'est pas si loin, et au milieu de tout cela, la Loire qui ondule : les produits du terroir ligérien dessinent une histoire gourmande tout aussi prestigieuse que celle de sa grande rivale gastronomique de toujours, la région lyonnaise.

LA TRÈS CONFIDENTIELLE ANDOUILLE DE CHARLIEU

Cette pépite charcutière, née à 19 kilomètres de Roanne, est composée de gorge, de cœur et de chaudin de porc marinés durant deux semaines dans du vin rouge, des aromates, de la noix de muscade et du quatre-épices. Mise ensuite à sécher plusieurs semaines, elle se cuit soit au court-bouillon, durant une heure et demie, à petits frémissements, soit au four dans une cocotte avec quelques pommes de terre et un petit fond de vin blanc. Peu connue, elle est néanmoins protégée depuis 1998 par la confrérie des Faiseurs d'Andouille de Charlieu, dont seuls les membres sont autorisés à la préparer et à la commercialiser.

En 1931, l'andouille de Charlieu est mentionnée par les auteurs du guide publié par l'Union nationale de l'automobile sur la liste des spécialités incontournables à déguster pour les touristes de passage à Charlieu. Et deux ans plus tard, en 1933, elle est citée à deux reprises par le célèbre critique gastronomique Curnonsky dans l'un de ses ouvrages.

LE SARASSON, FRAIS ET ACIDULÉ

Ce fromage frais, consommé avec des pommes de terre ou utilisé comme une sauce, est souvent additionné d'herbes fraîches comme du cerfeuil par exemple, mais aussi d'échalotes, et bien sûr de sel et de poivre.

Il provient de la fabrication du beurre, dans les fermes du Forez où on élevait des porcelets : le lait écrémé servait à l'élevage de ces animaux et la crème était barattée pour être transformée en beurre. Au fond de la baratte, il restait le babeurre, qui était chauffé à haute température. Une fois égoutté dans une toile, il formait le baratton ou sarasson, qui prenait l'aspect d'un fromage blanc battu avec un petit goût acidulé. En 1934, un chef lyonnais réputé retravaille la recette du sarasson et obtient un fromage frais, appelé « cervelle de canuts », un clin d'œil aux ouvriers de la soie qui depuis longtemps se nourrissaient eux aussi de ce fromage bon marché.

LA FOURME DE MONTBRISON

La fourme, fromage à pâte persillée, est ancrée dans l'histoire du pays depuis des siècles, avec des origines remontant aux Arvernes et une preuve de sa popularité au IXe siècle. Son nom dérive du grec *formos* et du latin *forma*. Jusque dans les années 1950, de mai à octobre, la saison d'estive, les éleveurs montent aux hautes chaumes, à plus de 1 000 mètres d'altitude, où ils vivent et travaillent dans des jasseries, c'est-à-dire des abris et des pâturages qui servent de complément d'activité économique aux fermes de la vallée. Les fromages, appelés jadis « fromages de Roche », sont aujourd'hui connus sous deux appellations : la « Fourme de Montbrison », produite sur le versant ligérien des monts du Forez, et la « Fourme d'Ambert», fabriquée sur le versant auvergnat. Au XXe siècle, la modernisation et l'exode rural transforment la production et marquent le déclin de la fourme fermière dans les jasseries. La fourme laitière, elle, connaît un véritable essor grâce à des citernes de ramassage aux contenus impressionnants (de 10 à 15 tonnes). En 1972, la fourme de Montbrison a obtenu l'AOC (appellation d'origine contrôlée), devenue AOP (appellation d'origine protégée) en 2009, assurant la qualité et la renommée de ce fromage emblématique.

LA PRALULINE, UN SUCCÈS ROSE BONBON

Auguste Pralus et sa femme Noëlie ouvrent leur pâtisserie à Roanne, dans la rue Charles-de-Gaulle. Sept ans plus tard, Auguste décroche le prestigieux titre de meilleur ouvrier de France. Cette même année 1955, Noëlie transmet à son mari les demandes insistantes de ses clients : puisque sa brioche au beurre est délicieuse, ne peut-il pas en faire une « piquée », c'est-à-dire la garnir ?

Devant l'hésitation de son époux, et soucieuse de satisfaire sa clientèle, Noëlie apporte alors des pralines roses « pour en faire quelque chose ». Auguste Pralus s'exécute. Sa brioche aux pralines est une réussite et les commandes affluent. La maison doit même rapidement trouver des solutions pour l'expédier aux quatre coins du monde ! Le nom, vite trouvé – combinaison de « Pralus » et « praline » – est déposé en 1957.

Aujourd'hui, la Praluline, qui a gardé le même goût et la même composition que celle proposée dans la boutique des Pralus en 1955, est vendue dans dix-neuf magasins en France et chez de nombreux revendeurs un peu partout dans le monde.

LE BARBOTON, PLAT DU DIMANCHE

Ce ragoût d'agneau, parfumé de thym et de laurier, est composé de pommes de terre, de carottes et d'oignons. La viande et les légumes cuisent, ou plutôt « barbotent » ensemble dans une cocotte en fonte durant deux heures au minimum et à feu doux. Moelleux et fondant, ce plat typiquement stéphanois était autrefois servi le dimanche, car l'agneau est longtemps resté une viande peu abordable pour une population en majorité ouvrière.

LA SAGA GOURMANDE DE LA FAMILLE TROISGROS

1930, une famille de commerçants venus de Bourgogne s'installe à Roanne et reprend en face de la gare et au bord de la célèbre Nationale 7 un hôtel-restaurant, « Les Platanes », rebaptisé « Hôtel moderne ».

Jean-Baptiste Troisgros et sa femme Marie sont ce qu'on appelle alors des « limonadiers » : Marie pratique une cuisine simple, sans chichis, une cuisine « bourgeoise » comme on dit à l'époque, et Jean-Baptiste, fin connaisseur de vins de Bourgogne, règne sur la salle.

Leurs deux fils, Pierre et Jean, commencent leur apprentissage dans le restaurant familial, puis poursuivent leur formation dans des maisons réputées de la capitale, comme « Le Crillon », « Lucas Carton » ou « Maxim's ». De retour au bercail, les deux frères décident de changer le nom du restaurant, qui devient « Les Frères Troisgros ».

Jean est maître saucier, il surveille les cuissons, tandis que Pierre s'occupe du garde-manger et de la mise en place. Les Troisgros bousculent les traditions en commençant par alléger les sauces. Un jour de 1962, mélangeant de l'oseille cueillie dans le jardin par leur mère et des filets de saumon à la cuisson rosée, ils créent leur plat le plus célèbre : l'escalope de saumon à l'oseille. « Enfin du saumon intelligent ! » s'écrie, dans les colonnes du *Monde*, le critique gastronomique Robert Courtine.

Un jour, le chef de la gare de Roanne vient trouver Pierre Troisgros à l'apéritif et lui demande : « Comment vous voyez la gare ? » Sous forme de boutade, le cuisinier lui répond : « Tout ce qui est panneau, en rose saumon, et les boiseries, en vert. » Dans la nuit, des peintres en bâtiment s'activent pour transformer une partie de la gare. Consulté, Pierre Troisgros approuve. Dès les années 1960, peu après la création de la recette, et jusqu'à 2009, la gare arbore les couleurs du plat légendaire, ce saumon à l'oseille si souvent copié et jamais égalé.

Jean et Pierre Troisgros ont disparu, l'un en 1983, l'autre en 2020. La célèbre maison a déménagé à Ouches il y a quelques années, à 10 kilomètres de Roanne, et une nouvelle génération en a pris les rênes : César et Léo, les petits-enfants de Pierre Troisgros. Les trois étoiles, elles, sont restées.

L'ANECDOTE :
LE CHOCOLAT DE SAINT-ÉTIENNE

En 1770, la première chocolaterie a vu le jour dans la Loire grâce à la maison Escoffier. Pour éviter de laisser les bateaux revenir vides à Saint-Étienne après avoir livré du charbon à Nantes, on les remplissait de fèves de cacao. Plus tard, la première ligne de chemin de fer a remplacé l'utilisation du fleuve pour le transport.

Située sur la route du cacao, entre Nantes par voie fluviale et Marseille par le chemin de fer, Saint-Étienne est en effet le lieu idéal pour la conservation des fèves, mais aussi pour leur transformation en tablettes ou en bonbons : son climat, tout d'abord, dépourvu d'humidité et de chaleur excessive, mais aussi la situation économique et géographique de la région expliquent l'importance du nombre de chocolateries dans la cité minière : vingt-cinq en 1920, une soixantaine en tout entre 1880 et 1970 !

L'accès privilégié au charbon, qui permet de faire tourner les usines, les industries lourdes qui ont fait sa renommée de vivier économique et une main-d'œuvre composée en grande partie de femmes de mineurs représentent d'autres atouts d'envergure. Sans oublier un entrepôt appartenant aux douanes qui, dès 1899, permet de stocker les fèves, après avoir été utilisé pendant des décennies pour emmagasiner la soie des tisserands. La ville est aussi réputée pour la fabrication de rubans. Ses industriels ont pour habitude d'envoyer à leurs clients, au moment des fêtes de fin d'année, des cadeaux gourmands. Les boîtes de chocolats enrubannées deviendront rapidement un must pour récompenser la fidélité d'une clientèle issue des quatre coins de France.

Aujourd'hui, seule la Maison Weiss, fondée en 1882, est le témoin de cette grande époque des chocolateries stéphanoises.

La recette historique

LA RÂPÉE

Composée de pommes de terre crues râpées, mélangées à d'autres ingrédients, puis frites dans de l'huile ou du beurre, cette spécialité stéphanoise aurait été introduite durant la Première Guerre mondiale dans le Haut Pilat par des paysans ardéchois désireux de reproduire la crique, une spécialité emblématique de leur région natale.

Ingrédients (pour 4 p.) :

- 800 g de pommes de terre
- 4 œufs
- huile de tournesol
- persil ou ciboulette
- sel et poivre

PRÉPARATION : 40 MIN

1. Épluchez et râpez les pommes de terre. Battez les œufs et ajoutez-les aux râpures. Hachez les herbes et ajoutez-les à la préparation.
2. Salez et poivrez. Mélangez bien le tout.
3. Faites chauffer un filet d'huile dans une poêle. Versez-y des petits tas de râpée et aplatissez-les de façon à obtenir des galettes de pommes de terre uniformes.
4. Faites-les dorer sans griller de chaque côté.
5. Déposez-les sur des feuilles de papier absorbant. Servez avec du sarasson et une salade.

Nancy

LA LORRAINE

UNE TERRE DE CONFLUENCES GOURMANDES

Proche de la Belgique, du Luxembourg et de l'Allemagne, la Lorraine est une région où l'Histoire s'est invitée dans chaque assiette. Sa grande diversité géographique, entre plaines, lacs, montagnes et forêts, offre un large éventail de produits révélés dès le XIXe siècle grâce à son développement économique.

Nº 45. — 1re Année. Le Numéro : 5 Centimes Dimanche 29 Avril 1906.

LA CUISINE DES FAMILLES

RECUEIL HEBDOMADAIRE
de Recettes d'Actualité très clairement expliquées, très faciles à exécuter
Rédactrice en chef : Mme JEANNE SAVARIN

LA QUICHE LORRAINE EN L'AN 1588

Pendant la guerre des trois Henri, cette tarte exquise et originale figurait, comme signe de ralliement, dans tout festin des partisans du duc de Lorraine, Henri de Guise, dit le Balafré ; l'assassinat de celui-ci à Blois fut le signal du massacre de nombreux ligueurs, attablés autour de la Quiche délicieuse.

SOMMAIRE DU NUMÉRO. — La Guerre au Charabia (suite). — Menus du Dimanche. *Déjeuner :* anchois en allumettes ; lapin sauté à la chasseur ; côtelettes de mouton à l'italienne ; rissoles à la confiture. — *Dîner :* consommé aux carottes nouvelles ; turbot au vin blanc (avec notice importante pour l'achat du turbot et pour le choix du vin blanc) ; selle de veau à la chicorée ; [illegible] ; petits artichauts frits ; charlotte de pommes, simplifiée. — La Quiche : pages sanglantes de son histoire ; quatre recettes de la célèbre tarte lorraine. — La Bonne Santé par la Cuisine Familiale, par le Docteur Grandvut de Belly (suite) : les Pléthoriques ; les Dyspeptiques. — Variétés : aération des offices.

LA FAMEUSE QUICHE

Vers le XVe siècle, il s'agit d'un plat paysan, préparé avec des ingrédients présents dans toutes les fermes : d'abord, une simple pâte à pain, puis une pâte brisée composée de farine, d'eau, de sel, et de la « migaine » un mélange d'œufs frais, de beurre et de crème. Sur la pâte étalée dans une sorte de caisse en bois, on ajoute la garniture et l'on enfourne jusqu'à ce qu'elle soit dorée. Quatre siècles plus tard, la présence de lardons découpés dans du lard de porc est attestée : ils remplacent le beurre dans la garniture.

La tourtière improvisée est à l'origine de son nom : le mot *kich*, qui signifie « tarte » en dialecte lorrain, dérive du latin *cista*, « caisse » en français. Au fil du temps, le mot patois se transforme en « quiche », et le plat, lui, migre dans un moule à tarte.

Devenue un plat populaire régional au XIXe siècle, la quiche est servie en entrée ou en plat principal et appréciée du paysan au bourgeois aisé. Son succès s'étend au XXe siècle, où elle dépasse les frontières de son territoire naturel pour conquérir le monde : elle est inscrite depuis 1966 au patrimoine culinaire immatériel de la France. Bien qu'elle ait connu d'innombrables variantes, elle ne tolère pas le moindre soupçon de fromage râpé !

LES FROMAGES

La Meurthe-et-Moselle, la Meuse, la Moselle et les Vosges sont de hauts lieux de production de fromages. Certains y sont fabriqués alors qu'ils sont originaires d'autres régions, comme le célèbre brie de Meaux. On y retrouve notamment :

Le carré de l'Est

Descendant des bries locaux que produisaient les premières fromageries industrielles de la Meuse et des départements voisins, il compte parmi les grands fromages depuis les années 1930. Sa pâte, couleur ivoire, est onctueuse, et sa croûte, lavée ou fleurie, fine et légère. On le commercialise après quatorze jours d'affinage.

Le munster/munster-géromé

Appelé « munster » en Alsace et « géromé » en Lorraine, ce fromage est né dans un monastère au Moyen Âge. AOP (appellation d'origine protégée) depuis 1996, il possède une croûte rouge orangé et une pâte lisse, fine et douce aux saveurs lactées. Son odeur est forte, surtout lorsqu'il est fait à cœur. Celle du munster fermier est plus développée encore. On ajoutait autrefois au caillé des graines de cumin, pour une dégustation optimale. Le munster est affiné trois semaines minimum, et ce jusqu'à trois mois.

LE FRUIT D'OR DES VERGERS LORRAINS : LA MIRABELLE

Introduite au XVe siècle par le duc de Lorraine, René d'Anjou, la mirabelle est très tôt considérée comme un fruit précieux. Confite, elle est offerte aux hôtes de marque de la ville de Metz. Fraîche, elle séduit des amateurs dans toute la France, mais ce n'est qu'à partir de 1880 que sa culture prend toute son importance. Conséquence des ravages conjugués de l'hiver glacial de 1879 et de l'épidémie de phylloxéra sur le vignoble, des mirabelliers sont plantés en grande quantité. Labellisées IGP (indication géographique protégée) en 1996, les mirabelles de Lorraine se consomment aussi bien fraîches qu'en pâtisserie ou en confiture. Aussi célèbre que la fameuse tarte qui en est garnie, l'eau-de-vie de mirabelle, à l'arôme fruité très marqué, est l'une des grandes spécialités des distilleries locales. Organisée à Metz chaque année vers la fin août depuis 1947, la fête de la Mirabelle est l'événement de l'été en Lorraine.

LA LÉGENDE DES MADELEINES DE COMMERCY

Leur histoire remonte au XVIIIe siècle, où elles auraient été créées par une jeune servante nommée Madeleine Paulmier, au service d'une noble dame, invitée du duc de Lorraine et roi de Pologne exilé Stanislas Leszczynski. Au château de Commercy, l'une des résidences favorites de Stanislas, les réceptions et les fêtes vont bon train.

Un jour de 1755, le nain Nicolas Ferry, alias « Bébé », protégé du duc de Lorraine mais connu pour son caractère irascible et ses accès de mauvaise humeur, s'amuse à jeter à terre toutes les douceurs prévues par le pâtissier du château pour les convives. Pour sauver le dessert, la jeune Madeleine propose alors de confectionner une recette qui lui vient de sa famille et, faute de mieux, fait cuire sa pâte dans des coquilles Saint-Jacques… Le succès est tel que Stanislas n'hésite pas à féliciter la jeune fille et à baptiser de son nom les friandises qui ont fait honneur à sa table…

Légende ou pas, il faudra attendre le 26 juillet 1852 et l'inauguration de la ligne de chemin de fer Paris-Strasbourg pour que la madeleine acquière une véritable notoriété. Une jeune femme, originaire de Commercy et devenue l'épouse du marquis de Carcano, a pris en effet l'habitude de faire venir dans la capitale où elle réside des madeleines confectionnées dans sa ville natale. Douze ans plus tard, c'est cette fois grâce à un arrêté préfectoral qui autorise officiellement leur vente sur les quais de gare que les madeleines entament leur périple comme trésor gourmand à travers tout l'Hexagone.

L'INVENTION DU BABA AU RHUM

C'est à un roi polonais en exil, Stanislas Leczinski, beau-père de Louis XV, qu'on doit cette pâtisserie légendaire. Devenu duc de Lorraine par un caprice du destin, ce roi sans couronne trouve finalement refuge, en avril 1737, au château de Lunéville. Au cours de ses pérégrinations forcées en Europe, il a découvert de nombreuses spécialités, comme le kugelhopf, brioche d'origine germanique, devenu l'un de ses gâteaux favoris. Grâce à la mauvaise dentition de Stanislas, le kugelhopf va donner naissance au baba ! Comme beaucoup de ses contemporains, le nouveau duc de Lorraine souffre de maux de dents. On ignore qui, de son cuisinier ou de son officier de bouche, a eu l'idée de détremper un kugelhopf trop sec avec du vin doux pour que Stanislas puisse l'avaler sans difficulté. Ce dernier apprécie tant cette nouvelle version de sa brioche habituelle qu'il demande à ce qu'elle lui soit servie régulièrement, imbibée d'un vin de Malaga additionné de sirop de sucre et de pistils de safran ! Les courtisans, connaissant le goût de leur souverain pour les contes des *Mille et une nuits*, suggèrent de baptiser le gâteau « Ali Baba ». En réalité, le rapport entre le chef des 40 voleurs et la nouvelle gourmandise n'est pas si limpide. Car à une lettre près, le « baba » ressemble à une pâtisserie polonaise traditionnelle, la fameuse « babka », en forme de jupe plissée de grand-mère. Pour le distinguer du kugelhopf, les pâtissiers du roi se mettent à cuire le nouveau gâteau dans un moule cylindrique aux parois lisses, semblable à une corolle.

Un ancien écuyer de cuisine de Stanislas, Nicolas Stohrer, natif de Lunéville, suit à Versailles Marie Leczinska, fille de Stanislas, devenue reine de France, et y exerce ses talents de pâtissier. Cinq ans plus tard, en 1730, il ouvre une échoppe à Paris, rue Montorgueil, et y commercialise, entre autres délices, le fameux baba. Celui-ci est désormais imbibé d'un sirop parfumé au rhum, une boisson de marin très peu chère et moins prisée à l'époque que le vin de Malaga.

LA DOUCEUR ACIDULÉE DES BERGAMOTES DE NANCY

Indissociable de la Lorraine, la bergamote de Nancy est un petit bonbon translucide aux reflets ambrés, au goût subtil et légèrement acidulé. La bergamote, variété de citron originaire du sud de l'Italie réputée pour son parfum, est rapportée de Sicile au Moyen Âge par les pèlerins en chemin vers Saint-Nicolas-de-Port, à proximité de Nancy.

Au XVIIIe siècle, le duc de Lorraine, Stanislas Leczinski – encore lui –, raffole de l'huile essentielle de bergamote dans les parfums, mais aussi dans certaines préparations culinaires. Vers 1850, Jean-Frédéric Godefroy Lillich, originaire du Wurtemberg en Allemagne, ouvre sa confiserie à Nancy et mélange l'essence de bergamote au sucre cuit : le résultat obtenu va dépasser toutes ses espérances ! Les petites tablettes obtiennent un franc succès lors de l'Exposition universelle de Nancy en 1909.

Des boîtes métalliques, représentant la place Stanislas et destinées à servir de contenant aux bonbons, contribuent à faire connaître la ville et ses douceurs. Leur créateur, Albert Lalonde, est le successeur de Godefroy Lillich. Aujourd'hui encore, le savoir-faire des confiseurs nancéiens demeure inchangé et les bergamotes de Nancy, enveloppées d'un papier transparent, font définitivement partie des spécialités locales.

La recette historique

LA TOURTE LORRAINE

Aussi appelée « pâté lorrain », cette spécialité, connue pour être la plus ancienne de la région, est née à Baccarat en Meurthe-et-Moselle.

Ingrédients (pour 8 p.) :

Pour la marinade

- 75 cl de vin blanc sec
- sel, poivre
- 2 oignons jaunes émincés
- 2 échalotes finement hachées
- 2 gousses d'ail épluchées et hachées
- 1 feuille de laurier
- 1 brindille de thym
- 2 pincées de noix de muscade râpée

Pour la garniture

- 250 g de chair de lapin
- 250 g de maigre de porc
- 250 g d'épaule de veau
- 90 cl de crème fraîche épaisse
- 2 œufs
- 2 disques de pâte feuilletée

1. Mélangez tous les ingrédients de la marinade. Déposez les 3 viandes coupées en cubes dans ce liquide et laissez mariner une nuit entière au frais. Ajoutez le lendemain une cuillérée de crème fraîche et mélangez le tout.

2. Foncez un moule à tarte avec un disque de pâte feuilletée. Laissez dépasser largement les bords. Égouttez les morceaux de viande et disposez-les sur la pâte sur une hauteur de 4 cm environ.

3. Posez le deuxième disque de pâte sur la tourte. Soudez-les du bout de vos doigts mouillés. Découpez une cheminée au centre. Dorez la pâte avec un œuf battu et faites cuire 45 minutes à four chaud.

4. Battez la crème fraîche restante avec le second œuf et versez ce mélange dans la tourte par la cheminée.

5. Remettez 15 minutes au four puis laissez 30 minutes dans le four éteint.

Les Vosges

Les Pyrénées

MIDI-PYRÉNÉES

Cette ancienne région administrative ne regroupe pas moins de huit départements qui tous possèdent une forte identité culinaire : l'Ariège, l'Aveyron, la Haute-Garonne, le Gers, le Lot, les Hautes-Pyrénées, le Tarn et le Tarn-et-Garonne.

LE PORC NOIR DE BIGORRE AOP

Cette race porcine autochtone très ancienne fait partie du patrimoine pyrénéen depuis l'époque romaine. Reconnaissable à sa robe noire, ce porc est largement présent dans la région au début du XXe siècle avant de connaître le déclin dans les années 1960-1970, jugé trop gras et incompatible avec l'élevage intensif.

En 1981, alors qu'il ne reste de la race que trente truies et deux verrats, un programme de sauvegarde est instauré. La création d'un consortium d'éleveurs dans les années 1990-2000 permet de revaloriser son élevage traditionnel.

Élevé en plein air, dans les prairies et sous-bois des départements du Gers, des Hautes-Pyrénées et de la Haute-Garonne, il reçoit une alimentation variée : des herbes, des céréales sans OGM, et des fruits locaux comme les glands et les châtaignes.

Sa viande a la couleur rouge vif est persillée, avec une saveur unique et une texture fondante. Parmi les produits qui en sont issus, le célèbre Jambon Noir de Bigorre, affiné pendant vingt à trente-six mois (AOP – appellation d'origine protégée – depuis 2017), ainsi que de nombreuses charcuteries comme les saucisses sèches, le saucisson, la ventrèche et les terrines. Tous ces produits sont élaborés de manière artisanale, sans additifs, garantissant ainsi leur haute qualité gustative.

L'ART DU GÂTEAU À LA BROCHE

Ce dessert traditionnel, très prisé au moment des fêtes et aussi des mariages, possède une forme spectaculaire, à mi-chemin entre le sapin de Noël et les stalactites ! Il est composé d'une sorte de pâte à crêpes, parfumée ou non à l'anis, au rhum ou à la vanille.

Cuit autour et non pas dans un moule en forme de cône, lui-même fixé sur une broche qui tourne en permanence, il requiert la présence de deux personnes pour mener à bien sa cuisson. Tandis que l'une des deux verse régulièrement des louches de pâte sur le moule, l'autre tourne la broche, parfois pendant des heures, en fonction de la taille du gâteau… En cuisant, il va former des petits pics, qui durcissent au contact de la flamme. Une fois achevé, il ressemble à une sorte de sapin, tout doré et croustillant, qui peut se conserver jusqu'à trois mois.

Son origine est incertaine : on pense qu'il serait arrivé en France depuis des pays d'Europe de l'Est grâce aux soldats de la Grande Armée de Napoléon, au XIXe siècle. Dans les rues de Prague, en effet, on rencontre un gâteau très populaire, le *trdelnik*, cuit à la broche, frère jumeau de notre chef-d'œuvre haut-pyrénéen !

LA DOUCEUR DE L'OIGNON DE TRÉBONS

Niché dans la haute vallée de l'Adour, le petit village de Trébons, situé dans le département des Hautes-Pyrénées, est célèbre pour sa culture ancestrale de l'oignon. Ce légume unique, à la saveur douce et sucrée, est le fruit d'une tradition qui remonte au début du XVIIIe siècle. Le savoir-faire local s'est perpétué de génération en génération, consolidant ainsi la réputation de ce légume exceptionnel, qui bénéficie d'une IGP (indication géographique protégée). En 1974, la première fête de l'oignon est organisée à Trébons. Depuis, cet événement est devenu une tradition annuelle.

Le comité de l'oignon doux de Trébons, regroupant une quinzaine de producteurs, veille à la commercialisation et à la promotion de cette variété distribuée à travers la France chez les restaurateurs, les épiceries fines et même dans les très grandes surfaces.

LE LONG PARCOURS DU HARICOT TARBAIS

Il possède une belle couleur blanc crème, il est délicat, savoureux et se récolte à la main.

Christophe Colomb l'aurait rapporté du Mexique au XVIe siècle, lors de sa découverte du Nouveau Monde. *Phaseolus vulgaris* – son nom botanique – traverse ensuite l'Espagne et arrive dans la vallée des Pyrénées grâce à des marins basques qui l'ont découvert eux aussi lors de leurs traversées. Au début du XVIIIe siècle, des paysans commencent à le cultiver dans la plaine de Tarbes, en même temps que le maïs. Ils reproduisent exactement le même schéma que les Mayas d'Amérique latine pour le faire pousser : le maïs sert de tuteur au haricot, qui est une plante grimpante !

Tout au long des XVIIIe et XIXe siècles, la culture du haricot s'étend dans les Hautes-Pyrénées, en particulier dans la Bigorre. Le climat et les plaines fertiles de la région lui réussissent à merveille. Mais au cours du siècle suivant, la culture du haricot tarbais manque de s'éteindre : elle est exclusivement manuelle et se retrouve directement menacée par la mécanisation agricole. Heureusement, en 1986, une poignée de producteurs passionnés décident de faire renaître sa culture au pied des Pyrénées. Aujourd'hui encore, tout est mis en œuvre pour que sa qualité soit irréprochable : chaque plant de haricot est bichonné, et la récolte se fait uniquement à pleine maturité, pour obtenir une saveur optimale. Raison pour laquelle tous leurs efforts ont été récompensés, il y a presque vingt-cinq ans, par une IGP

Incontournable dans le cassoulet, où il s'imprègne de toutes les saveurs des viandes et des aromates, il se retrouve aussi dans des salades gourmandes, des soupes réconfortantes et même des desserts innovants.

L'ANECDOTE : L'ALIGOT

Ce mélange de purée de pommes de terre, de crème et de tomme fraîche a une texture filante très particulière… au point qu'on le surnomme, en Aveyron, le « ruban de l'amitié » !

L'origine même de son nom est peu commune : au XIIe siècle, le monastère de Saint-Chély-d'Aubrac, situé sur la route du pèlerinage de Saint-Jacques-de-Compostelle, est un endroit de passage pour les pèlerins affamés. Ces derniers ont pour habitude de frapper à la porte des moines pour réclamer quelque chose à manger. À l'époque, le latin est très employé pour communiquer. Et « quelque chose », en latin, se dit *aliquid*. Cet *aliquid* a donné « aligot ». Il s'agit alors d'un simple mélange de mie de pain et de tomme fraîche, mouillé avec du bouillon. Quelques siècles plus tard, la pomme de terre découverte au Nouveau Monde est arrivée en Europe, le monastère a disparu, mais des vachers-fromagers fabriquent toujours la tomme et perpétuent la tradition. Une mauvaise récolte de blé fait évoluer la recette de manière inattendue : la mie de pain est remplacée par des pommes de terre !

Aujourd'hui, l'aligot est un véritable plat festif, présent sur les marchés régionaux et dans les fêtes traditionnelles, comme la fête de la Transhumance, c'est-à-dire la migration des troupeaux depuis les pâturages d'hiver aux pâturages d'été.

87 — MOISSAC. *Atelier d'Expédition du Chasselas.* ND Phot.

LE CHASSELAS DE MOISSAC, MEILLEUR RAISIN DE TABLE DE FRANCE

C'est grâce à Soliman le Magnifique que le raisin, longtemps utilisé pour le vin, fait son apparition sur les tables françaises en tant que fruit. Au XVIe siècle, le sultan de l'Empire ottoman offre à François Ier des plants de chasselas qui sont immédiatement replantés. Le raisin de table devient alors un dessert royal. Selon une légende, les boutures qui ont servi à constituer la célèbre Treille du Roy au château de Fontainebleau, à la demande de François Ier, seraient originaires du Quercy.

Le chasselas est en effet présent depuis très longtemps dans le Quercy, que ce soit en treille, en tonnelle pour la consommation familiale, ou en ornement dans les jardins bourgeois. Au milieu du XIXe siècle, sa culture devient commerciale. L'arrivée du chemin de fer en 1858 ouvre de nouveaux marchés, notamment à Paris, et la production s'étend sur tous les coteaux au nord de la Garonne.

Après la crise du phylloxéra à la fin du XIXe siècle, la culture du chasselas reprend dans les régions de Moissac et de Montauban, grâce à de nouveaux plants, plus résistants.

Dans les années 1930, Moissac devient une « cité uvale » et s'ouvre aux curistes qui viennent profiter des vertus du chasselas en grain et en jus, dans un uvarium, c'est-à-dire un kiosque élégant et moderne, construit sur les bords du Tarn.

En 1971, l'INAO (Institut national de l'origine et de la qualité) accorde au chasselas de Moissac l'appellation d'origine contrôlée (AOC), faisant de lui le premier fruit frais à obtenir ce label. L'AOP suit en 1996. Inscrits depuis 2017 à l'Inventaire national du patrimoine culturel immatériel, sous la dénomination « la culture du raisin Chasselas de Moissac AOP », Moissac et son chasselas continuent de séduire les amateurs.

La recette historique

LA CROUSTADE AUX POMMES

Variante du « pastis » gascon, cet empilage de fines feuilles de pâte étirée est un grand classique régional. Semblable aux feuilles de brick, sa pâte est probablement un héritage des Maures, présents dans ces contrées entre le VIIIe et le Xe siècle.

Ingrédients (pour 6 p.) :

- 500 g de farine
- 30 cl d'eau tiède
- 15 cl d'huile
- 5 g de sel fin
- 3 grosses pommes golden
- 3 c. à s. de vieil armagnac
- 1 c. à c. d'extrait naturel de vanille liquide
- 100 g environ de sucre en poudre
- beurre doux

1. La veille, préparez la pâte. Mélangez au batteur votre farine avec l'eau tiédie, l'huile ainsi que le sel pendant 10 minutes environ. Vous devez obtenir une pâte élastique et souple. Formez un pâton et conservez-le entre deux assiettes creuses préalablement huilées (huile de tournesol) pour éviter qu'une croûte se forme sur la pâte.

2. Laissez la pâte reposer toute une nuit dans un endroit tempéré, puis mettez-la au réfrigérateur.

3. Préparez également vos pommes la veille : épluchez-les puis coupez-les en tranches et mettez-les à macérer dans l'armagnac.

4. Le lendemain, après avoir sorti la pâte du réfrigérateur, laissez-la reposer 2 heures avant de l'étirer. Recouvrez une grande table, ovale si possible, d'une nappe en coton ou d'un vieux drap propre pour que la pâte ne colle pas. Farinez légèrement. Étirez la pâte délicatement, jusqu'à ce qu'elle recouvre toute la surface de la table, comme un voile transparent. Laissez-la sécher ou, s'il ne fait pas assez chaud dans la pièce, munissez-vous d'un sèche-cheveux ; elle ne doit ni coller aux doigts ni être cassante.

5. Badigeonnez la pâte de beurre fondu à l'aide d'un pinceau, et saupoudrez de sucre. Découpez à l'aide d'un petit couteau 7 ou 8 disques de pâte, d'un diamètre supérieur à votre moule. Beurrez également le moule. Superposez les disques de pâte en les faisant se chevaucher. Garnissez ensuite ce fond de pâte avec vos pommes coupées, arrosez avec la vanille liquide et sucrez les pommes avec le restant de sucre. Utilisez les chutes de pâte pour former des rosaces sur les pommes. Mettez la croustade à cuire pendant environ 25 minutes à 200 °C (th. 6-7), en surveillant qu'elle ne brûle pas. Servez tiède.

[TOULOUSE]

Capitale de l'Occitanie, la Ville Rose regorge de spécialités gastronomiques, dont les ingrédients de base sont issus des nombreux marchés locaux, Victor-Hugo, Saint-Cyprien, Cristal, des Carmes ou encore Arnaud-Bernard.

LA VIOLETTE, EMBLÈME DE LA VILLE ROSE

Cette jolie et discrète petite fleur très parfumée se mange ici en bonbon, en sirop, en biscuit… Selon la légende, un soldat de l'armée de Napoléon III aurait rapporté de la campagne d'Italie un pied de violette pour l'offrir à sa fiancée. Par chance, les plants rapportés d'Italie se plaisent dans les terres toulousaines. Les maraîchers de Lalande, Castelginest et Saint-Jory profitent alors de l'aubaine pour développer cette culture sur plusieurs hectares.

Au début du XXe siècle, on compte près de six cents producteurs de violettes à Toulouse. Ils produisent près de six cent mille bouquets par an, vendus sur le marché aux violettes des Jacobins. Beaucoup de ces bouquets sont expédiés dans de jolies boîtes en carton, en France et à l'étranger, par les producteurs, regroupés en coopératives. Tout naturellement, la ville prend alors le surnom de « Cité des violettes ».

À ses débuts, la violette est employée pour ses vertus médicinales, comme son action calmante sur la toux, mais très vite, elle se prête aux jeux de séduction : autrefois, un bouquet de violettes offert à une femme était un message d'amour tenu secret par timidité !

Fleur préférée de Napoléon Bonaparte, qui sera pour cette raison surnommé « le père la violette », et emblème de l'impératrice Joséphine, elle aura pour marraine un demi-siècle plus tard une autre impératrice : Eugénie, épouse de Napoléon III, soutient la violette de Parme, dont Toulouse est la principale productrice.

Son succès perdure jusqu'au début des années 1950. Des cosmétiques et des parfums à base de violette s'exportent eux aussi aux quatre coins du monde, grâce à la maison Berdoues. Mais c'est cristallisée dans le sucre que la violette toulousaine s'est durablement fait connaître ; les établissements Doumeng et Bonnel, créés en 1818, utilisent des fleurs abîmées pour en faire des confiseries maison. L'entreprise a changé de nom et s'appelle aujourd'hui Candiflor-Dedieu, mais elle est toujours debout et elle perpétue la tradition de la violette drapée de sucre et belle à croquer.

LE POULET À LA TOULOUSAINE, UNE AUTRE IDÉE DU POULET RÔTI

Farci avec un mélange de saucisse de Toulouse, de jambon de Paris, d'olives vertes, d'ail et d'herbes aromatiques, le poulet est ensuite arrosé d'huile et de cognac avant d'être enfourné.

L'AUTHENTIQUE SAUCISSE DE TOULOUSE

Fabriquée depuis le XVIIIe siècle, elle est indispensable dans le cassoulet toulousain et présente sur les marchés de la région. Depuis son identification par le guide Gault & Millau en 1970, elle est protégée par un label. Une véritable saucisse de Toulouse contient 80 % de viande et de gras de porc cru du Sud-Ouest, utilise un boyau naturel et ne contient aucun arôme de fumée liquide ni aucun conservateur. Traditionnellement cuite dans une eau frémissante, elle peut aussi être grillée au barbecue, poêlée ou cuite au four, mais il ne faut jamais la piquer, afin de préserver son gras de qualité. C'est accompagnée de purées, de haricots ou de lentilles qu'elle donne le meilleur d'elle-même.

LA RELIGION DU CASSOULET

« Le Cassoulet est le Dieu de la Cuisine Occitane, Un Dieu à Trois Têtes : Castelnaudary le Père, Carcassonne le Fils, Toulouse le Saint-Esprit, Cassoulets soient-ils », écrivait au début du XXe siècle le cuisinier et journaliste français Prosper Montagné, lui-même originaire de Carcassonne. En effet, chacune de ces trois villes se dispute la paternité de la célèbre recette. La querelle dure encore aujourd'hui et soulève bien des passions.

Le cassoulet tel qu'on le connaît aujourd'hui est un plat relativement récent, puisque les haricots, rapportés d'Amérique, ont été introduits en Europe au XVIe siècle. Un fait qui permet de tordre le cou à une vieille légende, affirmant que les habitants de Castelnaudary, affamés par les Anglais pendant la guerre de Cent Ans, auraient inventé ce plat en réunissant tous les vivres disponibles…

> *Le Cassoulet est le Dieu de la Cuisine Occitane, Un Dieu à Trois Têtes : Castelnaudary le Père, Carcassonne le Fils, Toulouse le Saint-Esprit, Cassoulets soient-ils.*
>
> — Prosper Montagné

Bien entendu, on retrouve toujours la même base, des haricots blancs appelés « lingots », de la couenne, des morceaux de viande confite, des aromates et de la saucisse. Le récipient est un grand plat en terre cuite, baptisé « cassole », d'où le nom de « cassoulet ». Ces ustensiles, fabriqués depuis le Moyen Âge à Issel – aux portes de Castelnaudary –, permettent une cuisson longue, parfois de plusieurs jours, pour que les haricots deviennent fondants.

Les viandes varient selon l'origine du cassoulet : à Castelnaudary, le porc domine, avec la longe de porc, le jarret, le jambon, le saucisson et les couennes de lard fraîches. Dans la version toulousaine, il n'y a pas de longe, mais du lard de poitrine, de la poitrine de mouton, de la saucisse de Toulouse et du confit de canard. Enfin, dans celui de Carcassonne, le mouton remplace la longe de porc, avec une épaule ou un gigot raccourci, ainsi qu'une ou plusieurs perdrix rouges.

Aimer le cassoulet d'où qu'il vienne, c'est être un peu, voire très patriote – à l'image d'un ancien président de la République, Armand Fallières, qui a dirigé le pays de 1906 à 1913 et a inscrit ce monument occitan au menu de l'Élysée une fois par semaine. En vrai diplomate, Fallières a su mettre tout le monde d'accord puisque la composition du cassoulet présidentiel ne donnait l'avantage à aucune des trois recettes.

LE FÉNÉTRA, MORCEAU DE PATRIMOINE À CROQUER

Cette très ancienne tarte est composée d'une pâte sablée, garnie d'une sorte de meringue sèche à base d'amandes, de citron confit et de confiture d'abricots. Son nom proviendrait d'une fête annuelle connue chez les Romains de l'Antiquité pour célébrer les morts, la Férétralia. Perpétuée par les habitants de Toulouse, cette tradition a évolué en événement comparable au carnaval à partir du XVIIIe siècle. Le gâteau servi à cette occasion était composé de citron, de confiture d'abricots, ainsi que d'une grande quantité d'amandes broyées. Devenu peu à peu incontournable, le fénétra apparaît aussi en fin de repas les dimanches. La tradition disparaît en même temps que la Première Guerre mondiale, mais renaît dans les années 1960 avec un festival de danse et de musique traditionnelle, Le Grand Fénétra, folklorique et populaire.

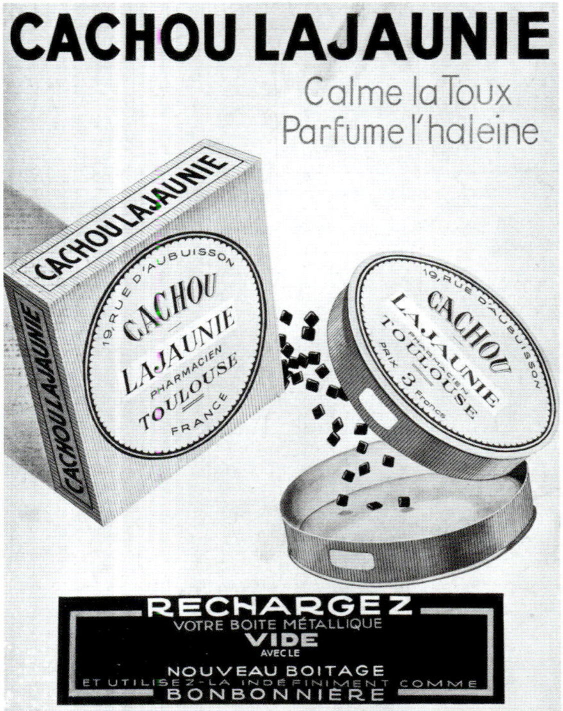

L'ANECDOTE :
LE CACHOU LAJAUNIE

Imaginée par le pharmacien toulousain Léon Lajaunie dans son officine d'Esquirol, en 1880, la petite pastille noire est d'abord vendue pour ses vertus digestives. Au départ, il s'agit d'une décoction d'acacia en poudre, à laquelle son inventeur ajoute différents ingrédients : réglisse, sucre, poudre d'iris et essence de menthe. Finement aplatie, cette pâte est ensuite découpée en petits carrés. À la demande de Léon Lajaunie, un horloger et ami crée une boîte ronde jaune et noire, de la taille d'une montre à gousset, facile à glisser dans les poches des costumes masculins. Pour diffuser plus largement encore son produit, le pharmacien commande à l'artiste peintre Tamagno une affiche en métal, porteuse du message suivant : « Recommandé aux fumeurs, chauffeurs, cyclistes, etc. » En plus d'aider à la digestion, le Cachou Lajaunie est censé donner une bonne haleine, une qualité précieuse pour les individus ciblés.

En 1904, sans héritier, Léon Lajaunie vend la marque et la formule aux frères Sirven, les fabricants de l'iconique petite boîte ronde. Quand le cachou est distribué dans les bureaux de tabac, sa production et sa consommation ne cessent alors d'augmenter. Il entre même dans la culture populaire, comme lorsque Bertrand Blier fait tinter les pastilles dans leur boîte dans le film *Les Tontons flingueurs*. En 1985, une publicité en noir et blanc où une jeune femme au décolleté généreux se trémousse au son des pastilles et du slogan « Cachou Lajaunie, Lajaunie… han han ! » devient culte. La marque, qui appartient depuis 2012 à Mondelēz International, vend actuellement près de trois millions de boîtes chaque année, avec une formule inchangée depuis 1880.

La recette historique

L'ALICUIT DE CANARD

Ce ragoût paysan d'abattis de volaille est confectionné avec les morceaux du canard restant après qu'on a prélevé les magrets et les cuisses. *Ale y cot* en patois, c'est-à-dire « les ailes et les cuisses », considérées comme des bas morceaux, n'en demeurent pas moins savoureux s'ils sont bien préparés.

Ingrédients (pour 4 p.) :

- environ 15 morceaux de canard (aileron, cou, cœur, gésier...)
- 3 c. à s. de graisse de canard
- 1 oignon
- 5 carottes
- 1 navet
- 5 pommes de terre
- 1 c. à s. de farine
- 200 g de champignons de Paris
- 70 g d'olives noires
- 12 cl de vin blanc sec
- 75 cl de bouillon de légumes
- thym et laurier
- sel et poivre

1. Épluchez et hachez l'oignon, les carottes et le navet.
2. Mettez la graisse dans une cocotte, faites-y revenir les abats, puis ajoutez les légumes. Laissez dorer, saupoudrez de farine et mélangez. Ajoutez les champignons et les olives. Mouillez avec le vin blanc et le bouillon. Ajoutez les aromates, salez et poivrez. Couvrez et laissez mijoter 1 heure.
3. Ajoutez les pommes de terre épluchées et coupées en morceaux. Laissez cuire 30 minutes de plus à feu moyen.
4. Servez chaud, accompagné de croûtons frottés à l'ail.

Le Cap Blanc-Nez

LE NORD PAS-DE-CALAIS

Ce territoire marqué par des aventures humaines et industrielles est aussi le cœur d'une cuisine franche, simple et authentique à la fois, qui reflète parfaitement le caractère tranquille et profond de ses habitants.

MAROILLES ET BOULETTE D'AVESNES, DES FROMAGES DE CARACTÈRE

Une forme carrée, une pâte jaune paille, une croûte orangée striée et sculptée, à ne pas consommer tant elle est amère, une saveur et une odeur fortes : voilà pour le maroilles, membre de la famille des pâtes molles à croûte lavée. À base de lait de vache, salé par frottement puis par immersion dans la saumure, affiné en cave pendant un minimum de huit semaines, il est le plus connu des fromages du Nord. Certains l'apprécient sur une tartine trempée dans le bol de café du petit déjeuner, à en croire le film culte *Bienvenue chez les Ch'tis* mais il existe bien d'autres manières de le déguster, voire de le cuisiner.

Confectionnée à partir de maroilles accidentés en cours d'affinage, la boulette d'Avesnes est de forme conique et irrégulière, façonnée à la main. Souvent, elle est recouverte de poudre de paprika ou de roucou, deux plantes qui lui donnent sa belle couleur orangée. Aromatisée de persil, ail, estragon et poivre, elle s'affine dans une cave humide durant trois mois. Son goût est puissant et régalait autrefois les mineurs.

L'ANECDOTE : LES ORIGINES OBSCURES DE LA CARBONADE FLAMANDE

Ce plat, dont l'histoire se confond avec celle du bassin minier, serait né dans les entrailles de la Terre, probablement au milieu du XIXe siècle, époque de la révolution industrielle. La carbonade tient du bœuf bourguignon, mais avec de la bière brune à la place du vin, des oignons émincés et des tranches de pain d'épices émiettées qui accentuent encore ses notes sucrées-salées. Son nom viendrait de « carbonisation » car la viande est bien cuite, rôtie ou braisée, et « flamande » pour son terroir d'origine, les Flandres. Des mineurs de fond, qui avaient pris l'habitude de faire griller au charbon leurs restes de viande, l'auraient inventée.

Autre explication, toujours dans la même veine… de charbon : la ressemblance des morceaux de viande carbonisés avec ce qu'on appelle des « gaillettes », c'est-à-dire des morceaux de houille, ce combustible extrait de la mine.

L'évolution de la recette ne fait pas de doute : la sauce à la bière fut additionnée d'abord de pain rassis, remplacé ensuite par du pain d'épices, pour adoucir sans doute le goût un peu trop rustique de la viande grillée ! Meilleure préparée la veille, puis réchauffée, comme la plupart des ragoûts et des plats mijotés, la carbonnade se marie parfaitement avec des frites, cuites au gras de bœuf pour davantage d'authenticité !

LA CHICORÉE, ÉLIXIR DU NORD

Connue et identifiée depuis l'Antiquité pour ses vertus thérapeutiques, anti-inflammatoires et digestives, la chicorée est cultivée dans les jardins des monastères au Moyen Âge. Sa racine, coupée en lamelles et grillée, est infusée et donne une boisson aux notes de noisette légèrement caramélisées. Au XIXe siècle, sa consommation s'intensifie, en particulier auprès des mineurs qui la mélangent à du marc de café pour se désaltérer. Elle permet aussi de remplacer ce dernier à chaque fois qu'il vient à manquer, d'abord pendant le blocus continental de 1806, puis au cours des deux guerres mondiales.

Sans caféine, elle est utilisée en cuisine et en pâtisserie, pour rehausser aussi bien les viandes, volailles, poissons et crustacés que les biscuits, gâteaux, entremets lactés et les fruits. Actuellement, la région d'Audruicq, sur la côte d'Opale, est un centre majeur de culture et de séchage de la chicorée, qui fait de la France le premier producteur mondial, devant la Belgique et les Pays-Bas.

L'ODYSSÉE DU HARENG

Ce petit poisson bien connu et apprécié de longue date dans la région adore les eaux froides de la Manche et de la mer du Nord. Il ne ressemble pas à grand-chose et pourtant... il a régné sur l'Europe entière pendant plusieurs siècles et fait la fortune des pêcheurs et des marchands. Il est facile à capturer, car il circule en bancs impressionnants. Les habitants de Boulogne-sur-mer, de Calais, d'Étaples, de Dunkerque et de Montreuil-sur-mer le pêchent en abondance dès le XIe siècle. Leurs concurrents sont les navires anglais et normands en mer du Nord, car l'enjeu économique est de taille. Les expéditions durent des mois, sans garantie de retour, dans des conditions extrêmes : pour attraper le poisson, les hommes passent des heures dans le froid, le sel et l'humidité.

Cinq fois moins coûteux que le lard, il représente un aliment facile à consommer, idéal pour remplacer la viande durant les périodes de carême imposées par l'Église. Alors que la morue doit être trempée dans de l'eau claire plusieurs jours d'affilée avant d'être cuisinée, le hareng, lui, n'a besoin que d'un petit rinçage une fois sorti de son baril pour être dégusté. C'est le repas pratique des voyageurs, des soldats, des ouvriers ou des religieux. Pour le transporter sur de longues distances, on lui fait subir différentes étapes de transformation, comme le salage ou le saurissage, qui consiste à l'exposer durant des heures à la fumée de bois de hêtre ou de chêne.

Vendu aux Halles de la capitale et même jusqu'en Provence, le hareng fait la fortune des villes de Boulogne-sur-Mer, de Dunkerque, de Saint-Valery-sur-Somme, ou encore du Tréport. Ses taxes font vivre la noblesse et le clergé. Devenu une unité d'échange, le hareng s'offre en cadeau et sert même de legs dans les héritages.

Au XIXe siècle, le hareng passe de mode, victime de la surpêche et dépassé par la popularité de la morue.

Souvenir de son importance, cette surprenante tradition dunkerquoise, idée du syndicat d'initiative de la ville dans les années 1960 : chaque année, en plein carnaval, le maire et ses invités jettent des harengs séchés depuis les fenêtres et le balcon de l'hôtel de ville sur la foule qui tente de les attraper !

« BOUCHES À CHUC »

Ce n'est un secret pour personne, les habitants des Hauts-de-France aiment tellement le sucre que ce surnom leur a été donné ! Ici, le sucre est plus qu'un ingrédient, c'est une religion !

En 1806, les Anglais bloquent le ravitaillement de la France par ses colonies, ce qui entraîne une pénurie de sucre pour les Français. En représailles, Napoléon impose le blocus continental. Conséquence : le sucre, devenu rare, atteint des prix exorbitants. L'urgence est de trouver un produit de remplacement abordable et qualitatif. La betterave est connue pour le sucre qu'elle contient, mais personne n'est arrivé jusqu'ici à l'extraire. Napoléon ordonne par décret, en 1811, qu'une superficie de 4 000 hectares soit réservée à sa culture dans le nord de la France.

Depuis plusieurs années, le chimiste Chaptal et le banquier Delessert font des essais à Passy, sur l'emplacement actuel de la Maison de la Radio. Ils accélèrent la cadence et atteignent leur but ! L'Empereur se rend en personne à Passy pour admirer la qualité des pains de sucre de l'usine de Delessert. Dans la foulée, il décroche sa propre croix de la Légion d'honneur et en décore le financier.

Entre-temps, la betterave a déjà pris racine dans la région, comme à Arras, en 1810, avec un certain Louis Crespel-Dellisse qui ouvre la première sucrerie des Hauts-de-France, avant celle d'un concurrent, Béghin-Say, qui détiendra le monopole quelques décennies plus tard. Depuis cette époque, en plus de la fameuse cassonade qui provient toujours de la canne à sucre, on consomme deux autres variétés tirées de la betterave : la vergeoise (un sucre à la texture moelleuse), blonde ou brune, qui emprunte son nom au moule dans lequel étaient coulés autrefois les pains de sucre.

Autre douceur, tirée aussi bien de la canne à sucre que de la betterave : le sucre candi, sous forme de cristaux transparents de tailles différentes. Ce très ancien produit est utilisé depuis le XIIIe siècle, où il était vendu par les apothicaires. Dans les Hauts-de-France, on met un morceau de sucre sur sa langue pour boire tout doucement son café, « à la chuchette ».

La recette historique

LA TARTE AU CHUC

Cousine de la galette bressane et de la galette ardennaise, elle a vu le jour au XIXe siècle et régale son monde depuis des générations ! L'essor des raffineries de betterave dans la région a évidemment influencé sa création.

Ingrédients (pour 6/8 p.) :

- 200 g de farine
- 140 g de beurre
- 2 œufs
- 10 g de levure de boulanger
- 1 c. à s. de sucre en poudre
- 1 pincée de sel
- 125 g de cassonade
- 2 c. à s. de lait
- 25 cl de crème liquide

1. Délayez la levure dans 2 c. à s. de lait tiède. Dans un grand saladier, versez la farine et déposez-y 80 g de beurre coupé en petits morceaux.

2. Travaillez vivement avec les doigts et ajoutez le sucre en poudre. Faites une fontaine au milieu et déposez-y la levure délayée, un œuf et le sel. Travaillez le tout pour former une pâte. Si elle est trop compacte, ajoutez un peu de lait. Mettez-la en boule. Laissez reposer à température ambiante pendant 3 heures.

3. Beurrez un moule à tarte. Abaissez la pâte au rouleau et garnissez-en le moule. Répartissez dessus la cassonade. Battez un œuf avec la crème, versez sur le dessus de la tarte et répartissez le reste de beurre en petits cubes.

4. Enfournez 20 minutes à 210 °C (th. 7). Servez tiède de préférence.

[LILLE]

Carrefour gastronomique où se rencontrent les influences culinaires flamandes, françaises et belges, la ville reflète un riche patrimoine qui mêle savoir-faire traditionnel et créativité moderne. La proximité avec la mer du Nord et les terres agricoles de Flandre enrichissent ses plats de produits frais et variés. Les spécialités lilloises témoignent d'une histoire marquée par les échanges culturels et commerciaux, offrant une palette de saveurs authentiques et audacieuses à la fois.

III 14 LILLE — La Rue Neuve - La Braderie

LES MOULES-FRITES ET LA BRADERIE, UNE TRADITION SÉCULAIRE

La Braderie de Lille, l'une des plus grandes brocantes d'Europe, trouve ses origines au XIIe siècle. La première mention écrite de cette manifestation date de 1127. Foire commerciale médiévale de grande envergure, elle attirait des marchands de toute l'Europe dans le comté de Flandres.

Le mot « braderie » dérive du flamand *braden*, qui signifie « rôtir ». Au Moyen Âge, pendant la foire, les marchands faisaient rôtir des viandes, notamment des poulets et des harengs, pour les vendre aux visiteurs. Cette tradition culinaire a évolué au fil des siècles. La Braderie telle que nous la connaissons aujourd'hui a véritablement pris forme au XIXe siècle, lorsque les domestiques ont commencé à vendre les objets usagés de leurs maîtres. Elle s'est transformée en un gigantesque marché aux puces, où se mêlent brocanteurs, antiquaires et particuliers.

LILLE — Grand Place - Marchand de Frites

La consommation de moules-frites, plat emblématique de la Braderie, date du début du XXe siècle. À partir de 1904, les tas de moules devant les restaurants sont devenus une attraction. Celles-ci proviennent principalement des côtes de la Manche et de la mer du Nord, notamment de Zélande, aux Pays-Bas, une région réputée pour sa production mytilicole. En 2015, un record impressionnant a été établi avec 500 tonnes de moules consommées durant l'événement. Les frites, qui accompagnent traditionnellement les moules, font également partie intégrante de cette fête culinaire.

La Braderie a connu quelques interruptions, comme en 2020, où elle a été annulée en raison de la pandémie de Covid-19. Il y a également eu des incidents marquants, par exemple lors de l'édition de 1992, où des moules avariées avaient provoqué une petite crise alimentaire et un rappel à l'importance de la qualité des produits. Les deux guerres mondiales ont aussi empêché son déroulement, mais à chaque fois, dès la fin des conflits, la tradition a repris le dessus et le public était au rendez-vous !

LA FORCE TRANQUILLE DU VIEUX-LILLE

Ce fromage porte plusieurs doux surnoms, comme « puant macéré », « puant de Lille » ou encore « gris de Lille ». De quoi le situer sans hésitation sur une échelle du supportable pour les narines ! Sa fabrication, identique à celle du maroilles, comporte plusieurs mois d'affinage pendant lesquels il est soumis à des lavages répétitifs à l'eau salée. Fabriqué autrefois en Thiérache et vendu aux mineurs de la région, il était salé deux fois : une fois au départ et une fois à l'arrivée, pour des raisons de conservation pendant un temps de transport assez important. C'est à ces salages répétés qu'il devait sa croûte à la teinte grisâtre, signe d'une nouvelle fermentation. Sa pâte, plutôt collante, est elle aussi vigoureuse ! À recommander aux amateurs de sensations fortes.

LA CONSISTANCE DU WELSH

Difficile de faire étape à Lille sans goûter au plat le plus populaire de la région : le welsh ! Une authentique bombe calorique… un croque-madame qui baigne dans un mélange de cheddar fondu à la bière, au beurre et à la moutarde. Le tout accompagné d'une généreuse portion de frites. Mais, contrairement à ce qu'on imagine, le welsh est originaire du pays de Galles et non de Lille !

Outre-Manche, on l'appelle *welsh rabbit* Littéralement, « lapin gallois ». Pourtant, il n'y a pas un gramme de viande de lapin dans sa recette. Aux XVIe et XVIIe siècles, il y avait des périodes de disette durant lesquelles même une viande bon marché comme le lapin se faisait rare. Pour le remplacer, les Gallois ont imaginé un plat sans viande et capable de tenir au ventre. C'était le welsh, qui depuis s'est exporté partout dans le monde, tout en prenant racine dans les Flandres.

LES CROQUETTES DE CREVETTES, UN PLAT DE BRASSERIE

La croquette, un mets savoureux qui traverse les âges, trouve ses racines dans la cuisine romaine. On y découvrait déjà des recettes de croquettes de homard ou de crabe écrasé au mortier, agrémentées de poivre et de garum (une sauce à base de poisson fermenté), puis frites dans l'huile. Cependant, ce n'est qu'au XVIIIe siècle en France que la croquette prend véritablement son essor, définie comme une préparation ronde ou allongée, remplie de viande, de poisson ou de riz, et frite à l'huile.

Au XIXe siècle, l'auteur et restaurateur belge Philippe Cauderlier, figure emblématique de la gastronomie, popularise une version de croquette à base de pommes de terre, jambon et œuf. Il note la possibilité de remplacer le jambon par des crevettes pendant le carême, mais… n'est pas pour autant reconnu comme le créateur de la recette.

Pendant la Première Guerre mondiale, les soldats sur le front de l'Yser consommaient des crevettes grises, abondantes le long de la côte belge. On suppose que ces crevettes ont été incorporées dans des bouchées pour améliorer leur conservation.

Ce n'est cependant qu'après la Seconde Guerre mondiale, dans les années 1950-1960, que la croquette aux crevettes devient un plat incontournable des brasseries belges puis lilloises.

LES BABELUTTES, DES BONBONS EN TROC

Autrefois connues sous le nom de « babillard », ces friandises composées de mélasse cuite sont connues depuis la fin du XIXe siècle. Elles servaient aux chiffonniers ambulants des villes de Roubaix et de Tourcoing à récompenser les enfants qui venaient leur apporter des chiffons, des os, de la ferraille, et toutes sortes de choses qui, une fois recyclées, pouvaient être revendues par ces marchands. « Babelutte » ou « babillard » peuvent se traduire par « babioles » ou « bagatelles », ces choses de peu qui constituaient le troc.

Certains prétendent que le mot « babelutte » proviendrait du verbe flamand *babbelen*, qui signifie « bavarder », et de la terminaison *uit*, qu'on peut traduire par « terminé » : littéralement, « fini de bavarder », parce que celui qui l'a dans la bouche ne peut plus l'ouvrir !

La recette des babeluttes est plus raffinée qu'autrefois : du sucre, du lait, du beurre, de la vergeoise et de la vanille. L'ensemble forme une friandise très onctueuse, une sorte de caramel amélioré, découpé en rectangles, définitivement associé à la ville de Lille !

LE MONDE MERVEILLEUX DE FRED

En 1982, Frédéric Vaucamps inaugure sa première pâtisserie à Hazebrouck, au cœur de la Flandre, dans les Hauts-de-France. Quinze ans plus tard, il lance « Aux Merveilleux de Fred » dans le quartier historique du Vieux-Lille, marquant ainsi le début d'une success-story gourmande.

Le pâtissier perfectionne la recette du merveilleux, qui devient rapidement le dessert emblématique de la maison. Son secret ? Une meringue délicatement fondante qui donne à cette création toute sa légèreté. Enveloppée d'une crème fouettée au chocolat, la meringue est sublimée par des copeaux de chocolat noir. Disponible en portions individuelles, le merveilleux se décline aussi en généreux gâteaux à partager entre amis ou en famille.

Ce dessert trouve son inspiration chez les merveilleuse du Directoire (1795-1799), des femmes au style extravagant, passionnées de mode et d'élégance. Originaire de Belgique, le merveilleux s'est néanmoins imposé comme une douceur incontournable dans le nord de la France et à Lille en particulier.

L'ANECDOTE : LA GAUFRE MÉERT

Cette icône de la pâtisserie française est née à Lille en 1761, mais c'est grâce à Michael Paulus Gislenus Méert, qui reprend la boutique de la rue Esquermoise en 1849, qu'elle acquiert sa renommée. Cet artisan passionné perfectionne la recette de la gaufre en s'inspirant des saveurs exotiques découvertes lors de ses voyages dans les colonies françaises, notamment la vanille de Madagascar.

La gaufre Méert se distingue par sa finesse et son goût inimitable. Fine et croustillante à l'extérieur, elle cache un cœur crémeux où le beurre, le sucre et la vanille s'unissent dans une harmonie parfaite. La pâte est soigneusement préparée à partir d'ingrédients simples, mais de haute qualité : œufs, farine, sucre, beurre et levure. Après une cuisson rapide, la gaufre est aplatie pour conserver son moelleux à l'intérieur tout en restant légère.

Le succès de cette gaufre réside autant dans la maîtrise de sa fabrication que dans le choix des ingrédients. Toujours fabriquée à la main selon la recette originelle, un secret jalousement gardé, elle séduit par son équilibre entre une texture fondante et des arômes riches et subtils.

Parmi ses amateurs les plus célèbres, on retrouve Napoléon III, qui en était particulièrement friand et la commandait régulièrement lors de ses visites à Lille, au point d'étendre la renommée de la maison jusqu'à la cour impériale.

Un autre grand inconditionnel de la gaufre Méert fut le général Charles de Gaulle, natif de Lille. Il en faisait venir des boîtes à l'Élysée et ne manquait jamais d'en déguster lors de ses retours dans sa ville natale.

La recette historique

LE WATERZOÏ DE POULET

Cette recette, originaire de la ville de Gand en Belgique, est aussi française, puisque la ville de Lille appartenait autrefois au grand comté de Flandre. Cette sorte de poule au pot nordiste était à l'origine composée de poissons d'eau douce pêchés dans les canaux de Gand. En raison de la pollution et de la raréfaction des poissons, on a pris l'habitude de confectionner une variante à base de volaille et d'enrichir le bouillon avec de la crème.

Ingrédients (pour 6 p.) :

- 2 poulets
- 3 carottes
- 2 navets violets
- 5 poireaux
- 2 branches de céleri
- 1 oignon
- 2 gousses d'ail
- 1 bouquet garni
- 3 jaunes d'œufs
- 15 cl de crème fraîche épaisse
- 12 petites pommes de terre
- sel et poivre du moulin

PRÉPARATION : 15 MIN | CUISSON : 1 H 45

1. Faites découper les poulets par votre volailler en réservant les cuisses, les ailes et les blancs. Gardez la carcasse à part.

2. Lavez et épluchez les légumes. Versez 3 litres d'eau dans un grand faitout. Mettez-y la carcasse, les carottes en rondelles ou en tronçons, 3 poireaux et 1 branche de céleri en tronçons, les navets coupés en deux, l'oignon entier, l'ail et le bouquet garni. Salez et poivrez. Laissez cuire la volaille pendant une 1 h 15 environ. Filtrez le bouillon.

3. Dressez les morceaux de poulet dans une cocotte. Ajoutez 2 poireaux émincés, la branche de céleri restante hachée. Mouillez le tout avec du bouillon chaud. Couvrez et maintenez à petite ébullition pendant 20 minutes environ.

4. Au bout de ce temps, ôtez les morceaux de poulet, réservez-les au chaud et faites réduire le bouillon d'un quart. Au moment de servir, délayez dans une soupière les jaunes d'œufs avec la crème fraîche. Ajoutez les morceaux de volaille. Servez dans des assiettes creuses avec les pommes de terre cuites à la vapeur.

Lille

Étretat

LA NORMANDIE
DE HAUT EN BAS

Dominée par les produits laitiers et fermiers comme le lait, la crème, le beurre, les fromages et les œufs, la cuisine normande repose sur deux piliers, reflets de la diversité de ses paysages : la terre et la mer.

LE CAFÉ, RICHESSE DU HAVRE

1728, une date historique pour la ville du Havre ! Cette année-là, la première cargaison de café vert en provenance des Antilles débarque sur le port. Un jeune officier de marine français, installé en Guadeloupe, Gabriel de Clieu, a réussi, cinq ans plus tôt, à apporter en Martinique un plant de café pour y lancer sa culture. L'histoire d'amour du Havre avec le café débute et ne cessera jamais. Depuis 1815, le port est le principal importateur de café en France, et de nombreux torréfacteurs sont toujours en activité dans la ville. Jusqu'à la fin des années 1930, elle abritait une Bourse internationale, rivale de celle de New York et la plus importante d'Europe. On y fixait les cours mondiaux des différentes variétés de café !

L'INCONTOURNABLE POMME

Pas de paysage normand sans pomme ! Jus, cidre, pommeau, eau-de-vie, vinaigre, compote, tarte…

Né sur les plateaux d'Asie centrale, ce fruit est implanté en masse au xe siècle, grâce à la noblesse et aux jardins des moines. Le climat océanique de la région est idéal pour sa culture. Véritable verger à ciel ouvert, la Normandie offre un nombre impressionnant de variétés : pommes à cidre ou à couteau, c'est-à-dire à croquer, elles sont précoces ou tardives, douces ou amères, aigrelettes ou acidulées.

LA RONDE DES FROMAGES AOP

C'est la concurrence des fromages anglais, entre les xiie et xiiie siècles, qui permet à la fromagerie normande encore balbutiante de se développer. À cette époque, les fromages sont tous vendus sous le nom d'« angelots », et sont surtout consommés dans leur province d'origine. Au xviiie siècle, des agriculteurs du pays d'Auge abandonnent l'élevage de viande pour se reconvertir dans l'industrie fromagère. Et en à peine un siècle, la Normandie devient la première région productrice de fromages à pâtes molles ! Camembert, livarot et pont-l'évêque sont la fierté du pays d'Auge, le neufchâtel, celle du pays de Bray.

Le neufchâtel (AOP)

Il doit à sa forme de cœur une jolie légende : lors de la guerre de Cent Ans, il était offert en gage d'amour aux soldats anglais par de jeunes Normandes… Sa croûte blanche est parfois parsemée de taches rouges. Elle est sèche et se brise quand on la pince. Sa pâte, elle, est ferme et souple à la fois. Moelleux et odorant, il possède une saveur douce, mais jamais fade.

Le livarot (AOP)

Reconnaissable entre tous grâce à ses cinq « laîches », des lanières de roseau qui le ceinturent et qui lui ont valu son surnom de « colonel » (en référence aux cinq galons de ce grade d'officier), il possède une croûte lavée et ridée, de couleur orangée ou rougeâtre. Souple sous le doigt, sa pâte doit être élastique et onctueuse, ni collante ni coulante. Son goût est franc et puissant, légèrement salé.

Le pont-l'évêque (AOP)

Sa croûte, entre le jaune d'or et l'orangé, abrite une pâte jaune pâle qui ne doit pas couler. Son odeur est prononcée, mais son goût est subtil, avec des saveurs qui rappellent le beurre et la noisette. Il se choisit à différents stades d'affinage.

Le camembert de Normandie (AOP)

Une forme parfaite, une croûte blanche striée ou tachée de rouille, une pâte jaune crème, souple au toucher, faite « à cœur », mais surtout pas coulante ! Affiné, il devient plus franc en goût.

LA SOLE, NORMANDE D'ADOPTION !

Cette recette, typique du Calvados, est parfois appelée « filets de sole à la dieppoise », ou encore « à la manière de Trouville ». Elle apparaît pour la première fois dans un livre du grand cuisinier Antonin Carême, en 1835, comme une « matelote » de poissons, c'est-à-dire une sorte de ragoût au vin blanc. Deux ans plus tard, un restaurant parisien appelé « Le Rocher de Cancale » se l'approprie, grâce à son chef, un certain Langlais, qui la baptise « sole normande ». Elle est cuite dans un plat beurré, avec des oignons finement hachés, des champignons, des moules et du vin blanc. Un délice auquel on ajoute, comme le veut l'époque, des truffes, des moules, des croûtons de pain frits, et des éperlans (petits poissons de mer), frits eux aussi. Le tout est décoré d'écrevisses ! Plus simple et bien sûr allégée, la recette actuelle est aussi plus proche du produit « brut ».

LES INDÉMODABLES TRIPES... À LA MODE DE CAEN

La légende raconte que Guillaume le Conquérant les aimait à la folie, arrosées de... jus de pomme !

Cuites pendant des heures dans un récipient en terre, les tripes, c'est-à-dire des morceaux d'estomac du bœuf, mélangées à des pieds-de-veau et à des carottes en rondelles, sont, dès le Moyen Âge, un mets savoureux et recherché pour sa texture fondante et gélatineuse à la fois. La recette revient sur le devant de la scène en 1832, année où un jeune Normand nommé Pharamond monte à Paris pour créer un bouillon, c'est-à-dire un restaurant populaire, qui porte son nom. Mises à la carte de l'établissement dès ses débuts, les fameuses « tripes à la mode de Caen » ne la quitteront plus jamais et sont, aujourd'hui encore, un des plats signature de la maison.

À la Belle Époque, leur succès ne se dément pas : on les retrouve en conserves dans des coopératives et des épiceries fines.

Un peu délaissées au XXe siècle, les tripes à la mode de Caen peuvent compter sur un fervent défenseur, le cuisinier Jean Le Hir qui, en 1952, fonde la confrérie de la Tripière d'or, ainsi qu'un concours annuel aux critères particulièrement stricts : aspect de la sauce, coupe des morceaux de viande et des légumes, parfum, qui se veut une « symphonie d'odeurs », et saveurs. Toujours active, la Tripière d'or poursuit sa quête annuelle des meilleures tripes et du respect de la recette codifiée par son fondateur, entre folklore et rigueur.

L'ANECDOTE : LE PAIN BRIÉ, UN DÉLICE LONGUE CONSERVATION

Une croûte blonde, une mie serrée et un faible taux d'hydratation qui font barrage aux bactéries sont ses caractéristiques. Moelleux et délicieux, il est une des fiertés du Bessin, mais ses origines sont en réalité… espagnoles !

Au XIVe siècle, la guerre de Cent Ans fait rage, et un seigneur normand, Charles, comte d'Évreux et roi de Navarre, descendant des rois de France, gouverne à la fois à Pampelune et sur ses terres normandes. Charles déteste tellement la dynastie des Valois qui lui ont dérobé le trône de France qu'on le surnomme « Le Mauvais ».

C'est de Pampelune, donc du nord de l'Espagne, qu'il aurait rapporté la recette du pain brié. Un nom qui n'a rien à voir avec la Brie ni avec le célèbre fromage ! « Brié » provient du nom d'un ustensile en bois qui sert à pétrir ou, plutôt, à marteler la pâte. Des dizaines de variétés de pains ont disparu, mais pas le pain brié : ses qualités de conservation l'ont fait remarquer des marins normands, en particulier ceux qui allaient pêcher au loin la morue ! Il se conserve une à deux semaines sans problème, un vrai atout quand il fallait trop souvent se contenter de biscuits secs.

L'ACCENT PATOIS DE LA TEURGOULE

Son drôle de nom provient du mot *goule*, qui signifie « gueule » en patois. Plutôt bourrative, elle fait partie de ces desserts simples et gourmands qui vous remplissent… jusqu'à la gueule !

Cet entremets, à base de lait sucré, de riz rond et de cannelle, est typique des villages de Basse-Normandie, où les ménagères l'apportaient autrefois au boulanger pour le faire cuire. On raconte que le riz et la cannelle qui le composent provenaient autrefois des galions espagnols de retour des Amériques, capturés par les corsaires normands.

Parfois appelée « terrinée », la teurgoule est cuite longuement au four dans un plat en terre vernissée et se consomme chaude ou froide, avec son appétissante croûte caramélisée. Certains l'accompagnent d'une brioche traditionnelle, la « fallue », à la mie dense et claire, proche de celle d'un pain au lait, et de cidre.

La recette historique

LE CANETON À LA ROUENNAISE

Apparue à la fin du XIXe siècle à Duclair, à l'ouest de Rouen, cette recette est mise au point par un aubergiste, le père Denise, qui prélevait le caneton directement dans sa basse-cour pour régaler les convives. Celui utilisé pour la recette, plus gros que les volatiles ordinaires, est issu du croisement entre canes d'élevage et canards sauvages migrateurs.

Ingrédients :

- 1 caneton de 2 kg
- 1 échalote
- 1 verre de vin rouge
- moutarde fine champagne
- bordelaise
- sel
- poivre
- beurre

1. Prenez un beau caneton de 2 kg et cuisez-le à l'étouffée. Faites réduire dans un plat une échalote hachée avec un bon verre de vin rouge.

2. Faites rôtir le caneton 18 minutes. Découpez les cuisses et les ailerons. Salez, poivrez et enduisez de moutarde. Faites-les griller au feu d'enfer.

3. Découpez les filets du caneton et déposez-les sur un plat d'argent qui aura été beurré. Poivrez, salez et flambez à la fine champagne. Dans la réduction, pétrissez un bon morceau de beurre frais. Vous aurez au préalable pilé et passé le foie du caneton au tamis. Mélangez le tout.

4. Pressez la carcasse du caneton pour obtenir le sang. Mettez un peu de bordelaise pour allonger la sauce et nappez-en les filets.

5. Chauffez doucement. Vous disposerez les cuisses et les ailerons autour du plat pour servir.

Le Puy Mary

LES TRÉSORS GOURMANDS DES PAYS D'AUVERGNE

L'ancien découpage administratif de la région, englobant l'Allier, le Cantal, la Haute-Loire et le Puy-de-Dôme, reflète parfaitement l'authenticité d'un territoire au sol volcanique et aux espaces naturels sensibles. Entre prairies ceinturées de haies, élevages et villes thermales, il regorge littéralement de produits d'exception, au point que le choix s'est transformé en véritable dilemme !

LA NOBLESSE DU SAINT-NECTAIRE

Le « fromage de gléo » ou « fromage de seigle », affiné sur de la paille de seigle, avec lequel les paysans réglaient leur bail à leur seigneur au Moyen Âge, adopte à partir de la seconde moitié du XVIIe siècle le nom du seigneur local, Henri de La Ferté-Sénectère. Par un de ces glissements dont la langue française a le secret, le nom se transforme, au fil des siècles, en « Saint-Nectaire ». Introduit par ce maréchal à la table du roi de France, ce fromage de vache, à pâte blanche et onctueuse et à croûte grise, est si apprécié par Louis XIV qu'il le fait venir, dit-on, à dos d'âne et grâce au concours de nombreux bateliers jusqu'à la Cour !

Alors que sa production est exclusivement fermière, le tournant de 1900 change la donne : des laiteries, c'est-à-dire des fromageries qui traitent le lait de plusieurs élevages, apparaissent dans les exploitations rurales. La collecte du lait s'opère alors dans un rayon de 3 ou 4 kilomètres aux alentours. À la même époque, des laitiers suisses aux techniques fromagères bien rodées s'installent dans le Massif central, entre les monts Dore et les monts du Cantal. Peu avant la Seconde Guerre mondiale, la production fromagère se structure et se développe. C'est le début de la cohabitation entre fromage fermier et fromage laitier. La marque Saint-Nectaire est fondée en 1947 par un syndicat de produits laitiers régionaux. Deux appellations d'origine contrôlée, l'une en 1955 pour le fermier, l'autre en 1963 pour le laitier, renforcent la notoriété du fromage. Aujourd'hui 3e AOP (appellation d'origine protégée) fromagère au lait de vache en France et 1re AOP fermière en Europe, le saint-nectaire est valorisé aussi bien grâce à sa production fermière que par sa production laitière. Son grand rival régional demeure le cantal, lui aussi AOP, à la texture inimitable et au volume imposant : 40 centimètres de diamètre, 40 centimètres de hauteur et 40 kilos pour une tome ! La pâte du saint-nectaire, pressée à plusieurs reprises, mais toujours ferme et fondante, offre des saveurs variées au fil du temps et de l'affinage : jeune affiné de 30 à 60 jours, entre-deux de 90 à 120 jours ou vieux à plus de 240 jours.

LES CHAMPS D'AIL DE BILLOM

C'est dans la plaine de la Limagne, entre la vallée de l'Allier et les monts du Livradois-Forez, que s'épanouit cette plante échappée des jardins monacaux où elle était cultivée depuis le XIVe siècle. Des greniers-séchoirs aménagés à l'intérieur des maisons permettaient de le garder à l'abri de l'air et des intempéries.

De couleur rose, plus riche en allicine (un composé organo-sulfuré) que les autres variétés, l'ail de Billom se conserve également plus longtemps. Sa saveur fraîche et douce est un atout pour le transformer, grâce à la fermentation, en ail noir. Depuis plus de quarante ans, la Foire à l'ail de Billom se déroule pendant deux jours d'affilée, courant août ; elle réunit producteurs régionaux, commerçants et brocanteurs, pour des festivités qui voient aussi l'intronisation de nouveaux membres de la confrérie des Grands Goussiers d'Auvergne.

LA PISTE DES LENTILLES D'AUVERGNE

Des poteries romaines, découvertes par des archéologues lors de fouilles menées à Saint-Paulien en 1828, ont permis de déterminer l'ancienneté de leur présence en Auvergne. Réputées comme les meilleures de France dès le XVIIIe siècle, les lentilles du Puy-en-Velay renferment un colorant bleu naturel, l'anthocyane, responsable de ses marbrures vertes, jaunes et bleues si caractéristiques. Décrochée en 1935, l'appellation d'origine permet de lutter contre la fraude : des légumineuses en provenance d'Allemagne ou de Russie sont teintées en vert pour être vendues comme « lentilles du Puy » ! Aujourd'hui labellisée AOP, la « perle vellave », comme on la surnomme, est cultivée sur 4 200 hectares, principalement au sud du département, par plus de 1 200 agriculteurs.

Autre lentille emblématique, celle de Saint-Flour, de couleur blonde, cultivée dès le XVIIIe siècle, a bien failli disparaître totalement à la fin des années 1990, les agriculteurs préférant se tourner vers la production laitière. Ressuscitée en 2001 grâce à l'acharnement d'une poignée de passionnés, elle est désormais reconnue à l'international et plébiscitée par de nombreux chefs.

La Pastillerie de l'État. — Saturation des Sucres d'Orge. - LI

L'ANECDOTE : LA PETITE HISTOIRE DE LA PASTILLE DE VICHY

Le premier à découvrir les vertus digestives du bicarbonate de sodium, le principal élément des eaux minérales de Vichy, est le chimiste Jean-Pierre-Joseph d'Arcet, en 1824. Il invente une formule destinée à extraire le bicarbonate, puis la transmet à un nommé Régnault qui commence à fabriquer des pastilles dès l'année suivante.

D'abord vendues en pharmacie, elles sont très appréciées de l'impératrice Eugénie. Un décret impérial reconnaît leur originalité. En 1857, les pastilles prennent leur célèbre forme octogonale, mais ce n'est qu'à partir de 1914 qu'elles sont commercialisées comme confiseries.

Séchés puis broyés, les sels minéraux extraits des eaux thermales de la ville sont mélangés à du sucre et à du glucose. C'est lors de l'étape suivante qu'on ajoute un arôme naturel caractéristique, de menthe, de citron, ou encore d'anis. La formule demeure inchangée depuis ses débuts. Les chefs locaux la glissent dans un certain nombre de recettes, comme le meilleur ouvrier de France Jacques Decoret et son fils Alexis dans un parfait glacé, devenu mythique.

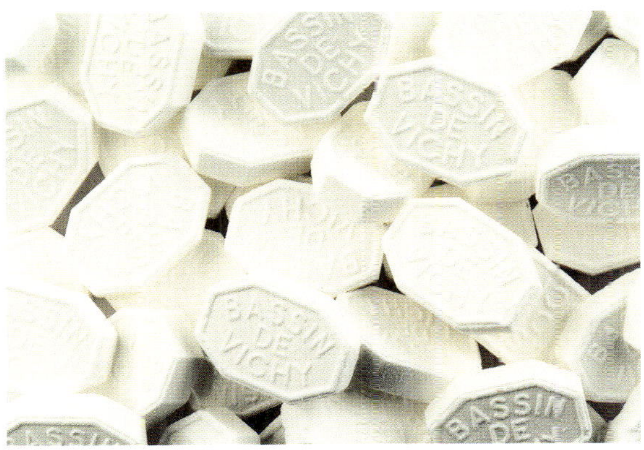

LA VICHYSSOISE, UNE SOUPE FRANCO-AMÉRICAINE

Bien que la soupe de pommes de terre et de poireaux ait des origines françaises, c'est en Amérique qu'a été créée sa version froide, baptisée « vichyssoise ». Le chef français Louis Diat, originaire du Bourbonnais, l'aurait inventée en 1917, alors qu'il était en poste au Ritz-Carlton de Manhattan. À la recherche d'un menu estival rafraîchissant, il se serait emparé d'un grand classique de la cuisine française, le potage bonne femme, à base de blancs de poireaux, de pommes de terre et de crème fraîche. Marqué par le souvenir d'enfance de la soupe de poireaux-pommes de terre de sa grand-mère, et du lait froid qu'il avait coutume d'y ajouter pour la déguster sans se brûler, le chef recrée donc le plat et le rebaptise « crème vichyssoise glacée » en l'honneur de la ville près de laquelle il a grandi.

LES PÂTES DE FRUITS DE CLERMONT-FERRAND

Employé durant des siècles comme un remède, le sucre de canne trouve rapidement un débouché en Auvergne où les confiseurs imaginent de renforcer les vertus des eaux thermales et des nombreux fruits sous forme de pastilles et de pâtes de fruits à administrer aux malades. Dès le XVIe siècle, les « confitures sèches » de Clermont-Ferrand, connues aussi sous le nom de « pâtes d'Auvergne », sont si réputées qu'elles sont offertes aux personnalités de passage. L'abricot et la pomme sont, à l'époque, les fruits les plus employés. L'invention du sucre de betterave, au début du XIXe siècle, permet l'essor de ce savoir-faire clermontois. Les pâtes de fruits d'Auvergne sont désormais expédiées en Russie, en Angleterre, en Belgique, en Égypte, et même outre-Atlantique ! En 1864, un confiseur local, Théodore Vieillard, invente les pâtes de fruits en forme de… fruits. Malheureusement, la disparition progressive des cultures d'abricotiers au cours de la première moitié du XXe siècle signe le déclin de cette activité aussi lucrative que prestigieuse. Aujourd'hui, seuls quelques rares confiseurs locaux perpétuent la fabrication de ces douceurs à l'aide de techniques ancestrales.

La recette historique

LE PIQUENCHÂGNE

Sorte de galette briochée, à laquelle on incorporait autrefois des petites poires cuites entières plantées debout dans la pâte, le piquenchâgne tire son drôle de nom des acrobaties que s'amusaient à faire les adolescents autrefois, après les moissons. En appui sur leurs mains, ils se tenaient droits, en équilibre, « piqués comme chêne ». On disait en patois « faire le piquenchâgne »...

Dans la version ci-dessous, les poires sont simplement coupées en quartiers, pour faciliter la préparation.

Ingrédients :

- 15 g de levure de boulanger
- 25 cl de lait
- 2 œufs + 1 jaune
- 500 g de farine
- 100 g de beurre mou
- 10 poires ou coings
- sel

1. Délayez la levure de boulanger dans le lait tiède. Ajoutez une pincée de sel, les 2 œufs battus en omelette, la farine et le beurre mou. Pétrissez le mélange et battez la pâte à la main pendant environ 10 minutes.
2. Coupez les poires (ou des pommes ou encore des coings) en quartiers, après les avoir épluchées et épépinées. Étalez la pâte, garnissez-la de fruits. Ramenez les bords de la pâte au milieu, de façon à recouvrir les fruits.
3. Laissez reposer 2 heures.
4. Dorez le dessus de la pâte au jaune d'œuf et enfournez à four chaud 40 minutes environ.

[LYON]

« […] Et il y a d'ailleurs dans cette ville assez de restaurants pour faire la gloire de trois provinces françaises et de tout l'étranger. Lyon, nous n'hésitons pas à l'écrire, à le proclamer, est la capitale gastronomique du monde. […] Elle est placée de telle sorte qu'elle a à sa porte les pays producteurs des grandes denrées gastronomiques. […] Il y a donc à Lyon des matériaux incomparables à la disposition des artistes culinaires. » Marcel Rouff et Curnonsky, La France gastronomique, *1925.*

> *Lyon, nous n'hésitons pas à l'écrire, à le proclamer, est la capitale gastronomique du monde.*
>
> — Marcel Rouff et Curnonsky

L'ANECDOTE : LES PÂTES INDUSTRIELLES, UNE AVENTURE LYONNAISE

L'histoire de la fabrication des pâtes à Lyon, qui concurrence la production italienne, est intimement liée à l'évolution industrielle de la ville au XIXe siècle.

L'aventure d'un des fleurons de cette nouvelle industrie débute en 1860, lorsque Jean-Marie Carret et son cousin Claudius Rivoire fondent la première usine de fabrication de pâtes sur le cours Lafayette. Ils se distinguent rapidement par une innovation majeure : leurs pâtes, produites à partir de semoule de blé dur, sont aussi commercialisées sous un emballage garantissant un poids précis, une première dans l'industrie alimentaire d'alors. À l'époque, on ne compte pas moins de neuf fabricants de pâtes alimentaires à Lyon, grâce à la présence de nombreuses minoteries qui fournissent les farines.

Le succès de Rivoire & Carret est rapide, mais un incendie détruit l'usine en 1908. Joannès Carret, le fils de Jean-Marie, prend les rênes de l'entreprise. Aidé de l'architecte Augustin Pouzet, un membre de la famille, il entreprend la construction d'une nouvelle usine à Vaise, sur les bords de la Saône. Inaugurée en 1910, cette usine est un modèle d'efficacité industrielle : le blé y est acheminé par voie fluviale, tandis que les produits finis sont expédiés par train grâce à un raccordement ferroviaire direct.

Pendant des décennies, le principal concurrent de Rivoire & Carret est l'entreprise Milliat Frères (Joseph et Louis), qui concentre tous ses outils de production, des silos à blé aux moulins en passant par la fabrique de pâtes et les bureaux. Ils sont aussi les premiers employeurs d'une certaine Eugénie Brazier, entrée à leur service comme nourrice avant de remplacer leur cuisinière !

En 1922, l'invention de la « carette », la première presse mécanique à macaronis, permet à Rivoire & Carret de devenir un leader dans la production de pâtes. La famille conserve la majorité du capital jusqu'en 1971. Après diverses fusions avec d'autres géants de l'industrie alimentaire française, comme Lustucru et Panzani, l'usine quitte Lyon pour Marseille. La marque Rivoire & Carret disparaît brièvement en 2000 avant de réapparaître en 2012.

Les 5 piliers de la charcuterie lyonnaise

La rosette

Ce saucisson sec emblématique tire son nom du boyau naturel de porc dans lequel il est embossé, plus précisément la partie terminale de l'intestin du porc, nommée « rosette » en raison de sa couleur rosée. Cette spécialité lyonnaise, réputée pour sa finesse et sa saveur, est élaborée à partir de morceaux nobles de viande de porc, comme l'épaule et le jambon, qui sont finement hachés avec du gras. Le mélange est ensuite assaisonné de sel, de poivre, d'ail, et parfois de vin rouge, avant d'être soigneusement embossé dans le boyau naturel.

Après l'embossage, la rosette est étuvée puis suspendue pour un séchage lent qui dure entre huit semaines et trois mois. Ce séchage lui permet de développer des arômes puissants et une texture ferme, mais fondante en bouche, sans pour autant être trop grasse. Le résultat est un saucisson au goût équilibré, à la fois onctueux et fruité, présent dans tous les bouchons lyonnais traditionnels.

Le saucisson de Lyon

Du « maigre » de porc provenant des parties nobles de l'animal, telles que le jambon, l'épaule, et parfois la poitrine, est mélangé à du lard gras taillé très finement. On y ajoute du gros sel, du poivre noir, et de l'ail. Une fois la préparation faite, le saucisson de Lyon est embossé dans un boyau naturel de porc, puis ficelé et suspendu pour une phase de séchage qui peut durer plusieurs semaines. Plus large que de nombreux autres saucissons, il est reconnaissable à sa forme cylindrique régulière et à son aspect marbré caractéristique à la coupe.

Il est particulièrement apprécié en apéritif ou en hors-d'œuvre, et traditionnellement consommé lors des grandes fêtes locales et des banquets.

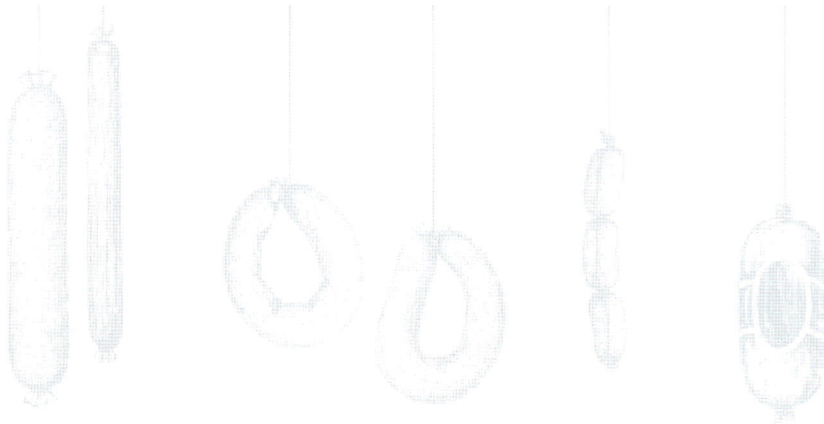

Le jésus

Il se distingue par sa taille imposante et sa forme caractéristique de poire. Confectionné de manière similaire à la rosette, il est embossé dans un boyau de diamètre plus large, appelé « sac ».

Les parties nobles du porc, comme le jambon, l'épaule et la longe, sont finement hachées et mélangées avec des morceaux de gras dur prélevés sur la poitrine ou sur le dos. Cette « mêlée » (mélange de gras et de parties maigres) est ensuite assaisonnée avec du sel, du poivre, de l'ail, et parfois du vin rouge. Une fois embossé, le jésus est ficelé pour maintenir la forme pendant le séchage, qui dure au minimum cinq mois. C'est d'ailleurs cette forme généreuse, évoquant celle d'un bébé emmailloté, qui lui a valu son nom !

Le sabodet

Ses origines se situent dans la région lyonnaise et le Dauphiné. Ce saucisson chaud, souvent méconnu, tire son nom de sa forme originelle, qui rappelait celle d'un sabot, d'où l'appellation « sabodet ». D'une composition aussi rustique que son nom le laisse entendre, il est élaboré à partir de la tête de porc et inclut la langue, les couennes et de la viande du même animal. Le tout est finement haché et assaisonné avant d'être embossé dans un boyau naturel.

Il se cuisine de manière traditionnelle, poché doucement pendant environ une heure et demie. Une fois cuit, il est pelé puis tranché généreusement, et servi avec une salade de pommes de terre tièdes, assaisonnée de vinaigrette.

Le saucisson à cuire

Contrairement au saucisson sec, il est fabriqué à partir de viande de porc fraîche, souvent de la poitrine, ce qui lui donne une texture plus grasse et un goût plus prononcé.

La viande est finement hachée, assaisonnée, puis embossée dans un boyau naturel avant d'être cuite lentement. La cuisson est essentielle pour préserver la tendreté de la viande et éviter qu'elle ne se dessèche. Ce saucisson est généralement poché à feu doux pendant environ trente à quarante minutes, ou bien cuit au four pour une texture différente. Enrobé de pâte à brioche avant d'être cuit au four, il compose un mets très populaire, qui porte alors le nom de « saucisson brioché ». Le saucisson à cuire se décline en versions plus sophistiquées, appelées « cervelas », agrémentées de pistaches ou de truffes, et parfois de morilles.

FIG. 537.—CARDOONS.

LE CARDON, LÉGUME LYONNAIS PAR EXCELLENCE

Ses origines sont profondément ancrées dans le bassin méditerranéen. Connu et consommé depuis l'Antiquité, ce proche parent de l'artichaut a été introduit en France via l'Italie et l'Espagne, en remontant la vallée du Rhône.

C'est dans la région de Lyon, décrite au XVIe siècle par Olivier de Serres comme « le vrai pays des cardes », que le cardon a trouvé un terrain fertile. Vaulx-en-Velin, une commune proche de Lyon, est particulièrement réputée pour sa variété de cardons sans épines, connue sous le nom de « vert inerme de Vaulx-en-Velin ».

Sa culture est longue, alors que le légume ne se consomme que durant une courte période de l'année. Les premiers cardons sont récoltés en octobre, puis jusqu'au mois de décembre : raison pour laquelle ils occupent une place de choix dans la gastronomie lyonnaise en particulier lors des fêtes de fin d'année. Traditionnellement, ils sont servis en gratin, accompagnés de moelle de bœuf, mais on les retrouve dans d'autres recettes typiques comme les cardons à la sauce poulette, au jus de volaille ou encore agrémentés de foie gras ou de truffes.

LES MÈRES LYONNAISES, DES MAÎTRESSES FEMMES EN CUISINE

Leur contribution à l'histoire du patrimoine culinaire lyonnais est inestimable. Souvent dotées d'un fort tempérament, elles ont en commun pour certaines d'avoir commencé leur carrière en ouvrant un modeste bouchon, après avoir exercé leurs talents de cuisinière en maison bourgeoise.

Leur histoire commence au XVIIIe siècle avec des pionnières comme la Mère Guy, qui ouvre en 1759 une guinguette sur les bords du Rhône, et se poursuit environ cent ans plus tard avec la Mère Brigousse, dont l'établissement et la cuisine canaille attirent les couples d'amoureux. À la fin du XIXe siècle et au début du XXe, l'émergence du tourisme automobile et des premiers guides gastronomiques accroît leur renommée.

Parmi les figures les plus marquantes du XXe siècle, on trouve la Mère Fillioux, dont la poularde demi-deuil, c'est-à-dire truffée sous la peau, a séduit tous les gourmets de la Belle Époque, la Mère Bourgeois, récompensée en 1933 de trois étoiles au *Guide Michelin*, et la Mère Brazier, qui partage la même consécration la même année et forme de nombreux chefs, dont le célèbre Paul Bocuse, assurant ainsi la transmission de son savoir-faire. La Mère Léa, membre des célèbres Toques blanches lyonnaises, est considérée comme la dernière de ces femmes atypiques. Elle ferme le ban en cessant son activité en 1980. L'héritage des Mères Lyonnaises se perpétue dans les bouchons lyonnais, où générosité, convivialité et excellence demeurent les maîtres mots de la tradition gastronomique.

LA TARTE AUX PRALINES ROSES, REINE DES DESSERTS

Au tout début du XXᵉ siècle, les riches familles lyonnaises de l'industrie de la soie, notamment, se font construire de belles demeures à la campagne du côté de Champagne-au-Mont-d'Or. Le lieu est réputé pour ses coteaux, ses vergers et ses roseraies. En 1905, un maître pâtissier a l'idée de colorer ses pralines de la même couleur que les roses cultivées dans la région. Le succès est immédiat, et la tarte aux pralines est lancée. Ce dessert connaîtra un vrai engouement jusqu'à la Seconde Guerre mondiale. Pendant la guerre, c'est le manque de matières premières qui va interrompre la production de pralines.

En 1975 et grâce à la cuisinière d'un ami, le grand chef Alain Chapel redécouvre la fameuse tarte et en fait un classique de son restaurant situé à Mionnay, dans le département de l'Ain, à 24 kilomètres de Lyon. Composée d'un mélange égal de crème fraîche entière et de pralines roses, concassées puis fondues doucement dans la crème chaude, la garniture est versée sur un fond de tarte en pâte sucrée, cuite à blanc. Alain Chapel, lui, préférait une simple pâte brisée au beurre, considérant que les pralines étaient suffisamment riches en sucre. Cette tarte est aujourd'hui omniprésente dans les pâtisseries comme dans les restaurants de la ville.

LE COUSSIN, UN BIJOU EN CHOCOLAT

En 1643, redoutant une nouvelle épidémie de peste capable de décimer la population, les magistrats de Lyon font le vœu d'organiser une procession sur la colline de Fourvière pour implorer la protection de la Vierge. En signe de leur dévotion, ils offrent à celle-ci un immense cierge pesant plus de 3 kilos de cire, accompagné d'un écu d'or, le tout présenté sur un coussin de soie.

En 1960, le maître chocolatier Voisin, dont l'atelier existe depuis 1897, s'inspire de cette histoire pour créer une délicieuse confiserie. Cette friandise se compose de chocolat enrobé de pâte d'amandes teintée d'un vert intense. À l'intérieur, on découvre une ganache au chocolat, obtenue en mélangeant du beurre et de la crème fondus avec du chocolat parfumé au curaçao, c'est-à-dire une liqueur composée d'écorces d'oranges, de sucre et d'eau-de-vie. Quant à la pâte d'amandes, elle est élaborée à partir d'amandes finement moulues, puis colorée avec un colorant alimentaire.

La recette authentique du véritable coussin reste jalousement gardée, et la maison Voisin en demeure à ce jour l'unique fabricant.

BOUCHONS ET MÂCHONS, OU L'AVENTURE DES MÂCHOIRES LYONNAISES

Le bouchon

Le terme « bouchon » trouve son origine dans des pratiques anciennes. Pour certains, il proviendrait des bouquets de lierre ou de genêts, appelés également « bouchons », que les cabaretiers accrochaient à leur porte sous l'Ancien Régime pour différencier leur établissement des auberges. Pour d'autres, le mot ferait référence à la paille mise à disposition par les aubergistes jusqu'au XIXe siècle, permettant aux clients de « bouchonner » (brosser) leurs chevaux avant de s'attabler.

Dans ces lieux typiques règne une ambiance décontractée, marquée par la convivialité et le tutoiement. On y mange des nourritures solides, simples et authentiques à la fois, quasiment la serviette autour du cou !

Situés principalement sur les pentes de la Croix-Rousse et dans la presqu'île, ils se sont développés dans les quartiers associés à l'industrie de la soie. Avec le temps, ils ont vu leur popularité s'étendre à d'autres parties de Lyon, tout en restant ancrés dans leurs emplacements historiques. Aujourd'hui, les vrais bouchons lyonnais, reconnus pour leur authenticité, sont identifiables grâce à un label officiel apposé sur leur porte.

Le mâchon

C'est aux Halles de Lyon, ouvertes aux Cordeliers en 1865, qu'il semble débuter. Traditionnellement consommé entre 9 heures et 10 heures, le mâchon est un solide casse-croûte matinal qui exprime une familiarité masculine étroitement liée à l'industrie de la soie. Les fabricants et chefs d'ateliers se réunissent autour d'un mâchon pour passer leurs commandes et fixer les tarifs, soit dans l'atelier (on parle alors de « chicaison »), soit dans un bistrot, ou encore chez un marchand de vins.

> *À Lyon, le café crème commence au jambonneau !*
>
> — Marcel-Éric Grancher,
> *Le Charcutier de Mâchonville*, 1930

LE TABLIER DE SAPEUR, UNE RECETTE À LA RIGUEUR MILITAIRE

C'est au maréchal de Castellane, gouverneur de Lyon sous le second Empire, que ce plat de tripes doit son nom. Grand amateur de femmes et de bonne chère, ce soldat, qui a participé à la plupart des guerres napoléoniennes, raffole de la panse de veau.

Comme tous les sapeurs (soldats du génie militaire chargés de l'exécution des sapes, c'est-à-dire des ouvrages souterrains permettant de renverser un édifice ou bien encore des tranchées), Castellane porte un tablier de cuir censé le protéger durant les travaux. De là provient donc le nom de ce plat, devenu incontournable sur la carte des bouchons lyonnais. Les tripes, ou gras-doubles, sont coupées en rectangles ou en triangles, marinées, panées, puis grillées suivant une recette plus complexe qu'elle n'en a l'air ! Accompagné d'une sauce gribiche, le « tablier » bien croustillant est traditionnellement servi avec des pommes de terre et une salade verte.

La recette historique

LES QUENELLES DE BROCHET

La quenelle de brochet lyonnaise aurait été inventée vers 1830 par un pâtissier nommé Charles Morateur. À cette époque, la Saône est envahie de brochets et on pratique la pêche intensive pour réguler leur population. Morateur aurait eu l'idée ingénieuse de mélanger ce poisson avec de la pâte à choux. Au milieu du XIXe siècle, la Mère Brigousse, restauratrice dans le quartier de Charpennes, popularise cette préparation en créant des quenelles gigantesques baptisées « tétons de Vénus ».

Au fil du temps, la recette évolue : le gras de bœuf utilisé à l'origine est remplacé par du beurre dans les années 1920 grâce à un charcutier, Joseph Moyne. Il perfectionne la technique de façonnage des quenelles en utilisant deux cuillères spéciales, conçues pour donner à ce mets sa forme allongée caractéristique. Durant l'entre-deux-guerres, les charcutiers prennent définitivement le relais des pâtissiers pour la production de quenelles.

Ingrédients :

- 600 g de filet de brochet, sans peau ni arêtes
- 3 blancs d'œufs
- 60 cl de crème fraîche épaisse, très froide
- 50 g de beurre
- 50 g de farine
- 50 cl de lait
- 8 cl de crème fleurette
- 25 g de beurre d'écrevisses
- sel, poivre
- noix de muscade entière

PRÉPARATION : 40 MIN | REPOS : 1 H | CUISSON : 30 MIN

1. Mixez les filets de brochet, assaisonnez-les de sel, poivre et de 2 bonnes pincées de noix de muscade râpée. Incorporez ensuite les blancs d'œufs un par un, jusqu'à obtenir une sorte de pâte à consistance lisse et homogène. Entreposez cette préparation au réfrigérateur durant 1 heure.

2. Au bout de ce temps, incorporez-y un tiers de la crème fraîche. Mixez rapidement en recommençant l'opération à deux reprises, jusqu'à ce que toute la crème ait été incorporée. Remettez au frais.

3. Préparez une béchamel avec 50 g de beurre, la farine et le lait. En fouettant, incorporez à cette sauce, hors du feu, la crème fleurette et le beurre d'écrevisses. Réservez.

4. Remplissez une grande casserole d'eau (2 litres environ) et faites-la bouillir. À l'aide de deux cuillères à soupe, moulez la préparation en quenelles et faites-les glisser délicatement dans l'eau bouillante. Laissez-les pocher environ 12 à 15 minutes maximum, puis retirez-les à l'aide d'une écumoire et déposez-les sur un torchon propre.

5. Beurrez un plat à gratin et versez-y la moitié de la sauce au beurre d'écrevisses. Disposez par-dessus les quenelles de brochet et recouvrez-les du reste de sauce.

6. Enfournez à 180 °C (th.6) pour 12 minutes environ. Servez très chaud.

Les fêtes de Bayonne

LE PAYS BASQUE
UN TERROIR DE CONFLUENCES GOURMANDES

Située entre le nord de l'Espagne et le sud-ouest de la France, cette région mélange à merveille les influences océaniques et terrestres qui ont façonné sa cuisine depuis la découverte du Nouveau Monde jusqu'aux traditions empruntées à l'autre versant des Pyrénées.

LA RENAISSANCE DU MAÏS GRAND ROUX

C'est dans la vallée de la Nive, rivière unissant la côte et les terres de l'intérieur, que le maïs, fraîchement rapporté du Nouveau Monde, aurait été planté pour la première fois en Europe, en 1523.

Cette variété robuste, dotée de grands épis aux nuances variées, du jaune orangé au rouge intense, résiste bien à la sécheresse et n'a pas grand-chose en commun avec le maïs du pays de l'oncle Sam. On en nourrit les poules et le bétail, mais sa farine occupe aussi une place importante dans l'alimentation humaine. Dans les années 1950, des variétés hybrides et OGM le chassent littéralement de son territoire d'origine, le Pays basque nord. Sans un passionné de variétés anciennes et l'aide inattendue d'un monastère de franciscains qui utilisaient ses tiges comme tuteurs pour des haricots rouges grimpants dans la partie sud du Pays basque, le Grand Roux aurait bel et bien disparu !

Traditionnellement, on en fait des taloas, c'est-à-dire des galettes composées de farine de maïs, de sel et d'eau, garnies de fromage de brebis et de ventrèche de cochon, délicieuses et populaires. Ses grains, plus durs que ceux du maïs, s'utilisent en polenta, dans des gâteaux ou dans des pâtes à tartes.

LES DÉLICES DU PORC KINTOA

AOP (appellation d'origine protégée) depuis 2017, cette race rustique, encore appelée « pie noire du Pays basque », a, elle aussi, manqué de disparaître, dans les années 1980. Robe bicolore noire et blanche, tête et arrière-train noirs et longues oreilles, le Kintoa se nourrit pendant sept mois minimum de glands, de châtaignes, d'herbes, de racines et de céréales. Son nom, littéralement « pays Quint » en français, remonte au royaume de Navarre : au Moyen Âge, une taxe, le droit de « glandage » ou de « quinta », était perçue par les rois de Navarre pour autoriser les porcs conduits dans leurs forêts à se nourrir de glands.

Le jambon fabriqué à partir de cet animal a décroché lui aussi une AOP, en 2019. Salé au sel de Salies-de-Béarn, séché et affiné dans le séchoir naturel de la vallée des Aldudes, située entre Bayonne et Pampelune au pied des Pyrénées, il possède un goût puissant dû à sa chair fondante et persillée.

LE FLAMBOYANT PIMENT D'ESPELETTE

Emblème local, quasiment suspendu à toutes les façades, le piment d'Espelette, introduit au début du XVIe siècle sur les terres basques par un marin, a immédiatement servi à remplacer le poivre, trop cher, dans les salaisons et les cochonnailles, pour la conservation et pour relever le goût. Séchés au soleil sur des cordes devant les fermes, les piments étaient passés au four à pain pour être plus facilement réduits en poudre.

Épice 100 % française, dotée d'une AOP depuis 2009, l'or rouge du Pays basque pousse sur 10 communes. Sa variété, appelée « Gorria », prospère dans la zone de l'appellation, au microclimat exceptionnel. Son piquant, d'une puissance 4 sur l'échelle de Scoville (échelle de mesure de la force des piments), n'« arrache » pas, mais donne de la couleur et parfume.

LE TENDRE FROMAGE DE BREBIS OSSAU-IRATY

Consommé depuis plus de deux siècles et demi, ce fromage à pâte pressée non cuite, à la texture ferme et souple et aux notes fruitées n'est connu sous ce nom que depuis 1980, date de la création de l'AOC (appellation d'origine contrôlée). Longtemps vendu aux producteurs de Roquefort, le lait de brebis produit dans les Pyrénées trouve un nouveau débouché quand le cahier des charges de l'appellation « Roquefort » devient plus strict. Son nom est un hommage à deux provinces voisines, l'Ossau en Béarn et l'Iraty au Pays basque, où les bergers ont perpétué la tradition de la fabrication du fromage. Les races basco-béarnaises et Manech tête noire donnent leur typicité au lait qui sert à sa fabrication, mais son histoire est aussi indissociable de la transhumance, ces déplacements de troupeaux entre montagnes et vallées qui rythment les saisons. Traditionnellement, l'ossau-iraty se déguste accompagné de confiture de cerises noires d'Itxassou (voir p. 263).

L'ANECDOTE : LA CHASSE À LA BALEINE

Au XIIIe siècle, la capture du monstre marin représentait un trésor pour la population : avec l'huile tirée de la fonte des graisses de l'animal, on fabriquait du savon, on remplissait les lampes et on imperméabilisait les bois des maisons et des bateaux. Les os, eux, servaient de clôture pour les jardins. La chair, bon marché et utilisée en remplacement de la viande en période de carême, n'était pas aussi recherchée que la langue : celle-ci, grosse comme un éléphant selon les chroniqueurs de l'époque, était un mets particulièrement apprécié par les évêques de Bayonne, pour lesquels on en réservait une partie. Le lard, ou « craspois », était salé et servait d'accompagnement à de nombreuses recettes. Le commerce issu de la baleine était si lucratif que les Basques n'ont pas hésité à s'aventurer jusqu'en Norvège, en Islande, et même dans les eaux glacées de Terre-Neuve-et-Labrador.

LE SAVOIR-FAIRE CHOCOLATIER DES JUIFS DE BAYONNE

Quand les Rois Catholiques Isabelle de Castille et Ferdinand II d'Aragon expulsent par décret les Juifs séfarades de leur royaume, le 31 mars 1492, beaucoup d'entre eux se réfugient au Portugal, puis en France, aux Pays-Bas et en Angleterre. Installés à Saint-Esprit, un faubourg séparé de Bayonne par l'Adour, ils vivent pour la plupart du commerce du cacao : reliés à des membres de leur communauté, qui procèdent à l'envoi de cargaisons depuis les côtes du Venezuela, ces Juifs « portugais » maîtrisent à la fois l'approvisionnement en fèves, les outils indispensables au travail de la pâte de cacao ainsi que le savoir-faire. Véritables « faiseurs de chocolat », ces artisans se déplacent dans les épiceries ou chez les membres de la bourgeoisie locale pour fabriquer la pâte de cacao qui, mélangée à de l'eau ou du lait, donnera une délicieuse boisson. Chacun possède « sa » recette secrète, agrémentée de sucre et de différentes épices.

Au fil du temps, le savoir-faire se transmet à des apprentis qui ne partagent pas les mêmes croyances. Au cours du XIXe siècle et au début du xxe siècle, l'art de la transformation des fèves se répand dans tout le Pays basque, même si Bayonne demeure LA ville du chocolat, grâce à la réputation et au nombre de ses chocolatiers. Aujourd'hui encore, ils ne sont pas moins d'une dizaine, pour une ville d'un peu plus de 50 000 habitants !

LA CERISE NOIRE ET JUTEUSE D'ITXASSOU

Cultivées depuis le XVIIIe siècle au moins, huit délicieuses variétés, dont trois anciennes, comme la Peloa (très foncée, presque noire, consommée principalement en confiture), la Xapata (jaune orangée, acidulée) et la Beltxa (petite et noire, dégustée essentiellement en confiture), font ployer les branches des cerisiers de la région.

Jusqu'aux années 1960, la production était particulièrement élevée : entre 60 et 300 tonnes annuelles. Le succès de variétés en provenance de pays méditerranéens, comme l'Espagne, a fait dangereusement chuter sa production. Heureusement, dès le milieu des années 1990, un collectif de producteurs s'est mobilisé pour sauvegarder et relancer la cerise d'Itxassou. Un verger conservatoire, également lieu d'expérimentation de variétés nouvelles, a été créé en 2008 et permet de découvrir l'histoire de ce fruit unique. Une grande fête des Cerises accueille les amateurs chaque premier week-end de juin dans la commune.

La recette historique

LE TALOA

Appelée aussi « sandwich du berger », cette galette de maïs traditionnelle est la vedette des fêtes de village au Pays basque.

Ingrédients :

- 400 g de farine de maïs Grand Roux
- 200 g de farine de blé
- 300 ml d'eau tiède
- huile
- sel

1. Mélangez dans un grand saladier la farine de maïs avec la farine de blé. Salez. Arrosez d'eau tiède.
2. Pétrissez avec les mains de façon à obtenir une pâte homogène. Formez une boule et laissez reposer sous un torchon propre.
3. Divisez ensuite la pâte en plusieurs morceaux de taille égale. Étalez chacun d'eux à l'aide d'un rouleau sur un plan de travail fariné, pour obtenir des galettes d'environ 5 mm d'épaisseur.
4. Mettez-les à cuire 3 minutes environ sur un appareil à plancha légèrement huilé. Retournez-les et garnissez-les de fromage, de ventrèche plate, de piments... Dégustez chaud.

Saint-Jean-de-Luz

LE PÉRIGORD

Les saveurs marquées de l'ail, de la noix, de la truffe, de la graisse d'oie et de tous les dérivés du canard font de cette région résolument touristique le symbole d'une cuisine digne d'un pays de cocagne, entre opulence des beaux produits et recettes d'exception.

LE TOURIN, LA VERSION PÉRIGOURDINE DE LA SOUPE À L'OIGNON

En Périgord, on adore la soupe ! Et en particulier, cette soupe à l'ail et à la graisse d'oie, dite « blanchie » parce qu'elle est liée avec de la farine et des jaunes d'œufs. Traditionnellement servi aux jeunes mariés, le soir ou la nuit de leurs noces dans une soupière fumante, saupoudré d'une grande quantité de poivre, le tourin permet aussi de sortir de leur torpeur tous ceux qu'une soirée bien arrosée a laissés endormis !

LA MIQUE, PAIN DE LA SOUPE

Cette boule de pâte, composée de farine de maïs et de froment, pétrie avec du saindoux ou de la graisse d'oie, du sel et de l'eau tiède, est pochée dans du bouillon. Elle sert de pain pour « tremper » différents types de soupes, comme celles du pot-au-feu, de la poule au pot ou au chou. Les restes de mique refroidis sont traditionnellement coupés en tranches et rissolés dans de la graisse d'oie, puis servis en guise d'entrée, pour accompagner une salade et un morceau de lard grillé.

LA PÊCHE AU FIL DE LA DORDOGNE

De nombreux écrits et archives témoignent de la richesse de la rivière en saumons ainsi qu'en truites, brochets, barbeaux, gardons et carpes. Elle est aujourd'hui encore très poissonneuse. Des espèces migratrices très prisées, telles que la lamproie, l'alose et l'anguille, sont également présentes. À la fin des années 1970, des échelles et des ascenseurs à poissons, destinés à les aider à remonter la Dordogne, ont été mis en place sur les barrages.

Actuellement classée rivière verte, la Dordogne est l'une des plus propres d'Europe. De nombreuses espèces de poissons y prolifèrent, dont la fameuse truite fario, de la famille des salmonidés : certains spécimens peuvent atteindre 80 centimètres à l'âge adulte ! Elle est souvent servie grillée, accompagnée d'une fricassée de cèpes, ou marinée dans du vin blanc et des aromates.

L'AMOUR DU (BON) GRAS

Nourries durant des siècles de millet, d'avoine, d'orge et de sarrasin, les volailles du Sud-Ouest prennent un nouvel essor grâce à l'introduction du maïs, une céréale particulièrement adaptée au gavage.

Le XIXe siècle marque une période importante pour la production de foie gras en Périgord. L'invention de la boîte de conserve par Nicolas Appert au début du XIXe siècle permet de conserver le foie gras plus longtemps ainsi que de l'exporter plus facilement. Dès les années 1830, le foie gras périgourdin est expédié jusqu'en Inde, preuve de son rayonnement international !

Au XXe siècle, la production de foie gras local se modernise tout en restant fidèle aux méthodes traditionnelles. La création de l'indication géographique protégée (IGP), en 2000, permet de garantir la qualité et l'authenticité du foie gras produit dans cette région.

Aujourd'hui, la production de foie gras en Périgord combine savoir-faire ancestral et innovations modernes. Les techniques de gavage manuel ou mécanique respectent des protocoles stricts pour le bien-être animal et la qualité du produit final. Les marchés locaux, comme ceux de Sarlat et Périgueux, sont des lieux emblématiques où le foie gras du Périgord est célébré et dégusté par des visiteurs du monde entier.

UNE CÉRÉALE DE PREMIER PLAN, LE MAÏS

Originaire des Amériques, le maïs est introduit en Europe par le biais de Séville à la fin du XVIe siècle. De là, il remonte progressivement vers le nord, franchissant les Pyrénées et se diffusant dans le Béarn avant d'atteindre le sud de la France et de se répandre vers l'est et le nord-est, aidé par le colportage des graines et le transport fluvial.

Présent dès le milieu du XIXe siècle en Périgord, sous le nom de « bla spagno » ou « blé d'Espagne », il est l'ingrédient principal du millassou, un gâteau simple et économique à base de graisse d'oie, d'eau et de sel, frit à la poêle, mais est aussi employé pour le gavage des volailles grasses telles que les canards et les oies.

Ancien plat emblématique du Périgord à base de maïs, la pou est une bouillie de farine de maïs proche de la polenta italienne. Ce mot dérive du latin *pulmentum* signifiant « bouillie ». Aliment de base pour les paysans, la pou était consommée de différentes manières : crémeuse et sucrée en dessert, ou ferme et grillée en tranches salées accompagnées de salade.

LA NOIX

Les variétés traditionnelles cultivées en Périgord sont la Corne, la Marbot, la Lalande, la Grandjean et la Franquette, cette dernière ayant été introduite depuis le Dauphiné en 1957. Le noyer, particulièrement adapté aux sols argilocalcaires de la région, est présent dans plus de cinq cents communes, grâce à l'AOP (appellation d'origine protégée) obtenue en 2004.

Pendant des siècles, la vallée de la Dordogne a prospéré grâce à la production d'huile de noix, avec un commerce florissant dès le XVIIe siècle vers l'Angleterre, la Hollande et l'Allemagne via Bordeaux. Utilisée pour la cuisine, elle servait aussi pour l'éclairage, la peinture ou encore les produits d'hygiène.

Entre 1850 et 1860, des négociants bordelais se lancent dans le commerce de noix en coque, avec des exportations en direction de l'Aquitaine, mais aussi de la Grande-Bretagne et des États-Unis. Sévèrement touchée par la vague de froid de 1870 et la crise du phylloxéra, la région de Sarlat, alors réputée pour sa filière de variété à coque tendre, est contrainte de se reconvertir dans la culture du tabac.

Entre les deux guerres mondiales, le commerce des noix décortiquées revitalise l'économie de Sarlat. À partir des années 1960, la production de noix redémarre véritablement en Périgord grâce à une mobilisation qui permet de créer de nouvelles noyeraies basées sur des variétés traditionnelles.

Une Route de la Noix, incluant des étapes chez des producteurs locaux, d'anciens moulins à huile et des musées dédiés à l'histoire et à la culture de ce fruit, permet actuellement aux visiteurs de découvrir ce patrimoine incontournable.

L'ANECDOTE :
LA TRUFFE, DIAMANT NOIR DU PÉRIGORD

Dès le XVIIIe siècle, les encyclopédistes Diderot et d'Alembert affirment qu'elle est la meilleure de toutes. Auparavant, les truffes du Dauphiné, de la Provence et de la Bourgogne ont les faveurs des aristocrates. Mais c'est à partir du siècle suivant que sa production et son commerce se développent, contribuant à la renommée de la région.

> *On peut dire que la gloire de la truffe est à son apogée. On n'ose pas dire qu'on s'est trouvé à un repas où il n'y aurait pas eu une pièce truffée… Une entrée se présente mal si elle n'est pas enrichie de truffes… Bref, la truffe est le diamant noir de la cuisine.*
>
> — Brillat-Savarin, *Physiologie du goût*, 1825.

Dix ans plus tard, une enquête diligentée par le préfet Auguste Romieu se penche sur la trufficulture et met en évidence l'importance du potentiel régional, surtout localisé autour de Sarlat. La truffe est présente en abondance, partout où poussent des chênes, et jusque dans les ruines des vieilles maisons. Les recettes s'en ressentent, qui recommandent des quantités astronomiques pour farcir une volaille !

À la fin du siècle, les vignes ravagées et abandonnées suite à la crise du phylloxéra, laissent le champ libre à la culture de la truffe. De nombreux viticulteurs décident de se reconvertir et plantent des chênes truffiers en masse. Cette période est l'âge d'or de la truffe : peu avant la Première Guerre mondiale, la région Périgord-Quercy en aurait commercialisé 280 tonnes, avec une moyenne de 150 tonnes annuelles rien que pour la Dordogne !

Le manque de main-d'œuvre disponible durant le conflit, l'abandon progressif des truffières et les ravages occasionnés par des chenilles manquent de faire disparaître la production locale qui chute drastiquement. En 1964, une relance de la filière, initiée par l'industriel et milliardaire périgourdin Sylvain Floirat, marque un tournant décisif. Quelques années plus tard, les chercheurs de l'INRA réussissent à introduire des plants truffiers mycorhizés, c'est-à-dire des chênes dans les racines desquels on a inoculé des spores de truffes. Depuis, des centaines d'hectares sont plantés chaque année, et la production périgourdine oscille en moyenne entre 4 et 9 tonnes par an.

La recette historique

LE POULET AU VERJUS

Très présent autrefois dans la cuisine périgourdine, qu'il s'agisse de celle des nobles ou des plus humbles paysans, ce jus extrait de raisins cueillis encore verts intervenait dans de nombreux plats, où il remplaçait le citron, encore confidentiel ou trop cher. Pilier de la cuisine médiévale, il est longtemps resté en usage en Périgord, sous le nom de « vergeu », et toutes les fermes en possédaient au moins une parcelle.

Ingrédients (pour 4 p.) :

- 1 gros poulet vidé et découpé en morceaux
- 2 oignons jaunes
- 2 gousses d'ail
- 1 petite grappe de raisins verts
- 100 g de champignons de Paris
- 2 grosses c. à s. de graisse d'oie ou de canard
- 45 cl de verjus
- 30 g de beurre
- 2 c. à s. de persil haché
- sel et poivre du moulin

PRÉPARATION : 20 MIN | CUISSON : 40 MIN

1. Épluchez les oignons et hachez-les très fin. Épluchez les gousses d'ail, dégermez-les et coupez-les en fines lamelles. Égrenez les raisins, lavez-les et épongez-les. Nettoyez, épluchez et hachez les champignons de Paris.

2. Mettez la graisse d'oie ou de canard dans une cocotte, faites-la chauffer et ajoutez les oignons. Laissez-les blondir. Faites ensuite dorer les morceaux de poulet sur toutes leurs faces pendant 5 ou 6 minutes.

3. Ajoutez dans la cocotte les champignons, les grains de raisin et l'ail et mélangez bien. Salez, poivrez. Versez alors le verjus, couvrez et baissez le feu. Laissez cuire 30 minutes en retournant régulièrement les morceaux de poulet.

4. Déposez les morceaux dans un plat creux. Ajoutez dans la cocotte 30 g de beurre et battez au fouet à main sur feu doux pour épaissir la sauce. Versez-la sur les morceaux de poulet. Saupoudrez de persil haché et servez.

Vallée de la Dordogne

La Baie de Somme

LA PICARDIE
ET SES TRÉSORS MARAÎCHERS

Terre fertile, depuis ses grandes plaines céréalières aux rivages de la baie de Somme, en passant par les célèbres hortillonnages d'Amiens ou les étangs de la Haute-Somme, la Picardie offre une gamme de produits régionaux aussi variés que sa cuisine.

LE BERCEAU DE PARMENTIER ET DES CHAMPS DE PATATES

Né à Montdidier, dans la Somme, en 1737, au sein d'une famille bourgeoise, Antoine Augustin Parmentier décide très jeune de devenir pharmacien. À Hanovre, où il est fait prisonnier durant la guerre de Sept Ans, il découvre les vertus nutritives de la pomme de terre. De terribles famines ravagent la France en 1769 et 1770. Nommé entre-temps apothicaire de la pharmacie des Invalides, Parmentier entreprend des recherches sur le fameux tubercule. Il veut à tout prix démontrer qu'il peut remplacer le blé pour confectionner du pain en période de crise alimentaire.

PARMENTIER ET LOUIS XVI DANS LA PLAINE DES SABLONS
(Tableau de GERVEX, dans la salle des Fêtes de l'Hôtel de Ville de Neuilly-sur-Seine).

Soupçonnée de provoquer la lèpre, la pomme de terre inspire la méfiance. Grâce à Parmentier, à ses travaux ainsi qu'à son combat pour la faire accepter et consommer par le plus grand nombre, la Faculté de Paris la déclare enfin propre à la consommation pour les individus. Sa culture, après des tests réussis dans la plaine des Sablons sur l'emplacement actuel de la ville de Neuilly, en région parisienne, démarre rapidement sur la terre natale de Parmentier, dès la fin du XIXe siècle. Le climat des terres picardes, aux sols fertiles, convient parfaitement au tubercule. Aujourd'hui encore, la Picardie est la région de prédilection de nombreuses variétés, comme la Pompadour (Label rouge), la Juliette de la baie de Somme, la ratte ou encore la pomme de terre bleue appelée « vitelotte », toutes plébiscitées par les plus grands chefs.

DÉLICIEUX BISTEU

Tourte ou pâté, selon les versions, le bisteu, né dans les fermes picardes, est une entrée si robuste qu'elle peut faire office de plat, accompagnée ou non d'une salade : à l'intérieur de deux disques de pâte brisée, se trouvent des rondelles de pommes de terre à chair ferme, des oignons émincés, de la poitrine de porc détaillée en lardons, de la crème fraîche épaisse, du sel et du poivre. Le mot *bisteu* provient du patois picard qui désigne le « pain bis », ce pain confectionné avec de la farine bise ou semi-complète, premier ingrédient de la fameuse tourte avant son remplacement par la pomme de terre ! À propos de remplacement d'un ingrédient par un autre, à Saint-Valery-sur-Somme, les moules se substituent au lard ; le plat se nomme alors « bigalan ».

L'ANECDOTE : UNE CRÊPE NOMMÉE "FICELLE"

En avril 1955, à l'occasion d'un concours organisé dans la foire-exposition locale, le chef Marcel Lefebvre, patron de l'hôtel-restaurant du « Commerce » situé à l'angle des rues des Jacobins et Lamarck à Amiens, se lance dans la création d'une recette. Il s'inspire librement de celle de la duxelles de champignons du cuisinier La Varenne, auteur au XVIIe siècle du célèbre ouvrage de référence *le Cuisinier françois*, et garnit une crêpe fine de cette préparation, de quelques échalotes finement émincées, de crème fraîche, d'un peu de vin blanc et de gruyère râpé. La « ficelle », ouverte à ses deux extrémités et roulée serré, est ensuite cuite au four dans un plat beurré. Son succès est tel qu'elle est devenue un des plats emblématiques de la région !

UN MACARON AU DOUX PARFUM D'AMANDE

Comme souvent, les historiens n'arrivent pas à s'accorder à propos de son origine : a-t-il été introduit en France au XVIe siècle grâce à l'Italienne Catherine de Médicis, ou inventé au siècle suivant par la Maison Degand, institution amiénoise aujourd'hui disparue ? Nul ne le sait, mais cela n'empêche pas le macaron d'Amiens de faire l'unanimité ! Sa texture, semblable à celle d'un biscuit moelleux aux amandes, se pare d'une croûte croquante. Du miel et de la marmelade d'abricots viennent adoucir la recette.

Ceux de la Maison Trogneux, la plus réputée d'Amiens, sont parfumés d'huile d'amande douce et d'amandes amères. Leur recette, inchangée depuis 1872, utilise des amandes de la variété Valencia, rapportées en France par les Conquistadors espagnols et réputées comme les meilleures du monde.

L'INCOMPARABLE PÂTÉ DE CANARD D'AMIENS

Ancienne région marécageuse, la ville a fait du canard qui peuplait autrefois ses marais l'ingrédient principal d'un célèbre pâté.

Au XVIe siècle, des plats appelés « annates » sont fabriqués par les « pastichiers », les ancêtres des pâtissiers, chargés entre autres de la confection des pâtés. Ce drôle de mot, « annates », vient du latin *anas*, qui signifie « canard ».

Un canard entier est piqué de lard, puis farci d'un mélange de veau, de porc et de bœuf, relevé de sel, poivre, épices, persil et ciboule. Le tout est lié avec des œufs, puis recouvert de farce et d'une barde de lard, avant d'être enveloppé de pâte et cuit au four. À certaines époques, du foie gras, des truffes ou encore des filets garnissent l'intérieur du canard, désossé la plupart du temps, de façon à faciliter la découpe et le service du pâté. C'est dans le *Traité historique et pratique de la cuisine ou le cuisinier instruit* de Menon qu'apparaît pour la première fois sa recette, en 1758.

LE SAVOIR-FAIRE DES HORTILLONS

L'ensemble de marais et d'îlots situé en amont de la ville d'Amiens est réputé pour la fertilité de sa terre dès l'époque gallo-romaine. Les hortillons, c'est-à-dire les maraîchers, y produisent de nombreuses variétés de légumes, sur un total de 1 500 hectares au Moyen Âge. Une légende tenace prétend même que la cathédrale aurait été bâtie en 1220 sur d'anciens champs d'artichauts offerts par un couple de cultivateurs à la foi chevillée au corps.

Ces anciennes zones marécageuses sont accessibles grâce à des canaux navigables appelés « rieux ». Des barques à cornet, c'est-à-dire à fond plat et aux extrémités relevées, permettent d'accoster aux parcelles sans les endommager. Elles servent aussi à transporter des outils pour le travail de la terre et les légumes récoltés par les hortillons. Rassemblés en communauté, ces derniers forment, durant des siècles, de véritables dynasties, car on devient hortillon de père en fils. À leur tête, un chef élu, épaulé par des « capitaines » et des « lieutenants ». La statue de saint Fiacre, patron des jardiniers et des horticulteurs, est depuis des décennies exhibée chaque année au mois d'août à l'occasion d'une procession.

Au XIXe siècle, leurs productions maraîchères s'exportent jusqu'à Londres. Mais un siècle plus tard, au cours des années 1970, les importations de légumes concurrencent sans pitié le travail des hortillons. Leur activité décline alors de façon irréversible.

Aujourd'hui, seuls 300 hectares d'hortillonnages subsistent. 30 d'entre eux seulement sont consacrés à la culture maraîchère, et les dizaines de kilomètres de canaux de « la petite Venise du Nord » se visitent à bord des embarcations traditionnelles. Les légumes des hortillons sont vendus en ville chaque semaine, dans le quartier Saint-Leu.

La recette historique

LE GÂTEAU BATTU

Cette recette est inspirée de celle de la confrérie du Gâteau battu.

Ingrédients :

- 500 g de farine
- 20 g de levure de boulanger
- 10 cl d'eau tiède
- 6 œufs
- 12 g de sel
- 100 g de sucre
- 400 g de beurre

1. Dans un grand saladier, versez la farine et formez un puits. Ajoutez dedans la levure de boulanger délayée avec l'eau tiède, puis les œufs entiers et le sel. Mélangez le tout à la main.

2. Incorporez progressivement le sucre. Pétrissez à la main 15 minutes, puis ajoutez le beurre ramolli à température ambiante. Travaillez de nouveau 15 minutes, jusqu'à ce que la pâte se décolle des parois. Laissez reposer une nuit, couvert d'un linge propre.

3. Rabattez la pâte et versez-la dans le moule à gâteau battu (cylindrique, haut et à bords cannelés), beurré au préalable. Couvrez de nouveau avec un linge, légèrement humidifié pour empêcher la pâte de « croûter ». Laissez lever 2 heures environ dans un endroit tiède jusqu'à 2 cm des bords.

4. Enfournez 30 minutes à 150 °C (th. 5). Piquez le gâteau avec une aiguille pour en vérifier la cuisson ; elle doit ressortir sèche.

Vieille ville d'Amiens

Poitiers

LES DÉLICES RUSTIQUES DU POITOU

Pays aux reliefs contrastés, mélange de bocages, de plateau calcaire et de marais, le deuxième en termes de superficie après la Camargue, le Poitou surprend par la finesse de ses spécialités aux allures rustiques.

LES VERDURES DU FARCI POITEVIN

Composé d'oseille, de laitue, de blettes, de poireaux, d'œufs, d'oignons et parfois de poitrine de porc, ce pâté de légumes et d'herbes se déguste en entrée ou en plat principal, chaud ou froid. Le tout est haché, épicé et mis à bouillir à petit feu, après avoir été enveloppé de feuilles de chou. De la lenteur de sa cuisson dépend, paraît-il, sa réussite. L'esthétique du farci, souvent approximative, est moins aboutie que sa saveur. Ce « plat du pauvre », emblématique des fêtes campagnardes et de toutes les grandes occasions, est également connu sous le nom de « far » dans certains villages de la région, ainsi qu'en Vendée. On le confectionnait autrefois en recyclant les restes de légumes puisés dans les jardins potagers et les réserves. Sa commercialisation n'a débuté qu'il y a une cinquantaine d'années.

LE MOELLEUX DU CHABICHOU

Fabriqué à base de lait de chèvre, ce petit fromage possède une forme conique caractéristique, appelée « bonde ». AOP (appellation d'origine protégée) depuis 1996, le chabichou est produit sur une zone qui couvre une partie des départements de la Vienne, des Deux-Sèvres et du nord de la Charente. Historiquement, le Poitou « haut calcaire », comme on l'appelle, est une terre d'élevage pour la chèvre. Moulé à la main, égoutté et affiné pendant un minimum de dix jours, ce fromage dissimule sous sa croûte blanche une pâte fondante et légèrement salée. Frais, demi-sec, sec ou très sec, il se laisse déguster avec bonheur à tous les stades de son affinage qui peut aller jusqu'à huit semaines.

L'ÉTONNANTE SAUCE AUX LUMAS

Le « luma » est le nom de l'escargot petit-gris de l'Aunis et du Poitou. En Angoumois et en Saintonge, le gastéropode est appelé « cagouille ». La sauce aux lumas consiste à faire jeûner des escargots, les laver et les décoquiller, puis à les faire cuire avec de l'échalote ciselée, des petits lardons, de l'ail, et enfin à y ajouter du persil plat haché, du bon vin rouge et du bouillon de volaille bien relevé. On lie la sauce avec de la mie de pain ou de la chapelure, on rectifie l'assaisonnement et on cuit le tout environ 45 minutes à couvert. Certains, comme les membres de la confrérie des Mangeux de lumas, fondée en 1972, recommandent même d'y ajouter un bon verre de cognac ! « La sauce aux lumas » est aussi le nom d'une chanson célèbre, écrite en patois régional par Yves Rabault, dit « le barde poitevin » (le barde est un poète-chanteur), en 1940.

LE RÉCONFORTANT MIGET

Cette soupe au vin rouge est en réalité une sorte de dessert, longtemps populaire dans les campagnes poitevines. Composée de pain rassis coupé en dés, de morceaux de sucre et de vin de pays allongé d'eau, la mixture est gardée au frais avant d'être consommée. Une variante, la « rôtie poitevine », est confectionnée avec du pain grillé, bouilli dans une casserole avec du vin rouge, de l'eau, du sel et du sucre, durant une heure. Le mélange est ensuite passé au chinois et servi très chaud, parfois avec des mojettes (haricots blancs).

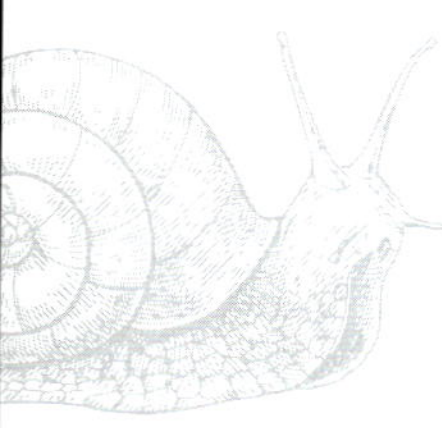

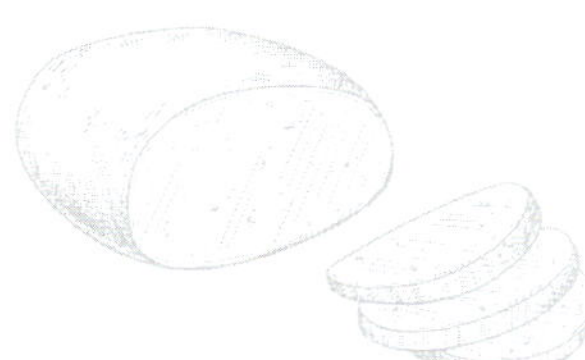

« Si tu savais comme tu es mignonne, quand tu me fais de la sauce au lumas.

— Yves Rabault

L'IRRÉSISTIBLE BROYÉ DU POITOU

Ce gâteau sec et croustillant, à la texture semblable à celle d'un sablé, tient son nom du geste qui accompagne son partage : la tradition, héritée du XIXe siècle, veut qu'il ne se découpe pas, mais qu'il se casse d'un seul coup de poing !

Consommé lors de fêtes familiales comme des mariages ou des communions, ou à l'occasion d'offices religieux, le gâteau ainsi « broyé » devenait facilement transportable. Il est composé de sucre, de farine, de sel, de beurre et d'œufs. Facile à réaliser, il s'étale comme une galette dans un moule à tarte ou sur une plaque allant au four, puis est décoré de rayures ou de croisillons tracés avec la pointe d'un couteau.

Une confrérie dédiée à sa défense et à sa promotion a vu le jour en 2004 : celle de l'ordre des Chevaliers de la Grand' Goule.

LES PARFUMS DE L'ANGÉLIQUE DE NIORT

Surnommée « l'herbe aux anges » dans les Deux-Sèvres, cette plante qui s'épanouit dans le marais, tête au soleil et pieds dans l'eau, se dégustait autrefois au goûter accompagnée d'une simple tartine. Originaire d'Europe du Nord, c'est par la porte des couvents et des monastères qu'elle débarque en France. Une légende, tenace, veut que l'archange Gabriel en personne ait dévoilé ses vertus à un ermite. Dès le XVIIe siècle, des religieuses, les Petites Sœurs de Niort, la cultivent pour se protéger de la peste, guérir les fièvres et favoriser la chasteté. Si on ignore toujours qui a eu l'idée géniale de confire ces longues tiges vertes, devenues craquantes et fondantes grâce à l'action du sucre, une chose est sûre : la réputation de l'angélique confite de Niort est déjà bien connue avant la Révolution française. Un temps concurrencée par celle de Châteaubriant, en Loire-Atlantique, elle demeure une des fiertés de la ville de Niort grâce au savoir-faire de ses confiseurs. Sa couleur, d'un beau vert émeraude, et son parfum délicat attirent les pâtissiers qui l'utilisent dans un grand nombre de préparations, à commencer par le traditionnel cake aux fruits confits. En confitures, crèmes glacées ou liqueurs, confectionnées à partir de ses tiges, elle séduit aussi les gourmands.

L'ANECDOTE : LE POITOU, BERCEAU DU LIÈVRE À LA ROYALE

Ce sommet de la gastronomie française, objet de toutes les attentions pour les chefs qui s'y frottent, est né dans le Poitou, dès le XVe siècle. Un ouvrage paru en 1755, intitulé *Les Soupers de la Cour* et signé Menon, le mentionne. Mais la recette prend un tour inattendu vers la fin du XIXe siècle quand les gourmets parisiens la redécouvrent. Un membre de l'Académie des gastronomes témoigne : « Le sénateur Couteaux, plus connu des habitués du boulevard sous le nom de "Papa Couteaux", était une des plus fines gueules que j'ai rencontrées dans ma carrière. Tous les matins, il déjeunait au "Grand U", que dirigeait un fort brave homme, fin directeur de cuisine, le père Doin. Couteaux nous lisait la lettre que chaque matin lui écrivait son fermier qui le tenait au courant heure par heure de tous les événements qui survenaient dans ses fermes (de la Vienne). Un jour, le fermier ajouta en P-S à sa lettre quotidienne : "Comme il y a beaucoup de lièvres dans la brande, mon fils en a tué un et nous l'avons mangé en famille, suivant la recette de Madame votre mère, à la royale." Un des habitués du "Grand U" dit à Papa Couteaux : "Et maintenant, il ne te reste plus qu'à nous faire déguster un lièvre à la royale." Le lundi suivant (décembre 1895), dès potron-minet, Couteaux était dans la cuisine du "Grand U". La brillante assemblée émerveillée de la splendeur du plat lui fit un triomphe. Sa recette parut dans *Le Temps* du 29 novembre 1898. »

LES SOUPERS
DE LA COUR,
OU
L'ART DE TRAVAILLER
TOUTES SORTES D'ALIMENS.
Pour servir les meilleures Tables, suivant les quatre saisons.
NOUVELLE EDITION.
TOME PREMIER.

La recette historique

LE TOURTEAU FROMAGER

Autrefois, chaque famille possédait ses moules à tourteau, marqués ou décorés, dont certains étaient fabriqués spécialement pour le vin d'honneur du mariage de la fille de la maison.

Ingrédients :

- 240 g de farine
- 90 g de beurre
- 250 g de fromage de chèvre frais
- 170 g de sucre
- 5 cl de lait
- 6 œufs
- 2 c. à s. de cognac
- 1 pincée de sel

1. Confectionnez une pâte brisée avec 180 g de farine, le beurre, la pincée de sel et un peu d'eau. Laissez reposer 2 heures. Étalez la pâte et garnissez un moule à manqué beurré.

2. Dans un saladier, fouettez le fromage de chèvre frais avec 120 g de sucre et le lait.

3. Séparez les blancs des jaunes. Battez les blancs en neige avec le sucre restant. Incorporez les jaunes à la préparation au fromage. Ajoutez la farine restante et le cognac. Ajoutez les blancs avec précaution et versez la préparation sur la pâte. Enfournez 20 minutes à 250 °C (th.8), puis baissez à 180 °C (th.8) et laissez cuire 20 minutes encore. Le gâteau doit présenter une croûte carbonisée, la marque du tourteau fromager.

Simiane-la-Rotonde

LA PROVENCE

Seule région de France où les herbes, les fruits et les légumes composent la base de l'alimentation, elle célèbre depuis toujours une cuisine antigaspi, en accord avec ses sols pauvres et sa situation géographique : coupée du reste de la France par les Alpes, elle a dû lutter contre les éléments et apprendre à tirer le maximum de profits de ses reliefs, jusqu'à l'avènement du chemin de fer et du tourisme.

LE PETIT ÉPEAUTRE, RUSTIQUE ET RÉSISTANT

Cette céréale, peu exigeante et suffisamment robuste pour pousser sur les sols pierreux, est actuellement produite dans quatre départements : la Drôme, les Alpes-de-Haute-Provence, les Hautes-Alpes et le Vaucluse. Si les premières traces de sa culture remontent au néolithique, c'est entre les XIVe et XVIe siècles qu'apparaissent les recettes qui lui permettent d'intégrer notre patrimoine culinaire, comme la fromentée ou le gruau, sortes de bouillies ou de soupes délayées dans du bouillon de viande ou de volaille, additionnées ou non d'œufs et d'épices.

Semé autrefois en novembre et récolté au mois de septembre de l'année suivante, le « riz des Alpes », comme on le surnommait, devait être décortiqué avant d'être consommé.

Tombé progressivement en déclin jusqu'aux environs du XXe siècle, où on lui préfère des variétés de blé plus rentables, il est de nouveau apprécié grâce à ses atouts nutritionnels. L'IGP (indication géographique protégée) Petit Épeautre de Haute-Provence, obtenue en 2009 pour son grain et en 2010 pour sa farine, est l'aboutissement d'années d'efforts et de luttes de la part d'un groupement de producteurs engagés à la fin des années 1990.

LES HERBES DE PROVENCE, ESSENCES DE BIEN-ÊTRE

Recommandées par les médecins grecs de l'Antiquité, au même titre que les épices, et tout aussi utilisées, les herbes sont cultivées et récoltées de longue date en Provence, dans les jardins familiaux ou dans ceux des couvents et des monastères. Chaque année, à la Saint-Jean, elles étaient cueillies puis rassemblées en bottes et mises à sécher dans les greniers. Employées en cuisine, mais aussi brûlées pour se protéger de la peste, jusqu'à la fin du XIXe siècle, elles servaient aussi à aromatiser les vins qui tournaient à l'aigre. On les ajoutait dans les marinades de viandes ou de gibiers pour leurs vertus bactéricides.

Chacune d'elles avait une utilisation bien précise : le romarin pour l'agneau et le mouton, le basilic pour la soupe au pistou et la tomate, la sauge pour la soupe de pommes de terre, l'aigo boulido et le porc, le thym (aussi appelé « farigoule ») pour le lapin, le bœuf et les grillades, la sarriette (surnommée « pèbre d'ase ») pour les fromages et les fèves fraîches, le fenouil pour le poisson, et ainsi de suite. En revanche, les mélanges n'existaient pas : cette invention est l'œuvre des industriels de la seconde moitié du XXe siècle !

L'INCONTOURNABLE TAPENADE

Cette spécialité originaire de Marseille est inventée en 1880 par le chef Meynier à La Maison Dorée, un des plus prestigieux restaurants de la Canebière. Utilisée à l'origine pour garnir des œufs durs, sur le même principe que les œufs mayonnaise, elle est composée d'olives noires écrasées, de câpres, d'anchois, de thon mariné, d'huile d'olive, d'ail et d'herbes de Provence. Le terme « tapenade » vient du mot provençal *tapenas*, qui signifie « câpres ».

Bien que la recette traditionnelle soit à base d'olives noires, il existe aujourd'hui plusieurs variantes, comme la tapenade verte, faite avec des olives vertes, et la tapenade rouge, qui inclut des tomates séchées.

LE BANON, AOP ET TRÉSOR DES ALPES-DE-HAUTE-PROVENCE

Traditionnellement fabriqué dans les fermes isolées autour du village du même nom, situé dans les montagnes de Haute-Provence, ce fromage de chèvre au lait cru a la forme d'un disque épais et un poids de 100 grammes. Il mûrit d'abord durant deux ou trois semaines, avant d'être enveloppé dans une feuille brune de châtaignier liée par un brin de raphia naturel. Il poursuit ensuite son affinage afin d'obtenir un goût plus affirmé, une texture crémeuse et une croûte aux reflets bleutés. Une très ancienne méthode, destinée à conserver les banons pour la saison hivernale, consistait à les placer dans des jarres en terre cuite, assaisonnés de thym, de poivre, de clous de girofle et de feuilles de laurier, le tout recouvert d'eau-de-vie ou d'huile d'olive.

L'ANECDOTE : L'AIGO BOULIDO, LA SOUPE DU PAUVRE

On dit qu'elle « sauve la vie »... Cette eau bouillie, parfumée d'ail, de sauge et d'huile d'olive, est le plus souvent accompagnée de croûtons de pain, eux-mêmes arrosés d'huile. Traditionnellement, elle était servie à l'occasion du « gros souper », le réveillon de Noël, ou le lendemain, ou encore pour le Nouvel An. Recette économique aux ingrédients accessibles, l'aigo boulido apporte les vertus digestives, antiseptiques et circulatoires de l'ail, ainsi que celles anti-inflammatoires, calmantes et également antiseptiques de la sauge. Un très vieux dicton affirme que celui qui possède de la sauge dans son jardin n'a pas besoin de médecin...

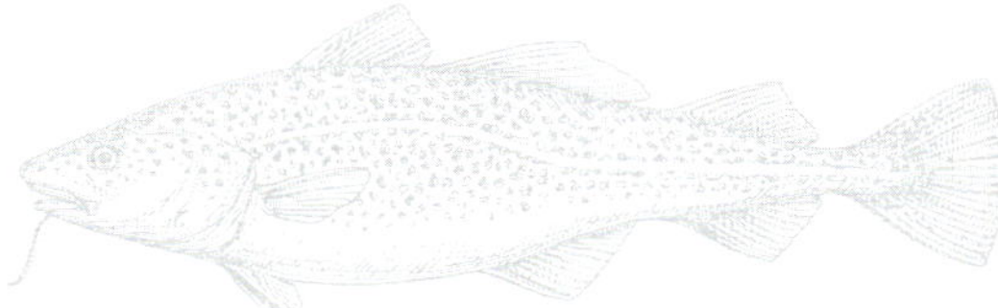

LES MÉTAMORPHOSES DE LA MORUE

Longtemps une des rares sources de protéines disponibles pour les habitants de l'intérieur des terres, elle se présentait séchée ou salée. La première se caractérisait par une teinte foncée, et l'autre, par un blanc immaculé recouvert de cristaux. Il semble que ce poisson ait été introduit en Provence par les Vikings, qui l'échangeaient contre de l'huile d'olive et du vin. Avant d'être utilisé il était mis à dessaler longuement, souvent dans le réservoir de la chasse d'eau des toilettes familiales !

Grand aïoli marseillais, stockfisch à la niçoise ou brandade nîmoise : ces trois modes de consommation de la morue coexistent en Provence. Le premier, très festif, associe ce poisson à des œufs durs, des escargots et différents légumes cuits à l'eau, et est bien entendu accompagné de la célèbre sauce à l'ail. Le stockfisch (de l'allemand *stock*, « bâton », et *fisch*, « poisson ») est, comme son nom l'indique, un morceau de morue raide comme du bois ! À Nice, on le met à dessaler avant de le cuisiner dans de l'huile d'olive avec des tomates, des oignons, de l'ail et des herbes aromatiques.

Enfin, la brandade, très populaire à Nîmes et à Sète, est une préparation crémeuse à souhait, où le poisson, longuement remué sur feu doux à l'aide d'une spatule en bois, est mélangé à de l'huile d'olive, de l'ail puis du lait ou de la crème, sans qu'une seule pomme de terre n'entre dans sa composition, contrairement aux idées reçues.

LE GIBASSIÉ, GALETTE PROVENÇALE

Cette sorte de galette, sèche et friable, et à la pâte non levée, est le plus souvent parfumée à l'anis et à la fleur d'oranger, même s'il existe de nombreuses variantes de la recette. L'huile d'olive est, dans tous les cas, très présente dans sa composition. Un réflexe antigaspillage serait à l'origine de ce gâteau : pour ne pas perdre une goutte d'huile d'olive, les mouliniers avaient l'habitude de saupoudrer de farine le fond des cuves vides ; on employait cette farine imbibée d'huile pour confectionner le gibassié.

Les bosses produites par la cuisson en surface du gâteau expliquent son nom : en provençal, *giba* signifie « bosse ». Et la sacoche emportée par les bergers et les chasseurs dans les collines pour la journée et dans laquelle se trouvait leur casse-croûte, dont cette friandise, porte le nom de « gibassière ».

LA DOUCEUR DE L'AMANDE

Du nougat au croquant, du calisson à la frangipane, et du macaron à la boisson végétale, ce fruit délicat est emblématique de la Provence.

Originaire d'Asie occidentale, l'amandier a été introduit en Provence par les Grecs et les Égyptiens. Sa culture s'est développée au fil des siècles, devenant une composante essentielle du terroir provençal, à l'instar de l'olive. Les premières amanderaies fleurissent dans le sud de la France au XVIe siècle, et les fruits permettent la création des célèbres calissons d'Aix-en-Provence. Durant les deux siècles suivants, le port de Marseille joue un rôle crucial dans le commerce du fruit, dont de pleines cargaisons voguent en direction de l'Italie et de l'Espagne.

La recette historique

LA TARTE AU MASSEPAIN

Cette recette est signée par un certain Michel de Nostre-Dame, alias Nostradamus, davantage connu pour ses prophéties que pour ses talents culinaires. Et pourtant, Nostradamus, habitant de Saint-Rémy-de-Provence, a rédigé en 1555 un très important ouvrage sur les confitures et les confiseries, dont cette exquise tarte, à base d'amandes de Provence.

> *Plus elle sera en couche mince et moelleuse, meilleure elle sera.*
>
> — Nostradamus

« Tu auras des amandes que laisseras par un jour et une nuit en eau fraîche.

Quand seront mondées, les pileras le mieux possible en les aspergeant continuellement de gouttes d'eau fraîche afin qu'elles ne tournent en huile.

Si tu veux que ta tarte soit bonne, il convient d'y ajouter autant de sucre que d'amandes.

Quand tout sera bien pilé, éclaircis la pâte d'un peu d'eau de rose et étends-la dans le moule sur une pâte très fine, la même pâte dont on fait les oublies.

Tandis qu'elle cuira au four, tu la remouilleras et l'humecteras souventes fois d'eau de rose et tu la poudreras de sucre pilé avec ladite eau de rose afin qu'elle ne soit pas trop sèche.

Tu peux aussi la cuire sur le feu, mais prends garde qu'elle ne soit plutôt rôtie que cuite. »

Extrait du *Traité des fardements et confitures* de Michel de Nostredame (1555)

Saint-Rémy-de-Provence

[MARSEILLE]
LA VILLE-MONDE

Sa cuisine n'est pas uniquement à base d'huile d'olive et d'ail, contrairement à la caricature qu'on en fait parfois. Ici, les cultures et les cuisines se sont influencées et mélangées. Marseille, véritable melting-pot depuis sa création, a adopté des composants et des condiments apportés au hasard des contacts et des migrations. On y trouve pêle-mêle du café, des épices, des agrumes, le couscous connu des navigateurs depuis le Moyen Âge et diffusé plus largement avec l'arrivée des Pieds-noirs d'Afrique du Nord, et puis les pâtes inspirées par l'Italie voisine, fabriquées industriellement au XIXe siècle à Marseille avec les blés durs de la mer Noire ou de l'Algérie… Le tout relayé par les pizzas, déjà avant la Seconde Guerre mondiale.

PETITE HISTOIRE DE LA BOUILLABAISSE… TOUT SAUF UN LONG FLEUVE TRANQUILLE !

Pendant des siècles, aux heures les plus chaudes, les pêcheurs provençaux relâchaient au fond d'une calanque. Ils allumaient un feu et faisaient bouillir dans une grande marmite remplie d'eau de mer les poissons les plus ordinaires de leur pêche, leurs meilleures prises étant réservées à la clientèle bourgeoise et fortunée. Après une cuisson au court-bouillon, poissons de roche et crustacés étaient écrasés et passés pour obtenir une soupe dans laquelle on trempait le pain. On relevait le bouillon avec quelques aromates, comme du safran cultivé dans la région, si on en avait les moyens.

Jusqu'au XIXe siècle, soupe de poissons et bouillabaisse sont considérées comme des plats trop vulgaires pour le palais des gourmets de la capitale, qui méprisent la cuisine provençale et ses relents d'ail et d'oignon. Et puis, peu avant la Révolution française, un restaurant baptisé « Les Frères Provençaux » ouvre ses portes dans la capitale. Même si les poissons de roche, trop fragiles pour supporter le trajet, sont absents de la recette, l'établissement est le premier à faire connaître la recette aux Parisiens. Bien des années avant Marseille, où la bouillabaisse s'affiche au menu seulement à partir de 1830 !

Aujourd'hui, elle est devenue une préparation sophistiquée et codifiée, depuis les variétés de poissons utilisés jusqu'à la fameuse sauce « rouille » qui l'accompagne, composée de foies de lotte, de pommes de terre, de tomates, d'ail et d'huile d'olive. Une « Charte de la bouillabaisse » est même en vigueur chez les restaurateurs marseillais !

LE GOÛT INIMITABLE DES PETITS POISSONS DE ROCHE

Même si la bouillabaisse n'est pas une soupe de poissons, on en trouve beaucoup dans sa recette, baptisés de noms provençaux hauts en couleur comme la rascasse, la galinette, la girelle royale, la moustelle, le muge, le roucaou, le merlan de tartane (c'est-à-dire pêché dans les filets), le mulet de tartane… Plus il y a de variétés différentes, mieux c'est !

LA ROUILLE, INOXYDABLE SAUCE MARSEILLAISE

À l'origine, cette sauce qui accompagne systématiquement la bouillabaisse était composée de demi-tomates cuites longuement au four, confites dans un léger fumet de poisson, avec une gousse d'ail et un petit piment langue d'oiseau à l'intérieur. Les pêcheurs avaient l'habitude de la monter ensuite à l'huile d'olive, comme une mayonnaise !

> *« Autour d'un bon ailloli, bien monté et odorant et roux comme un fil d'or, où sont, répondez-moi, les hommes qui ne se reconnaissent point frères ?*
>
> — Frédéric Mistral
> (écrivain provençal, 1830-1914)

LE PARFUM UNIQUE DE L'AÏOLI

Préparée au mortier et au pilon, cette sauce ne comporte en principe que de l'ail et de l'huile d'olive. Mais de nombreuses variantes existent, où l'on rencontre du jaune d'œuf, de la mie de pain ou encore de la pomme de terre ! Cette dernière figure également dans la recette d'une sauce à l'ail très populaire en Égypte… qui aurait voyagé partout dans le bassin méditerranéen et jusqu'à Marseille !

Aujourd'hui, l'aïoli a souvent l'aspect d'une mayonnaise puisqu'il est, la plupart du temps, additionné d'un jaune d'œuf. Il n'est pas servi seul, mais copieusement garni de morue bouillie, d'escargots (cuits à l'eau avec du sel, un oignon piqué de clous de girofle et du fenouil), de carottes bouillies, de pommes de terre avec leur peau, d'artichauts cuits, de haricots verts, d'œufs durs et, parfois, de petits poulpes.

L'ANECDOTE : LA PLUS ANCIENNE FOIRE DE MARSEILLE

Pendant plusieurs siècles s'est tenue à Marseille une foire à l'ail, dite aussi « foire de la Saint-Jean », de la mi-juin à la mi-juillet. Créée au milieu du XVe siècle par le roi René, elle accueillait des vendeurs d'ail et d'herbes aromatiques. À partir de 1860, on s'est mis à y vendre des taraïettes, c'est-à-dire des poteries alimentaires, ainsi que des sifflets en terre en forme d'oiseaux ou de trompettes destinés aux enfants. Au fil du temps, elle s'est déplacée dans tous les quartiers de Marseille – Canebière, cours Julien, cours Belsunce…

La dernière a eu lieu en 2007, et en 2015 elle a effectué un retour timide sous l'impulsion de chefs marseillais. Depuis, les amateurs de la plante patientent en espérant que la foire à l'ail retrouve toute sa vigueur !

LES PANISSES, SUR LE POUCE !

Ces petites galettes frites à base de farine de pois chiche se dégustent à n'importe quelle heure, mais pas n'importe où : traditionnellement, c'est dans le quartier de l'Estaque (au nord de la ville, 16e arrondissement, à 10 kilomètres du Vieux-Port). Le nom du quartier vient du provençal *estaco*, qui désigne l'attache, le pieu grâce auquel on amarre le bateau. Un nom prédestiné pour ces petits en-cas, dont l'ancrage est bien sûr 100 % marseillais !

DES CHICHIS SANS MANIÈRES

Autre friandise et autre friture, sucrée cette fois, les chichis fregi, qu'on déguste également dans ces baraques de l'Estaque. Le « vrai » chichi est un beignet long, cuit en forme d'anneau, souvent parfumé à la fleur d'oranger. Il est ensuite découpé en tronçons puis roulé dans du sucre et se mange chaud, sans façon. À l'origine, il était fait avec de la farine de pois chiche, et son nom signifiait en provençal « petit morceau de pois chiche frit ». En langage populaire marseillais, « chichi » désigne le sexe masculin !

« LE REBOUL »

Ce livre, paru en 1897, intitulé *La Cuisinière provençale* et signé Jean-Baptiste Reboul, est LA bible de la cuisine locale pour de nombreux amateurs et même de grands chefs. Il renferme 1 123 recettes, aux noms écrits en provençal et en français, et 365 menus ! Ses ventes ont dépassé le million d'exemplaires. Son éditeur historique est la maison Tacussel, à Marseille.

> *« Eau sur pastis ou pastis sur eau ?*

SACRÉ PASTIS !

Sans lui, la trilogie marseillaise de Pagnol n'aurait pas la même saveur !

Le pastis est indissociable de la cité phocéenne. Pourtant, le « petit jaune » n'est pas une boisson si ancienne qu'on pourrait le penser : c'est seulement au début du XXe siècle que commence son histoire. En 1915, la production d'absinthe est interdite en France, pour des raisons de santé publique. Les distillateurs se retrouvant brusquement au chômage, ils cherchent de nouvelles recettes à produire : le pastis est une de ces boissons trouvées dans l'urgence pour remettre les alambics en service. Fenouil, anis étoilé, réglisse parfument ce nouvel apéritif. Au moment du service se déroule un rituel qui rappelle celui de l'absinthe et remporte un succès immédiat : de jaune foncé, il devient jaune-vert clair, après que l'eau versée dedans a créé un nuage laiteux dans le verre. Le débat existe encore : eau sur pastis ou pastis sur eau ? À vous de voir !

MARSEILLE SAIT FAIRE UN BON CAFÉ !

En 1644, Pierre de La Roque, un négociant marseillais de retour d'un voyage à Constantinople, rapporte avec lui du café ainsi que tous les ustensiles qui sont utilisés pour sa préparation (et sa consommation) dans l'Empire ottoman. C'est la première fois que l'on déguste en France ce breuvage très prisé des Orientaux et, très vite, il fait de nombreux adeptes. Des savants de la faculté d'Aix-en-Provence tentent par tous les moyens de jeter le discrédit sur cette boisson, sans succès. Un groupe de marchands et de pharmaciens mettent en œuvre l'importation de café en provenance d'Égypte. Quelques années plus tard, en 1671, un Arménien, Pascal Haroukian, plus connu sous le nom de Pascali, ouvre le premier débit de café, dans le quartier de la Bourse (actuel quartier de la Loge), entre le Vieux-Port et Belsunce. Bien que modeste, ce premier « café » est si prospère que Pascali quittera Marseille pour Paris et s'installera cette fois aux abords de la Foire Saint-Germain. Sa spécialité : le café ! Aujourd'hui encore, de belles et anciennes maisons de torréfaction proposent aux Marseillais et aux autres un choix impressionnant de « cafés de spécialités ».

L'ANECDOTE : LE COLOMBIER

La fondation de Marseille repose sur une légende : pour trouver un fiancé à Gyptis, une princesse celte, un banquet est organisé, en l'an 600 avant notre ère. Afin de départager ses nombreux prétendants, la belle aurait alors confectionné un gâteau ovale, dans lequel elle aurait dissimulé une fève en forme de colombe. Protis, un jeune Grec venu de Phocée dans l'espoir de fonder une ville, trouve la fève. En guise de cadeau de mariage, le roi Nann, père de la jeune fille, offre une terre à son futur gendre. C'est ce couple qui serait à l'origine de la création de Marseille. En souvenir de cette légende, un gâteau baptisé « Colombier » ou encore « gâteau de la paix » a été créé, probablement au début du XXe siècle, par les pâtissiers marseillais. Ce biscuit, enrichi de fruits confits, est parfumé et imbibé d'un sirop au kirsch, parfois de Grand Marnier, et décoré d'amandes effilées.

Confectionné et commercialisé exclusivement dans les Bouches-du-Rhône à l'occasion de la Pentecôte, il ne contient ni crème, ni mousse, ni chocolat : souvent transporté par les familles qui allaient rejoindre les cabanons dans les calanques, il devait pouvoir voyager facilement sans avoir besoin d'être conservé au frais. Aujourd'hui encore, le Syndicat des pâtissiers de Marseille veille au respect de la recette ancestrale en mettant à disposition de ses seuls membres une bande de papier qui atteste de l'authenticité du Colombier. Autre inscription, fréquemment reproduite sur le dessus de chaque gâteau : « Qui la colombe aura, dans l'année se mariera. »

La recette historique

LE COLOMBIER

Ingrédients :

Pour le biscuit

- 120 g de jaune d'œuf
- 30 g d'œuf
- 80 g de poudre d'amande
- 80 g de sucre glace
- 25 g de pâte d'oranges confites
- 25 g de kirsch
- 40 g de farine
- 40 g de fécule
- 180 g de blanc d'œuf
- 20 g de sucre en poudre
- 50 g d'écorces d'oranges confites (orangeat)
- melon confit (à votre guise)

Pour le sirop d'imbibage

- 50 g de sucre en poudre
- 50 g d'eau
- 10 g de kirsch

Pour le décor

- nappage à l'abricot
- amandes effilées
- pâte d'amandes blanches
- chocolat noir

1. Pour le biscuit, mixez la poudre d'amande avec le sucre glace. Mélangez-les avec la pâte d'orange, 30 g d'œuf et le kirsch. Ajoutez les jaunes, puis faites monter le tout au batteur jusqu'à ce que le mélange blanchisse. Tamisez la farine et la fécule que vous ajoutez au mélange précédent. Montez les blancs et le sucre en neige, et incorporez-les délicatement au premier mélange.

2. Préparez le sirop : mélangez l'eau et le sucre et faites un bouillon. Hors du feu, ajoutez le kirsch.

3. Préchauffez le four à 180 °C (th.6) en chaleur tournante. Torréfiez les amandes effilées au four environ 10 minutes en vérifiant régulièrement leur couleur.

4. Posez un cercle à mousse graissé sur une plaque de cuisson recouverte d'un tapis en silicone. Remplissez-le avec les 3/4 de la préparation de biscuit. Recouvrez la surface de morceaux de melons et d'oranges confits, ajoutez la fève de colombe, puis terminez avec le reste de la préparation de biscuit. Lissez la surface et enfournez 35 à 40 minutes.

5. À la sortie du four, imbibez légèrement le biscuit avec le sirop au kirsch. Laissez refroidir et retirez le cercle. Recouvrez le colombier de nappage à l'abricot et parsemez d'amandes effilées.

Facultatif : Faites fondre du chocolat et remplissez un cornet. Étalez un rectangle de pâte d'amandes de 5 cm de large, déposez-le sur le gâteau puis écrivez dessus, au cornet, « Colombier ». Ça en jettera !

Cathédrale de la Major et le Mucem

Collioure

LE ROUSSILLON

Niché entre mer Méditerranée et Pyrénées, ce petit coin de paradis est riche de multiples ressources, qui toutes bénéficient de son climat ensoleillé et d'un apport culturel venu de l'Espagne voisine.

SOUS LE SIGNE DE BACCHUS

Les vignobles sont partout et on n'y dénombre pas moins de 11 AOC (appellation d'origine contrôlée). Les vins doux ou vins mutés (la fermentation est stoppée par ajout d'alcool afin qu'il reste une quantité de sucre) ont été inventés ici, à la fin du XIIIe siècle, après qu'un certain Arnaud de Vilanova, médecin et savant engagé originaire de Valence, eut rapporté d'Arabie tous les secrets de la distillation et « soigné » les vins avec l'alcool. Ce mutage, dont les techniques se sont beaucoup affinées depuis, a permis la naissance des maury, rivesaltes, muscat-de-rivesaltes, banyuls et banyuls grand cru, de véritables nectars toujours appréciés au moment du fromage ou du dessert.

LES CHARCUTERIES ARTISANALES DU PAYS CATALAN

La tradition des jambons salés et des « embotits » (diverses viandes en boyaux), héritée des Romains, était autrefois pratiquée dans toutes les fermes. Chacune avait ses propres recettes et secrets de fabrication.

Durant la « matança », jour où l'on tuait le cochon, famille, voisins et amis se réunissaient autour de chaudrons fumants. Tout le monde participait à la préparation de la saucisse fraîche catalane, de la « carn de perol » (morceaux de tête cuits dans un bouillon aromatisé et mis en terrine), du pâté catalan (pâté de foie assaisonné de poivre et d'oignon), et des salaisons. Des traditions perpétuées par les artisans charcutiers catalans.

Les régions du Vallespir et de la Cerdagne sont particulièrement réputées pour leur charcuterie sèche. Les porcs, élevés en forêt, et les conditions climatiques idéales pour le séchage donnent à ces produits un goût exceptionnel. Saucisses, saucissons et jambons sont lentement affinés dans des séchoirs naturels pour développer toutes leurs saveurs.

Le fuet est une saucisse fine et peu grasse, affinée lentement et délicatement poivrée. Mais la plus célèbre reste la boutifarre, sorte de boudin composé de gros intestin de porc, farci de viande maigre issue du même animal. Il en existe de différentes sortes, noires ou blanches, à déguster cuites et grillées, sur des sarments de vigne par exemple, ou crues et coupées en rondelles. Une confrérie au nom savoureux, « la Confrérie Jubilatoire des taste-boutifarre », défend la charcuterie catalane en général, et la boutifarre en particulier.

LES CERISES DE CÉRET

Dans les années 1940, la culture du cerisier à Céret bat son plein. Des familles céretanes expédient leur production à Toulouse par camion spécial, dans des corbeilles d'osier capitonnées de toile de jute, d'une capacité de 25 kilos. Ces contenants, appelés *covo* en catalan (à prononcer « cobou »), servent de mesure. Au mois de juin, les plus beaux fruits sont vendus sur le marché de Perpignan.

Il n'y a jamais eu une mais plusieurs variétés de cerises à Céret ; la Burlat, précoce et juteuse, et la Summit, plus ferme et croquante, toutes deux réputées pour leur belle couleur rouge foncé et leur saveur sucrée, sont les plus recherchées. Le climat méditerranéen, l'altitude et les sols argileux de la région contribuent à la qualité exceptionnelle de ces cerises. On trouve actuellement environ quarante producteurs de cerises, au tonnage suffisamment important pour permettre la commercialisation. Un festival, la fête de la Cerise, célèbre cette tradition et attire des milliers de visiteurs chaque année au mois de mai.

LA ROUSQUILLE, LE DONUT DU ROUSSILLON

Son nom dérive du catalan *rosca*, qui signifie « couronne », et qui caractérise sa forme, reconnaissable entre toutes : ronde et percée d'un trou. La rousquille est confectionnée à base de farine, de sucre, d'œufs et de beurre, et aromatisée à l'anis et au citron. Souvent nappée d'un glaçage blanc après cuisson, elle est parfaite pour accompagner un café ou un thé, comme la plupart des gâteaux friables. Connues depuis le début du XIXe siècle, les rousquilles étaient autrefois fabriquées par des artisans dans les montagnes du Vallespir, dans le département des Pyrénées-Orientales. Les longues et fines baguettes sur lesquelles on les enfilait pour les faire sécher étaient portées à l'épaule par les marchands ambulants.

LA CARGOLADE, UNE INSTITUTION FESTIVE

Oubliez vos a priori : la Bourgogne et les Charentes ne sont pas les seuls terroirs où on consomme des escargots : on en déguste aussi beaucoup en pays catalan, où « escargot » se traduit par *cargol*.

Les meilleurs, les plus « racés », se ramassent en terrain sec, sur des collines bien choisies des Corbières. La variété petit-gris fait l'unanimité. Comme l'escargot a tendance à se raréfier, ses périodes et zones de ramassage sont désormais très règlementées, et il est souvent remplacé par des mollusques d'élevage. À la belle saison, les familles viennent les choisir pour cuisiner une grande spécialité locale : la cargolade.

Pour organiser cette fête en pleine nature, il faut s'y prendre à l'avance : on fait jeûner les escargots pendant environ trois semaines, avec un bouquet de thym pour les parfumer. On commence par les gratter avec un couteau, puis on les assaisonne avec du sel mélangé à du piment rouge. Le persil haché et l'ail sont en option. Si l'on est puriste et que l'on veut respecter la tradition, on les remplit d'un peu de lard gras finement haché. Les escargots sont ensuite alignés coquille contre coquille sur le gril, au-dessus d'un feu de sarments et de souches de cépage carignan. Dès qu'ils commencent à grésiller, on fait tomber à l'intérieur de chaque coquille une pincée de poivre et quelques gouttes de lard fondu. Durant la cuisson, on prépare l'*ai y oli*, c'est-à-dire de l'ail cru pilé au mortier et monté à l'huile – l'aïoli –, qu'on étale sur des tartines de pain grillé. En pratique, la cargolade se compose d'escargots bien sûr, mais aussi de saucisses catalanes et de viande grillée, traditionnellement des côtelettes d'agneau.

L'ANECDOTE : L'ANCHOIS DE COLLIOURE

La ville de Collioure est un petit bijou niché entre mer et montagne, réputé pour ses paysages de carte postale, mais surtout pour ses anchois exceptionnels.

Au XIIIe siècle, Louis XI accepte d'exempter les Colliourencs du droit de gabelle (impôt sur le sel), pour favoriser la salaison des poissons. À l'époque déjà, les pêcheurs locaux voguent sur les flots à la recherche de ce petit poisson bleu argenté qu'on appelle « l'anchois ». Armés de filets, ils sortent en mer aux premières lueurs de l'aube et affrontent les vagues et les caprices de la Méditerranée sur leurs barques catalanes. Ils attrapent les poissons selon la technique du lamparo, c'est-à-dire avec une lampe utilisée comme appât.

La salaison devient rapidement la clé du succès de Collioure, grâce au savoir-faire et à la dextérité des femmes des pêcheurs. Les anchois, soigneusement nettoyés et étêtés, sont rangés en couches dans des tonneaux et généreusement saupoudrés de sel. Ces gestes se transmettent de génération en génération : chaque famille y ajoute sa petite touche personnelle. Les barils de poissons salés voyagent loin, jusqu'aux marchés de Barcelone, Marseille, et bien au-delà. À la fin du XIXe siècle, tous les habitants vivent de cette activité, grâce à une trentaine de maisons dédiées. Aujourd'hui encore, les anchois de Collioure sont synonymes de qualité et de tradition. Le mélange unique de sel de mer et d'air méditerranéen leur donne une saveur incomparable.

La recette historique

LES BOLES DE PICOLAT

Le mot « picolat » provient du verbe catalan *picolar* qui signifie « hacher ». Ces boulettes de viande sont mitonnées dans une savoureuse sauce aux olives et à la ventrèche, le sofregit.

Ingrédients (pour 6 p.) :

POUR LES BOLES

- 350 g de hachis de bœuf
- 200 g de hachis de veau
- 700 g de chair à saucisse
- 1 tranche de pain rassis trempée dans du lait tiède
- 2 œufs
- 6 gousses d'ail pilées
- 5 c. à s. de farine
- ½ bouquet de persil plat
- 1 c. à c. de cannelle en poudre
- 2 oignons jaunes
- poivre du moulin

POUR LA SAUCE

- 780 g de tomates concassées
- 200 g de ventrèche de porc coupée en dés
- 200 g d'olives vertes non dénoyautées
- 2 oignons jaunes
- 2 gousses d'ail épluchées et hachées
- 40 g de cèpes, réhydratés durant 1 heure dans de l'eau tiède
- 1 verre de vin blanc
- 2 c. à s. de farine
- 35 cl de vin rouge, idéalement côtes-du-roussillon
- 1 talon de jambon sec rance
- 1 bâton de cannelle de Ceylan
- 1 bouquet de thym et laurier
- huile d'olive
- 2 verres d'eau

1. Hachez le persil, l'ail et les oignons. Mélangez les viandes dans un grand récipient. Ajoutez la mie de pain essorée, l'ail, le persil, les oignons, les œufs et saupoudrez de cannelle. Poivrez le mélange. Façonnez de petites boulettes entre vos mains humidifiées au préalable. Farinez légèrement le plan de travail et roulez-y rapidement les boles. Entreposez-les au réfrigérateur pendant la préparation de la sauce.

2. Pour la sauce : hachez finement les oignons. Faites-les blondir avec la ventrèche dans un faitout, dans 5 c. à s. d'huile d'olive. Ajoutez l'ail haché ainsi que 2 verres d'eau, puis les tomates concassées. Mélangez tout en saupoudrant de farine. Ajoutez le talon de jambon sec. Versez le vin. Laissez mijoter le tout une trentaine de minutes à feu doux.

3. À part, faites chauffer 10 cl d'huile d'olive dans une poêle et faites-y dorer les boles de picolat. Mettez-les dans la sauce. Ajoutez les olives, les cèpes, les herbes et le bâton de cannelle. Laissez cuire à feu doux et à couvert 45 minutes. Servez.

Le Mans

LA SARTHE

TERRE D'ÉLEVAGE ET DE MARAÎCHAGE

Ici, chaque produit raconte une histoire : celle des rillettes du Mans, emblème du savoir-faire artisanal et local, celle des porcs et volailles fermiers, bien nourris et bien élevés, dans le respect des traditions. Pour compléter ce tableau résolument gourmand, des vins élégants et des petits sablés croquants !

LES AUTHENTIQUES RILLETTES DU MANS

« Toute brebis qui bêle perd sa goulée.

— Le dicton qui en dit long.
Traduction : lorsque la nourriture est bonne, plus personne ne parle !

Rabelais, au XVIe siècle, est le premier à mentionner les rillettes. Depuis Chinon, en Touraine, le truculent écrivain évoque « une brune confiture de cochon », très semblable à nos rillettes actuelles. Des morceaux nobles de viande de porc, soumis à une cuisson lente dans leur propre graisse et simplement additionnés de sel et de poivre, composent la recette qui se répand de ferme en ferme, jusqu'en Sarthe.

Si la Touraine est bien le berceau des rillettes, c'est grâce à l'ingéniosité d'un habitant des alentours du Mans et à l'histoire du chemin de fer qu'elles se sont implantées dans la région.

Au début du XXe siècle, le développement du chemin de fer est une aubaine pour les villes et villages nouvellement desservis. Le village de Connerré, proche du Mans, est doté d'une gare. Les voyageurs s'y arrêtent quelques heures, le temps pour les mécaniciens de refaire le plein d'eau et de charbon des locomotives à vapeur.

Albert Lhuissier, le charcutier du village, profite de cet afflux pour proposer ses casse-croûte aux rillettes aux employés du chemin de fer, puis aux voyageurs affamés. Les bocaux de rillettes, faciles à transporter, viennent alourdir les bagages de ces derniers. Désormais, le succès de ses conserves résonne dans la capitale.

La notoriété des rillettes sarthoises déplaît à la Touraine. En 1992, la région se lance dans des démarches pour faire reconnaître et protéger ce patrimoine culinaire.

Un an plus tard, la spécialité tourangelle obtient une IGP (indication géographique protégée). Dès lors, seuls les artisans d'Indre-et-Loire qui respectent le cahier des charges IGP Rillettes de Tours sont autorisés à utiliser le nom « Rillettes de Tours ». L'origine géographique des cochons prend alors toute son importance. La production tourangelle artisanale s'appuie sur des cochons locaux. En région sarthoise, où de grands groupes industriels côtoient des charcuteries artisanales, les porcs sont importés d'autres régions, voire d'autres pays pour couvrir les besoins. De là provient la difficulté pour la Sarthe d'obtenir à son tour une IGP pour ses rillettes.

Le Mans

LE DOUX PARFUM DE LA REINETTE DU MANS

Cette variété de pomme rustique est originaire du canton de Montfort-le-Gesnois, où on la cultive depuis le début du XIXe siècle, même si on possède des traces écrites de sa présence deux cents ans plus tôt. Riche en vitamine C, elle était autrefois séchée et consommée à bord des bateaux de pêche par les marins au long cours, afin d'éviter le scorbut. Peu sucrée mais dotée d'un parfum vanillé très apprécié, la reinette du Mans est charnue, ferme et croquante, et de couleur jaune à maturité, parsemée de petites taches grises. Plus fondante en fin de conservation, elle est l'un des ingrédients principaux du fameux chausson aux pommes de Saint-Calais, une douceur née au XVIIe siècle.

L'ANECDOTE : LA POMME SALVATRICE

Une épidémie, de peste selon les uns, de dysenterie selon les autres, ravage la région, et les habitants sont confinés chez eux. Pour sauver les survivants de la famine, la châtelaine de Saint-Calais ordonne la confection d'un grand « pâté de pommes ». La tradition est restée et chaque année, au tout début du mois de septembre, flotte dans la ville un irrésistible parfum de pâte cuite et de compote de pommes.

L'AVENTURE VISIONNAIRE DU POULET DE LOUÉ

La qualité des volailles du Maine et leur renommée ne datent pas d'hier ! La Fontaine, Racine, Henri IV, Louis XIV, Brillat-Savarin, Curnonsky, et même la comtesse de Ségur en ont tous fait l'éloge. Petit village du Maine, Loué s'est taillé une belle réputation au cours du XIXe siècle, grâce à sa Foire de l'Envoi, un marché dominé par la volaille, aux environs de la mi-décembre.

En 1958, alors que le poulet industriel commence à faire de l'ombre à la volaille fermière et que le marché de Loué est à son tour gagné par l'appétit des industriels, une poignée d'éleveurs et de conditionneurs, réunis en comice agricole, prennent une décision radicale. Le groupement des Fermiers de Loué relance la production de volailles fermières de qualité, à l'aide d'un cahier des charges strict. L'engagement de ces fermiers, qui aujourd'hui sont plus de mille, a porté ses fruits, puisque les Fermiers de Loué s'est imposé comme une marque à part entière, dont les produits, poulets et œufs, mentionnent sur leur étiquette ou coquille le nom de l'éleveur. Label rouge ou bio, il s'agit du poulet préféré des Français.

L'ODYSSÉE DU SABLÉ

Ce biscuit à pâte friable et fondante tire son nom de la ville de Sablé-sur-Sarthe. La légende raconte que Madeleine de Souvré, marquise de Sablé et femme de lettres, avait apporté avec elle des biscuits à la cour de Louis XIV, en 1670. Jugées « fort à son goût et d'honnêteté légère » par Monsieur, frère du roi, les friandises sont ensuite servies en l'honneur de la marquise sous le nom de « sablés ». Composés de farine, de beurre et de jaunes d'œufs mélangés dans un ordre gardé secret, ils se dégustent à toute heure, de préférence avec une boisson chaude.

L'ÉLÉGANCE DU JASNIÈRES

Vignoble le plus proche de la capitale à vol d'oiseau, l'AOC Jasnières (appellation d'origine contrôlée actée en 1937) s'étend sur deux communes seulement, Lhomme et Ruillé-sur-Loir, toutes deux situées au milieu des coteaux du Loir. Seul cépage autorisé, le chenin blanc développe son bouquet fruité et sa minéralité dans un vin blanc sec ou moelleux, à la robe jaune d'or plus ou moins soutenue. Il est recommandé de le garder, car les plus grands millésimes, qui se conservent sans problème une quinzaine d'années, accompagnent à merveille des crustacés, une viande blanche, une volaille ou encore des fromages de chèvre régionaux.

La recette historique

LA MARMITE SARTHOISE

C'est un cuisinier normand, Claude Oréal, qui l'a inventée à la fin des années 1960. À la tête d'une association, Les 19 Bonnes Tables sarthoises, il lance l'idée de créer une recette collégiale, à la suite d'une visite chez un fournisseur. Il l'imagine un an plus tard, seul, après avoir entrepris de lister sur un morceau de papier les ingrédients de ce jardin extraordinaire qu'est la Sarthe. Devenue plat emblématique de la région, cette « marmite » a même été servie sur des vols Air France.

Ingrédients :

- 700 g de blanc de poulet (poulet de Loué ou poulet fermier)
- 120 g d'arrière de lapin désossé
- 100 g de poitrine de porc
- 140 g de champignons de Paris
- 500 g de chou vert
- 200 g de carottes
- 120 g de navets
- 25 cl de jasnières
- 1 c. à s. de farine
- 20 cl de crème crue
- 2 c. à s. d'huile de noix
- sel, poivre

1. Coupez la chair de lapin, la poitrine de porc et les blancs de poulet en lanières.

2. Retirez les pieds des champignons et passez-les sous un filet d'eau. Émincez-les. Plongez les feuilles de chou dans une casserole d'eau bouillante salée. Comptez 5 minutes de cuisson, puis égouttez-les.

3. Épluchez les carottes et les navets. Taillez-les en bâtonnets réguliers. Farinez le poulet et le lapin. Faites-les revenir dans une petite cocotte avec l'huile.

4. Ajoutez ensuite la poitrine et les champignons. Salez et poivrez. Faites cuire l'ensemble à feu vif 10 minutes.

5. Réservez les viandes sur une assiette, versez le vin blanc dans la cocotte et laissez réduire aux 3/4. Ajoutez la crème. Faites bouillir une minute maximum et remettez la viande et les légumes. Laissez mijoter 5 minutes.

6. Servez bien chaud.

Conseil : Attention à ne pas faire fumer l'huile de noix, elle prendrait un goût amer !

LA SAVOIE ET LA HAUTE-SAVOIE

La situation géographique des Pays de Savoie explique leur diversité culinaire. Dès le Moyen Âge, le duché de Savoie est un point de passage qui accueille des épices variées, venues d'Orient. On comprend aussi l'importance des pâtes, de la polenta, des pommes de terre et surtout des fromages savoyards dans cette région à cheval sur les Alpes. Enfin, la présence de charcuteries et de fruits secs dans de nombreuses recettes s'expliquerait par souci de conservation des ingrédients dans un climat souvent difficile.

L'AIL DES OURS, DU MYTHE À LA GOURMANDISE

Les longues tiges vertes de l'ail des ours apparaissent à la fin de l'hiver. Dès le mois d'avril, les brins se parent de petites fleurs d'un blanc éclatant. Cette plante, connue pour son goût et son parfum aillé, fait partie de la famille des liliacées, comme l'ail, mais aussi l'oignon, l'échalote, le poireau ou encore la ciboulette. Une coutume savoyarde très ancienne consiste à jeter quelques brins d'ail des ours dans la rivière pour en purifier l'eau. À l'origine de cette croyance populaire, on trouve un mythe germanique : l'ours, un animal doté d'une force puissante, autant réelle que symbolique, se précipite sur la plante dès sa sortie d'hibernation. Une façon selon les Anciens de chasser le froid de l'hiver pour laisser la place au printemps, et recouvrer ses forces.

Aujourd'hui, l'ail des ours est incontournable dans un grand nombre de préparations culinaires, des soupes aux salades en passant par les omelettes et le pesto. Le site de la ville d'Annecy donne même à ses habitants la liste des meilleurs coins pour en récolter dans la nature, en périphérie de la commune.

LES CROZETS, PÂTES SAVOYARDES ET FAMILIALES

Selon les versions, leur nom proviendrait du patois savoyard *croé* qui veut dire « petit », ou du latin *crux* qui signifie « croix ». Ces petits carrés de pâte, nés dans la vallée de la Tarentaise, en Savoie, y sont confectionnés depuis des siècles avec de la farine de blé dur et des œufs. La pâte, aplatie au rouleau, séchait autrefois au soleil. On raconte que le crozet est né du besoin des montagnards de limiter au maximum le volume de nourriture dans leur sac à dos.

LES DIOTS, DES SAUCISSES RUSTIQUES ET CONVIVIALES

Connus depuis le Moyen Âge, où ils servaient à conserver la viande de porc en vue des hivers rigoureux, les diots sont parfumés avec des herbes et des épices locales. Le plus souvent cuits dans du vin blanc ou du vin rouge, ils se présentent accompagnés d'oignons, de pommes de terre, de chou ou encore de polenta.

LE MEILLEUR DE LA PÊCHE LOCALE : LA FÉRA ET L'OMBLE CHEVALIER

Ces deux poissons comptent parmi les plus réputés et sont présents dans le lac du Bourget, le lac Léman et le lac d'Annecy.

Poisson d'eau douce de la famille des salmonidés, la féra aux écailles argentées est appréciée pour sa chair délicate et légèrement grasse. Également appelée « corégone » ou encore « lavaret », elle a joué un rôle historique dans l'alimentation des populations riveraines. Mais son tonnage recule de manière inquiétante, d'année en année, au point qu'on craint de la voir disparaître.

Grillée, pochée, généralement dans un court-bouillon aromatisé d'herbes et de vin blanc, ou encore cuite au four, la féra est aussi exquise fumée, servie dans une salade ou en entrée.

L'omble chevalier, qui fait partie de la même famille, est recherché pour sa chair fine et délicate. Reconnaissable à sa peau tachetée et à son dos dont la couleur va du vert olive au bleu argenté, il aime les eaux froides et profondes. Tout comme la féra, il se fait de plus en plus rare et atteint des prix exorbitants. Cuit au four avec une sauce aux agrumes ou au beurre blanc, il est souvent poêlé avec des herbes fraîches et un morceau de beurre ou un filet d'huile d'olive.

LE FARCEMENT, UN HÉRITAGE MÉDIÉVAL

Incontournable dans l'histoire de la cuisine de montagne, le farcement, également appelé « farçon » dans d'autres régions, est un plat sucré-salé composé de pommes de terre, de lard fumé, de pruneaux et de raisins secs.

Ce plat festif et convivial était autrefois très apprécié des paysans après des journées de labeur harassant. Même si son origine est difficile à dater, on suppose qu'il existait déjà avant la diffusion de la pomme de terre en Savoie au XVIIIe siècle. Sa composition, dominée par des notes sucrées-salées, est en tout cas très typique de la cuisine médiévale. On le confectionnait avec des raves, c'est-à-dire un légume racine, très consommé à l'époque et toujours à l'honneur dans certaines vallées. De nombreuses versions existent, comme à Megève, où on trouve le farcement « rosseu », un terme venu du patois qui évoque sa couleur rousse, due au safran ajouté à la préparation. Il y était confectionné à base de restes de pain rassis, du lait, des fruits secs et des pistils du safran récolté sur place. Sa cuisson, longue la plupart du temps, et les moules utilisés diffèrent quasiment autant que les recettes : les plus classiques se nomment la « rabolire » ou encore le « barakin », un moule à parois lisses, creusé d'une cheminée centrale et généralement équipé d'un couvercle.

L'ANECDOTE : LE REBLOCHON, AU NEZ ET À LA BARBE DU FISC

À la fin du Moyen Âge, les propriétaires de fermes exigeaient des paysans des redevances en nature. Un officier du seigneur montait à l'alpage au moment de la traite, il mesurait le lait obtenu des différentes vaches et en déduisait la quantité de fromage due. Le paysan se débrouillait donc pour procéder à deux traites ! La deuxième avait lieu une fois l'officier parti : le lait obtenu était moins abondant, mais plus riche en crème. Cette fraude s'appelait en dialecte local le *rablassé*. Elle donnait son nom au fromage que le paysan gardait pour lui, et qu'il ne pouvait pas commercialiser de peur d'être découvert. *Rablassé* s'est transformé en *re-blocher*, qui en patois signifie « pincer les pis de la vache une deuxième fois ».

Les 5 fromages AOP stars des alpages

La montagne est belle et d'autant plus inoubliable qu'elle fournit à elle seule pas moins de cinq fromages AOP (appellation d'origine protégée), grâce au savoir-faire de ses artisans, mais aussi au lait d'une qualité exceptionnelle offert par deux races de vaches spécifiques, abondance et tarine.

La tome des Bauges

Son berceau est le massif des Bauges, à cheval entre la Savoie et la Haute-Savoie. Ce fromage, exclusivement réalisé à partir de lait cru de vache, est une pâte pressée non cuite. Elle acquiert ses arômes fruités au contact des planches d'épicéa sur lesquelles elle s'affine pendant au moins cinq semaines. Longtemps réservée à la consommation domestique, et notamment à la confection du casse-croûte des Savoyards, la tome des Bauges est devenue un produit « marchand » au XXe siècle seulement. Sa pâte de couleur ivoire et sa croûte grise fleurie dégagent des arômes fruités. Pour distinguer une tome des Bauges fermière d'une tome des Bauges laitière, il suffit de jeter un coup d'œil à leur plaque : la première est en caséine verte, la deuxième, également en caséine mais de couleur rouge cette fois.

Le chevrotin

Ce fromage au lait cru, exclusivement fermier et fabriqué de manière artisanale, est unique dans la « famille » des fromages de chèvre : il s'agit en effet d'une pâte pressée non cuite et à croûte lavée. Sa technique de fabrication est héritée de celle de son « voisin », le reblochon. Il est aussi affiné dans les mêmes caves, puisque l'élevage des chèvres continue de cohabiter avec celui des bovins de la région : depuis le XVIIIe siècle, l'excédent de lait des chèvres qui partageaient leurs étables avec les vaches est transformé en fromage. Cylindrique et plat, il possède une croûte rosée, recouverte d'une fine mousse blanche. Sa pâte, de couleur crème, parfois parsemée de petits trous caractéristiques, est souple et onctueuse, avec une saveur et un léger parfum de miel.

Le reblochon

Fabriqué exclusivement à partir de lait cru, ce fromage est tout en rondeur. Couvert d'une fine « mousse » blanche qui voile sa croûte d'un beau jaune safrané au grain fin, il possède une pâte onctueuse et souple, de couleur ivoire. En bouche, il développe une saveur subtile et veloutée, relevée d'une fine tonalité de noisette. Après quinze jours passés en cave, il est emballé et poursuit son affinage en reposant sur une fine rondelle d'épicéa.

Le beaufort

Au Moyen Âge, ce sont les moines et les communautés villageoises qui, ensemble, entreprennent de défricher des surfaces d'alpage pour accueillir des troupeaux laitiers. L'ancêtre du beaufort se nommait le « vachelin ». Cette pâte pressée cuite, au goût typé et au parfum à la fois onctueux et fruité, se reconnaît à sa plaque de caséine bleue et à son talon concave : après avoir été moulé dans une toile de lin, le fromage est maintenu par un cercle de hêtre qui lui donne cette forme spécifique. Sa zone de fabrication actuelle couvre les vallées du Beaufortain, de la Tarentaise, de la Maurienne, ainsi qu'une partie du val d'Arly.

L'abondance

Fabriqué uniquement en Haute-Savoie avec le lait cru des deux traites quotidiennes, il tire lui aussi son origine du savoir-faire des moines, dès le XIIe siècle. Le fromage au petit goût de noisette et à la pointe d'amertume est présent, en 1381, sur la table du conclave réuni en Avignon pour l'élection du nouveau pape ! Sa fabrication reste inchangée depuis des siècles : moulé dans une toile, il est ensuite placé sous presse pendant une journée avant d'être salé. Mises en cave sur des planches d'épicéa, pendant trois mois au minimum, ses meules de 6 à 12 kilos sont ensuite régulièrement frottées à l'eau tiède et retournées.

LE GÂTEAU DE SAVOIE, MONUMENTAL ET LÉGER

Le plus ancien des gros gâteaux connus est en réalité léger et aérien. Sa pâte est simple : jaunes d'œufs, sucre, farine, additionnés d'une pincée d'anis ou de safran local, le tout allégé par des blancs d'œufs battus. Une astuce venue d'un religieux, bien que ce gâteau ne soit pas né dans un monastère. La légende situe son origine dans un château, à Chambéry, au XIVe siècle. Lors de son apparition, sa pâte n'a rien à voir avec le gâteau que nous connaissons : elle est lourde et épaisse, car on ne pense pas à séparer les blancs d'œufs des jaunes ! Environ quatre cents ans plus tard, un curé de la région lyonnaise publie un dictionnaire économique et donne une recette en expliquant qu'il faut battre les blancs en neige pour donner toute sa légèreté au gâteau. Grâce à lui, la mode du gâteau de Savoie se répand à travers les cuisines de la noblesse et de la bourgeoisie. Juste avant la Révolution française, un certain Antoine Augustin Parmentier organise un banquet pour mieux faire connaître la pomme de terre : il explique aux pâtissiers comment utiliser l'amidon qu'elle renferme pour obtenir une texture encore plus aérienne. Convaincus par sa démonstration, les hommes de l'art se mettent à incorporer de la fécule dans leurs gâteaux de Savoie… Depuis, le succès de ce dessert ne s'est jamais démenti.

SKI ET GÉNÉPI

« Génépi » est le mot savoyard employé pour désigner l'armoise. Celle-ci appartient à cette grande famille de plantes qui poussent dans les Hautes-Alpes. On les distille pour en faire des eaux-de-vie et des liqueurs, comme l'absinthe par exemple. Au Moyen Âge, des moines mélangent des tiges et des fleurs de génépi à d'autres végétaux, à de l'alcool et à du sucre, et font macérer le tout plusieurs semaines.

Sous la Révolution, un certain Charles Meunier récupère la recette auprès d'un religieux et ouvre sa propre distillerie à Voiron, dans l'Isère. C'est là qu'il met au point la fameuse liqueur de génépi, tonique et digestive. Sa création est immédiatement reprise par des concurrents, mais c'est seulement lors de l'entre-deux-guerres que le génépi des Alpes devient incontournable : les stations de ski sont à la mode et un petit digestif pour faire passer la fondue et la raclette est le bienvenu.

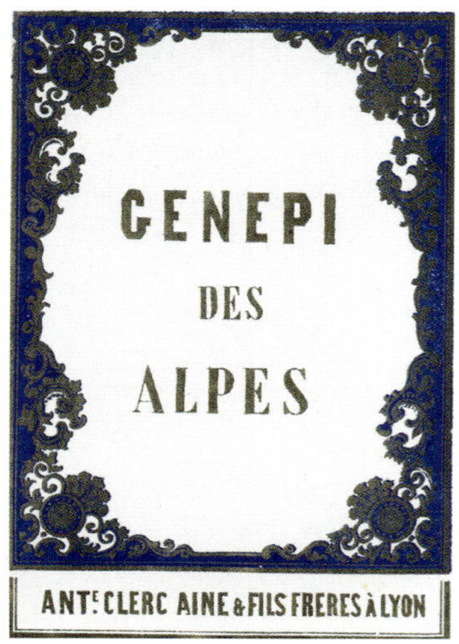

La recette historique

LA SOUPE AUX CAILLOUX

Cette ancienne recette était préparée par les paysans avant d'aller aux champs et mijotait sur un coin du fourneau. Durant leur absence, les cailloux remontaient en permanence à la surface de la marmite, redescendaient et pilaient les légumes.

Ingrédients (pour 6 p.) :

- 4 grosses pommes de terre
- 2 poireaux
- 2 navets
- 1 oignon moyen
- le quart d'un beau chou vert
- 30 g de beurre
- sel, poivre
- 4 cailloux de rivière ou galets plats, de taille moyenne

1. Lavez et épluchez tous les légumes. Coupez-les en petits morceaux et faites-les revenir dans une marmite dans le beurre, sans leur laisser prendre couleur.
2. Salez, poivrez, et recouvrez le mélange de 10 cm d'eau environ.
3. Déposez par-dessus les cailloux, couvrez et laissez cuire à petits bouillons pendant 2 h 30 à 3 heures.
4. Servez avec de petits croûtons de pain rassis.

Chinon

LA TOURAINE
UNE TERRE ÉPICURIENNE

Ici, les produits de la terre et de la vigne s'accordent à la perfection avec les paysages et avec les châteaux de la Loire, anciennes résidences des rois de France. Ce terroir paisible est aussi le berceau de Rabelais, écrivain et humaniste, amoureux des plaisirs de la table.

RILLETTES ET RILLONS DE TOURS

Au Moyen Âge, les rillettes sont le principal moyen de conservation de la viande. C'est seulement au début du XIXe siècle que les artisans charcutiers reprennent et adaptent la recette paysanne.

Au début de son roman, *Le Lys dans la vallée*, Balzac évoque le plaisir de leur découverte : « Les célèbres rillettes et rillons de Tours formaient l'élément principal du repas que nous faisions au milieu de la journée. [...] Si j'en entendis parler avant d'être mis en pension, je n'avais jamais eu le bonheur de voir étendre pour moi cette brune confiture sur une tartine de pain. »

La « brune confiture » qui fait saliver l'écrivain se compose en réalité de morceaux nobles comme le jambon ou le carré filet de porc. Cuites lentement, dans une marmite sans couvercle, ce qui permet d'éliminer le surplus de graisse, les rillettes de Tours renferment de généreux morceaux de viande. Labellisées IGP (indication géographique protégée) depuis 2013, elles sont à distinguer des rillons, un plat fermier typique, à l'origine composé de dés de poitrine de porc cuits dans le saindoux à haute température pendant deux heures, à déguster tièdes ou froids.

LE SAINTE-MAURE DE TOURAINE AOP

Reconnaissable à sa couleur gris clair tachetée de bleu et à sa forme tronconique, il compte parmi les fromages de chèvre les plus vendus en France. Il est toujours traversé par une paille de seigle, gravée au laser par les producteurs de l'appellation. Pour éviter les contrefaçons, le numéro d'identification du fabricant figure systématiquement sur la paille. Cendré avec du charbon de bois mêlé de sel, il est, selon la durée de l'affinage, proposé moelleux, demi-affiné ou affiné. Deux litres et demi de lait en moyenne sont nécessaires à sa fabrication, ainsi qu'un affinage de huit jours au minimum, durant lequel il se couvre d'un fin duvet de couleur bleutée ou gris-blanc.

Une légende fait remonter son origine au IXe siècle : les Maures, qui occupent alors la région, comptent parmi les premiers éleveurs de chèvres. Leurs femmes se chargent des bêtes et transforment leur lait en fromages. Elles transmettent leur savoir à la population du village de Sainte-Maure, qui adopte la recette et la baptise du nom de son village.

Une autre version raconte que les Maures, chassés en 732 du pays haut de Sainte-Maure, auraient enlevé de belles Tourangelles en laissant aux populations locales leurs chèvres en guise de dédommagement ! Les habitants se consolèrent, paraît-il, en fabriquant du fromage avec leur lait.

LES POMMES ET POIRES TAPÉES DE RIVARENNES ET LE PRUNEAU DE TOURS

À la fin du XIIe siècle, au retour des croisades, la culture de la prune, rapportée de Damas, se développe, ainsi que sa déshydratation : le pruneau de Tours est né !

Le même procédé ne tarde pas à s'appliquer à d'autres fruits, comme la poire, très présente en Touraine, notamment à Rivarennes, près d'Azay-le-Rideau, et dans une moindre mesure à la pomme, plus abondante dans les vergers de l'Anjou voisin. Cette technique, qui s'étend à chaque ferme disposant d'un four, devient la méthode la plus prisée pour conserver les fruits.

Au XVIe siècle, la poire tapée apparaît dans une des aventures de *Gargantua*, sous la plume de Rabelais. C'est l'époque où les bateaux qui circulent sur la Loire transportent les fruits séchés jusqu'à Nantes, où ils sont distribués aux équipages des navires et commercialisés un peu partout dans le monde.

Aujourd'hui comme hier, épluchées, posées sur des claies, queues en bas, puis alignées plusieurs jours dans des fours, les poires une fois sèches subissent une nouvelle manipulation : elles sont aplaties à l'aide d'un ustensile en bois, la platissoire, pour éliminer les bulles d'air et achever la déshydratation. On les déguste ensuite nature ou réhydratées, dans du vin épicé ou un sirop aromatisé.

232 — 18 JUILLET 1875 — LE JOURNAL ILLUSTRÉ — LE NUMERO : 15 CENTIMES

LES FÊTES DE CHINON EN L'HONNEUR DE RABELAIS

LE CHAR DE GARGANTUA — *LA MAISON DE RABELAIS*

Dessin de notre envoyé H. MEYER. — Voir l'article, page 231.

LES RUBIS DE CHINON

Entre la Vienne et la Loire, s'épanouissent les vignobles de l'appellation, surtout réputée pour ses vins rouges, même si la rondeur de ses blancs, aux notes d'agrumes, séduit aussi. Les ceps de cabernet franc reposent sur un socle calcaire, d'une centaine de mètres d'épaisseur, le tuffeau. Chinon et une grande partie de son vignoble sont classés au patrimoine mondial de l'UNESCO au titre de paysage culturel exceptionnel. Sur son terroir est né, en 1483 ou 1494 selon les versions, l'un des grands humanistes français, François Rabelais, à La Devinière, un domaine reconnu pour la qualité de ses vins. Le parfum caractéristique des chinons rouges fait dire que c'est un vin « amoureux à boire ».

LA GÉLINE DE TOURAINE

Seule race de volaille à porter officiellement le nom de « géline », la géline de Touraine est une poule noire, dotée de plumes fines et serrées aux reflets métalliques. Très appréciée des tables aristocratiques au XIXe siècle, elle est servie le plus souvent pochée, bardée et farcie.

Pourtant, sa présence en Touraine est probablement beaucoup plus ancienne. Elle descend d'une poule élevée autrefois dans les fermes de Touraine et du Berry, et dont les critères de race ne sont, à l'époque, pas clairement définis.

Le mot « géline » vient de *gallina*, qui signifie « poule » en latin. On l'utilisait pour évoquer une poule qui n'avait pas encore pondu, une « géline affranchie » disait-on.

Le poulailler était alors baptisé « gélinier » ou « gélinière ». Au XVe siècle, la gélinase ou gélinage est un impôt féodal, également appelé « géline de coutume ».

L'OR LIQUIDE DES VOUVRAY

Effervescents ou tranquilles, secs, tendres, ou moelleux, selon la quantité des sucres naturels récoltés, les vins de cette appellation comptent parmi les plus réputés de Touraine. Dès le XIIe siècle en effet, des marchands hollandais l'exportent en Europe du Nord.

Cépage noble du vignoble, le chenin blanc est appelé localement « pineau de la Loire ». Au XVIe siècle, il est mentionné par Rabelais dans *Gargantua* : « C'est vin pineau. Ô le gentil vin blanc ! Et par mon âme, ce n'est que vin de taffetas » (le taffetas étant un tissu de soie luxueux, réservé aux robes de cour).

Les barriques de vouvray sont fréquemment entreposées dans des caves troglodytiques de tuffeau, à l'instar du chinon, ce qui est un atout supplémentaire pour sa conservation, de huit à dix ans et au-delà.

La recette historique

LA BEUCHELLE TOURANGELLE

Cette recette a été créée par le grand cuisinier Édouard Nignon à la fin du XIXe ou au tout début du XXe siècle, en hommage à la douceur de vivre de la Touraine.

Ingrédients :

- 1 noix de ris de veau (compter 200 g pour 1 personne)
- 3 cèpes
- beurre
- 20 cl de crème fraîche double épaisse
- 3 c. à s. de madère (ou 10 cl)
- 6 c. à s. de glace de veau
- 20 g de parmesan
- sel, poivre

1. Colorez au beurre, d'abord un rognon de veau émincé avec sel et poivre, puis une noix de ris de veau taillée en fines escalopes. Tenez au chaud.
2. Sautez également au beurre les cèpes émincés et, lorsqu'ils sont bien dorés, ondoyez-les de madère et couvrez pendant quelques secondes avant de les napper de crème fraîche ; ajoutez sel, poivre et la glace de veau.
3. Quand les champignons paraîtront délicatement voilés de crème, ajoutez rognon et ris de veau, amalgamez le tout et versez dans un croustillant feuilletage ; saupoudrez de parmesan et mettez au four jusqu'à ce que le tout prenne une belle couleur dorée. Servez immédiatement à la sortie du four.

Tours

Avignon

LE VAUCLUSE

Au cœur de la région Provence-Alpes-Côte d'Azur, ce territoire, marqué par un climat méditerranéen, s'apprécie les cinq sens en éveil : de la truffe aux innombrables confitures et confiseries, des vergers à la vigne, la Nature s'est montrée ici particulièrement généreuse.

LE DIAMANT NOIR DE LA PROVENCE

Contrairement aux idées reçues, ce n'est pas dans le Périgord que l'on récolte le plus de truffes, mais bien dans le Sud-Est, et dans le Vaucluse en particulier, puisque 70 % de la production française se concentrent dans ce territoire. La truffe noire du Vaucluse (Tuber melanosporum), surnommée localement la « rabasse », est récoltée principalement dans les régions de Richerenches et Carpentras.

Sa culture est signalée dès le Moyen Âge et on la consomme déjà sous le règne de François Ier, mais c'est en 1808 que démarre la saga de la truffe en Vaucluse.

Joseph Talon, un jeune homme propriétaire d'une garrigue, plante des glands issus de chênes truffiers à Saint-Saturnin-lès-Apt, sur un sol pauvre, à la fois calcaire et caillouteux. Une dizaine d'années plus tard, il récolte à l'aide de son cochon une importante quantité de truffes au pied de ses arbres.

Cette découverte de la symbiose entre le chêne et le champignon permet à Joseph Talon de faire fortune en peu de temps. Tout naturellement, il a l'idée de vendre des plants de chênes truffiers. La culture de la « rabasse » s'étend dans tout le Comtat Venaissin et connaît son apogée durant la seconde moitié du XIXe siècle. À l'époque, semer des glands de chêne pour récolter des truffes est la garantie de revenus supplémentaires pour les villages. Divisée par 25 depuis la fin du XIXe siècle en France, de 1 000 tonnes annuelles autrefois à 30 actuellement, la production truffière locale s'expose sur deux grands marchés, les plus grands de France et même d'Europe, Richerenches et Carpentras, où se rencontrent négociants et courtiers, de décembre à la mi-mars environ.

L'ANECDOTE : LE MELON DE CAVAILLON

Le melon, en provenance d'Afrique et consommé par les Romains, ressemble davantage à l'origine à une pastèque. Ce sont les papes qui, au xve siècle, dans leur résidence d'été de Cantalupo, proche de Rome, font cultiver les premiers, semblables à nos variétés actuelles. Ces fruits, plus parfumés et très sucrés, auraient été introduits en France par Charles VIII de retour des guerres d'Italie en 1495.

Le succès du melon est immédiat, mais les médecins de l'époque, eux, jugent sa consommation dangereuse pour la santé. La Quintinie, le jardinier de Louis XIV, en fait pousser sous cloche sept espèces pour la table du Roi-Soleil. Le melon demeure longtemps un fruit de luxe.

Le terroir de Cavaillon, avec ses sols riches et son ensoleillement abondant, est idéal pour sa culture. Chair orange et juteuse, parfum sucré : sa réputation d'excellence est acquise dès le xixe siècle, mais c'est le développement du chemin de fer qui accélère sa diffusion. Bientôt, de nouvelles régions se lancent dans la culture du melon, comme la Guadeloupe. En 1864, le bibliothécaire de Cavaillon envoie une demande au grand Alexandre Dumas, un don de ses œuvres pour la bibliothèque. L'écrivain accepte, mais exige une contrepartie : « Ayez la bonté de dire à Monsieur Touret, votre honorable maire, que je mets à cet envoi une condition : si la ville et les autorités de Cavaillon estiment mes livres, j'aime fort ses melons et je désire qu'en échange de mes volumes, il me soit constitué une rente viagère de 12 melons par an »...

> *« Si la ville et les autorités de Cavaillon estiment mes livres, j'aime fort ses melons et je désire qu'en échange de mes volumes, il me soit constitué une rente viagère de 12 melons par an.*
>
> — Alexandre Dumas

LE CHÂTEAUNEUF-DU-PAPE, FLEURON DES CÔTES DU RHÔNE

La viticulture à Châteauneuf-du-Pape remonte à l'époque romaine, mais c'est au XIVe siècle, lorsque les papes s'installent à Avignon, qu'elle prend son envol.

Produit à partir de 13 cépages différents (grenache, syrah, mourvèdre, picpoul, terret noir, counoise, muscardin, vaccarèse, picardan, cinsault, clairette, roussanne, bourboulenc), ce vin, AOP (appellation d'origine protégée) depuis 1936, bénéficie d'un terroir et d'un sol exceptionnels : les gros galets qui le tapissent emmagasinent la chaleur et permettent ainsi aux raisins un mûrissement incomparable. Le vin produit possède une couleur pourpre intense. Il est puissant, épicé et capiteux à la fois. Moins connus, mais méritant de l'être, les blancs sont secs, floraux et sans acidité. Leur production demeure confidentielle, puisqu'elle représente seulement 7 % du total des vins issus de l'appellation.

LES EXQUISES CERISES DES MONTS DE VENASQUE

Première marque de cerises haut de gamme, créée en 1978 en France puis devenue IGP (indication géographique protégée) en 2021 sous le nom de « Cerise des coteaux du Ventoux », la cerise des Monts de Venasque s'est imposée auprès des chefs, artisans et consommateurs en général. Six variétés sont cultivées dans les hauts jardins du Comtat Venaissin, entre Ventoux et Luberon, puis contrôlées, cueillies à la main et calibrées avec soin. Cela fait plus de deux siècles que des cerisiers sauvages, poussant naturellement sur ce territoire, ont été acclimatés par les arboriculteurs locaux pour développer cette production saluée pour son excellence.

APT, UN « CHAUDRON À CONFITURES »

C'est ainsi que Mme de Sévigné surnommait Apt, dans une lettre à sa fille, Mme de Grignan, au XVIIIe siècle. Le mot « confitures » désignait autrefois les marmelades ou gelées de fruits, mais aussi les pâtes de fruits et fruits confits, qu'on appelait « confitures sèches ». En réalité, ce savoir-faire aptésien, alimenté par les nombreux vergers des environs, est beaucoup plus ancien : chaque année, les consuls de la ville livrent au pape Clément VI de grandes quantités de fruits confits et de raisiné (confiture à base de jus de raisin concentré) et son successeur, Urbain V, en pèlerinage dans la ville en 1365, s'en voit offrir un grand panier. Au fil des siècles, d'autres personnages de haut rang, comme Anne d'Autriche en 1660 par exemple, ont droit aux mêmes faveurs.

En 1868, un homme d'affaires anglais, Mathieu Wood, découvre à l'occasion d'un voyage en Provence les fruits confits d'Apt. Grâce à lui, le marché britannique s'ouvre aux confiseurs : c'est l'époque où les pique-niques et déjeuners en plein air ont la cote au Royaume-Uni. Le pudding, difficile à transporter, est remplacé par un cake aux fruits confits, enrichi de cerises glacées confectionnées à Apt par de grandes maisons, une douceur devenue depuis un classique de la pâtisserie anglo-saxonne.

Aujourd'hui encore, la ville est réputée comme la capitale mondiale des fruits confits. Fabriqués selon la tradition, ils comptent neuf cuissons successives, chaque fruit étant cuit séparément dans un sirop de sucre. Des refroidissements prolongés alternent avec les cuissons, de façon que le fruit conserve sa forme originelle. Puis ils sont égouttés et brossés avec du sirop, et enfin mis à sécher avant la mise en vente.

La recette historique

LA CONFITURE DE MERAVIHO

Appelée « méréville », « merveille » ou encore « gigérine », cette variété de pastèque à chair blanche cultivée localement est idéale pour les confitures. Pendant des siècles, on la donnait à manger aux cochons domestiques qui s'en régalaient !

Ingrédients (pour 20 pots) :

- 6 kg de pulpe de pastèque blanche
- 4,5 kg de sucre cristallisé
- 2 citrons bio
- 1 orange bio
- 2 gousses de vanille fendues dans le sens de la longueur

1. Coupez la pulpe de la pastèque en fines lamelles. Retirez les graines. Mélangez dans un grand saladier la pulpe et le sucre. Laissez reposer une nuit entière.
2. Le lendemain, coupez finement les citrons et l'orange en rondelles. Recoupez celles-ci en quatre et ajoutez-les dans le saladier ainsi que les gousses de vanille, bien grattées. Faites cuire le tout à petit feu pendant 1 heure. Retirez du feu puis laissez refroidir.
3. Le troisième jour, mettez la confiture à cuire à feu doux durant 45 minutes. Sa couleur change et prend des nuances ambrées. Retirez les gousses de vanille. Versez la confiture bouillante dans des pots de verre soigneusement lavés et essuyés. Fermez les pots et renversez-les pour assurer une stérilisation parfaite.

LA VENDÉE

Développées au fil des siècles grâce à un mélange entre traditions locales et influences venues du commerce maritime, les spécialités culinaires vendéennes ont conservé toute leur authenticité.

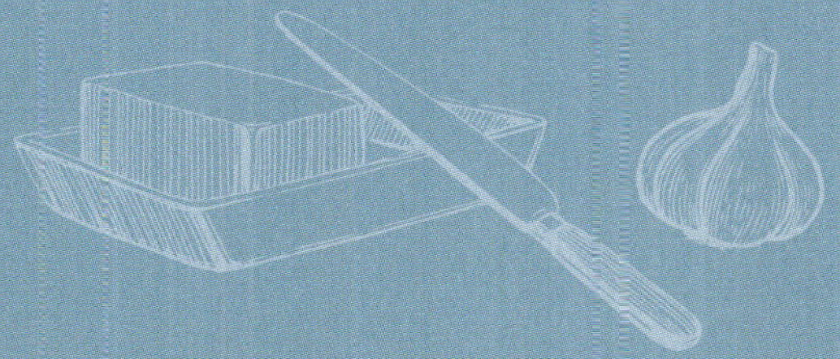

LE PRÉFOU, LA GOURMANDISE DE L'APÉRO

Cette pâte croustillante, fendue en deux puis frottée d'ail, poivrée et copieusement beurrée, serait originaire de Fontaines, une ancienne commune du Marais poitevin. Autrefois, chaque ferme cuisait elle-même son pain. Afin de mesurer la température idéale pour enfourner les pains sans les brûler, on faisait cuire une boule de pâte qui servait de test, le « pré-four ».

Comme jeter le pain était un sacrilège, on a pris l'habitude de garnir cette boule de pain blanc à demi cuite d'ail et de beurre salé et de la partager comme un casse-croûte. Aujourd'hui, le préfou est devenu incontournable au moment de l'apéritif, où il est servi découpé en petites tranches, à déguster encore chaudes de préférence.

UN TRIO DE FROMAGES VENDÉENS

L'Halbran

Probablement le plus ancien des trois, fabriqué à partir de lait de vache, il possède une pâte souple et fine et une saveur douce. Sa croûte grise, à l'aspect cendré, provient de la fécule de pommes de terre avec laquelle on le frotte régulièrement pour lui permettre de bien se conserver. Détail amusant, son nom désigne un jeune canard qui ne sait pas encore voler !

La Mizotte

Le lait des vaches qui sert à sa production provient des prés salés. Affinée au vin blanc de Mareuil, emblématique des Fiefs vendéens (Vendée du Sud), qui lui procure une croûte orangée et une saveur légèrement sulfurée caractéristiques, la Mizottte tire son nom d'une petite herbe qui pousse dans les marais régulièrement inondés par l'océan. Elle se déguste nature ou en raclette, accompagnée par exemple de pommes de terre de Noirmoutier.

La Tomme des Chouans

Seul fromage produit à partir de lait de vache du Marais poitevin, réputé pour ses chèvres, elle possède une pâte souple et moelleuse, ainsi qu'une saveur délicate. Sa période d'affinage est de deux mois au minimum.

LA MOGETTE, PRODUIT DU BOCAGE

Cultivé sur le terroir vendéen depuis le XVIe siècle, ce haricot aux gros grains blancs et brillants, tendre et recouvert d'une peau fine et fragile, est originaire d'Amérique du Sud. Riche en protéines, en fibres, en calcium et en fer, ce légume sec, IGP (indication géographique protégée) depuis 2010, se cuisait autrefois dans un récipient en terre, accompagné d'un bon morceau de lard. Aujourd'hui, on trouve souvent la mogette cuisinée avec des oignons, des carottes et de l'ail, autour d'une tranche de jambon de Vendée, désossé, frotté à la main au sel sec et aromatisé avec de l'eau-de-vie, des herbes, du poivre et de la cannelle.

L'ANECDOTE : LE KAMOK OU « CAFÉ-LIQUEUR »

En 1812, Henri-Aimé Vrignaud, négociant en gros, fonde une maison de spiritueux à Luçon. Quarante-huit ans plus tard, son petit-fils, Paul-Émile, crée une liqueur destinée aux ouvriers hollandais résidant dans la région pour construire les polders. Gros consommateurs de café et d'alcool, ils plébiscitent aussitôt ce breuvage, composé d'un mélange de cafés arabica torréfiés, qui titre à 40 % d'alcool.

Initialement baptisé « café-liqueur », il est renommé « Kamok » par son créateur : il s'agit d'une anagramme du mot « moka » qui désigne à l'époque le meilleur café disponible, en provenance d'Éthiopie et du Yémen. Le Kamok obtient la médaille d'or à l'Exposition universelle de Paris en 1889, puis de nouveau à celle de 1900. Ses récompenses ne se limitent pas à la France, puisqu'il décroche le Grand Prix d'État à l'Exposition internationale de Vienne, en 1904, un autre Grand Prix à Liège l'année suivante et, enfin, un diplôme d'honneur à Milan, en 1906 !

Beaucoup plus confidentiel de nos jours, le Kamok est très apprécié par les Vendéens en digestif ou mélangé avec de la glace pilée, à moins qu'il ne serve à parfumer des gâteaux et des entremets.

L'EXCELLENCE DU CANARD DE CHALLANS

Issue du croisement entre le canard sauvage et le canard de Rouen, cette race a longtemps été appelée, par erreur, « canard nantais ». La confusion provient des voies de chemin de fer qui ont longtemps fait défaut à Challans. Alors que toutes les volailles y étaient élevées, elles étaient estampillées « nantaises » quand elles partaient de la gare de Nantes pour approvisionner la clientèle des quatre coins de France. La réputation du canard de Challans dépassait même les frontières : avant la Seconde Guerre mondiale, l'un des plus gros consommateurs européens de la race n'est autre que l'Angleterre. On estime à 2 tonnes quotidiennes le nombre de canards expédiés en direction de ce pays entre 1926 et 1932. Cette addiction de nos amis anglais pour le canard challandais devenait un problème pour leur race locale, le canard d'Aylesbury. Raison pour laquelle, supposent les historiens, une commission anglaise, composée de vétérinaires, aurait trouvé des cas de choléra dans les élevages vendéens, pourtant au-dessus de tout soupçon... Une ruse destinée à préserver les canards d'Aylesbury de la redoutable concurrence challandaise ?

LA GÂCHE, PAS PERDUE POUR TOUT LE MONDE

Cette brioche allongée, à la mie serrée et très compacte et à la belle croûte dorée et scarifiée, se distingue aussi par sa composition : beaucoup de beurre, d'œufs, de crème fraîche et de sucre en font une gourmandise incontournable. Dégustée jusque dans les années 1970 par les Vendéens, le dimanche de Pâques, juste après la messe, cette recette médiévale a tendance actuellement à éclipser toutes les autres brioches !

La recette historique

LA TARTE AUX PRUNEAUX DE L'ÎLE D'YEU

Au XVIIe siècle, de la cannelle, du rhum et des pruneaux séchés, achetés au cours de leurs escales dans les ports, étaient transportés par les marins de l'île d'Yeu qui naviguaient autrefois le long des côtes de l'Atlantique. Les restes de ces fruits secs, destinés à leur consommation personnelle lors des traversées, étaient accommodés par les cuisinières de l'île à leur retour, de même que les épices et l'alcool que les marins recevaient en cadeau. De là provient certainement la recette de cette tarte, traditionnellement offerte en dessert aux mariés, et surnommée « tarte des Noces ».

Ingrédients (pour 6 p.) :

- 1 rouleau de pâte feuilletée
- 500 g de pruneaux non dénoyautés
- 130 g de sucre en poudre
- 1 sachet de thé parfumé (bergamote, jasmin…)
- 2 c. à s. de rhum
- 1 c. à s. d'eau de fleur d'oranger
- 1 jaune d'œuf
- 1 pincée de cannelle

1. Versez 1 l d'eau très chaude dans un saladier et faites-y infuser le sachet de thé. Plongez les pruneaux 30 minutes dans le liquide. Égouttez-les, puis dénoyautez-les.

2. Mettez les pruneaux dans une casserole avec le sucre, la cannelle, le rhum et l'eau de fleur d'oranger. Faites chauffer le mélange à feu doux pendant 15 minutes. Quand il ressemble à une compote, passez-le au moulin à légumes pour ôter les petites peaux des pruneaux et obtenir une sorte de confiture lisse et épaisse.

3. Garnissez un moule à tarte de pâte feuilletée et versez-y la compote. Avec les chutes de pâte, découpez des lanières et formez des croisillons pour décorer le dessus de la tarte. À l'aide d'un pinceau, badigeonnez-les de jaune d'œuf battu.

4. Enfournez 25 minutes à 180 °C (th.6) dans un four préchauffé.

CRÉDITS PHOTOGRAPHIQUES

— Shutterstock —

4 : Massimo Santi ; 6 : alicja neumiler ; 8 : DaLiu ; 9 haut : Rostislav_Sedlacek ; 9 bas gauche : Alexander Sorokopud ; 9 bas droite : Taljat David ; 11 haut : hlphoto ; 11 bas ; 12 haut : margouillat photo ; 13 bas : photosimysia ; 15 : Richard Semik ; 16 : Valentyn Volkov ; 19 gauche : Juergen Wackenhut ; 20 droite : Syda Productions ; 23 : Robert Harding Video ; 24 : saiko3p ; 25 haut : atattoo69 ; 26 bas droite : Marina ; 29 haut : Rolf E. Staerk ; 31 : David Hughes ; 32 : skyfish ; 33 haut : smspsy ; 33 bas : LACROIX CHRISTINE ; 34 gauche : thodonal88 ; 38 : J. Borruel ; 42 haut : Richard Semik ; 44 : Alain PITAULT ; 46 gauche : CSB Fotografie ; 46 haut droite : zabanski ; 47 haut : Lev Levin ; 48 bas : Michiel Vaartjes ; 49 haut : Pixel-Shot ; 51 gauche : dvlcom ; 54 : Voyagerix ; 55 haut : svetlaya_strana_omsk ; 55 bas : Kyonyx Photo ; 56 gauche : vely ; 57 bas : Stas Knop ; 58 haut : barmalini ; 61 : Pecold ; 62 : Kamila Koziol ; 63 haut : margouillat photo ; 63 bas : iprachenko ; 68 : kobeza ; 69 : Boris Stroujko ; 70 : saiko3p ; 78 : BearFotos ; 79 haut : Halil ibrahim mescioglu ; 81 droite : Chatham172 ; 85 gauche : Smarina ; 87 haut gauche : barmalini ; 88 droite : Evgeny Shmulev ; 90 : SGR Wildlife Photography ; 91 haut : barmalini ; 91 bas : Maksym Fesenko ; 92-93 : bensliman hassan ; 94 bas droite : Jiri Hera ; 95 haut : FreeProd33 ; 98 : Leoks ; 99 haut : Moving Moment ; 100 haut : Vitali 82 ; 101 droite : Rimma Bondarenko ; 102 haut : Ophelie Delmarle ; 102 bas : Connect Images - Curated ; 103 haut : Mazur Travel ; 106 : DroneTop ; 108 haut gauche : Travel-Fr ; 109 gauche : milart ; 111 : lhmfoto ; 112 : Stephane Legrand ; 113 haut : EQRoy ; 113 bas : barmalini ; 114 bas : orlat ; 116 haut : Christian Musat ; 116 bas : Chatham172 ; 117 gauche : PARALAXIS ; 118 : Filipe B. Varela ; 119 : Kate After ; 120 : Willy Mobilo ; 121 haut : Enzo1337 ; 122 droite : BearFotos 123 droite : nnattalli ; 124 gauche : Richard Semik ; 127 : Pernelle Voyage ; 128 : Anton Havelaar ; 129 haut : barmalini ; 130 bas gauche : Jef Wodniack ; 130 haut droite : Pierre Jean Durieu ; 134 : Richard Semik ; 137 : clemMtravel ; 138 : laraslk ; 139 haut : Enez Selvi ; 140 gauche : Edalin Photography ; 141 bas : Hanna Yohanna ; 144 : barmalini ; 145 haut : sylv1rob1 ; 146 gauche : Emimili ; 148 gauche : New Africa ; 155 haut : Kwanbenz ; 155 bas : eeechos ; 156 haut droite : asife ; 157 Cristi Lucaci ; 158 : MikeEl004 ; 159 haut : shine.graphics ; 159 milieu : Boris Stroujko ; 159 bas : Ricochet64 ; 162 haut : ventdusud ; 164 : andre quinou ; 165 haut : Magdanatka ; 167 haut : bensliman hassan ; 167 bas : Marzolino ; 169 : photofort 77 ; 172 : Boris Stroujko ; 173 haut : Julie208 ; 173 bas : Elena Shashkina ; 174 bas gauche : MITCHQUIN ; 178 : PotatoeHead ; 179 haut : Popova Tetiana ; 181 haut : RUPENDRA SINGH RAWAT ; 181 bas : hlphoto ; 182 bas : Chris worldwide ; 187 haut : Mironov Vladimir ;

187 bas : JOGARA ; 190 : photosimysia ; 191 : LianeM ; 193 haut : Shaiith ; 195 bas : Elena Eryomenko ; 200 : RossHelen ; 202 bas droite : margouillat photos ; 203 haut : Erhan Inga ; 207 : MattL_Images ; 208 : Marc Andreu ; 209 haut : Studio Grand Ouest ; 209 bas : FVPhotography ; 210 bas droite : MNStudio ; 212-213 : LOUIS-MICHEL DESERT ; 216 : saiko3p ; 217 gauche : TKG project ; 218 droite : from my point of view ; 222 : ITWBE ; 223 droite : Nati-75 ; 225 haut : Lars Bendels ; 226 haut : anna.q ; 228 : Wirestock Images ; 230 haut : page frederique ; 233 bas gauche : Jean-Marc Pierard ; 235 : Leonid Andronov ; 236 : artem evdokimov ; 237 gauche : Zulfa Afriansyah ; 238 gauche : cihanyuce ; 239 haut gauche : PHILIPIMAGE ; 245 haut : Fabien Monteil ; 245 bas : elinaxxiv ; 246 gauche : Burning Bright ; 247 bas droite : Foodpictures ; 248 haut : Gulsina ; 248 bas gauche : fromtop ; 250 : SerFF79 ; 255 haut : Foodpictures ; 255 bas gauche : iuliia_n ; 258 : Delpixel ; 259 bas : MVolodymyr ; 260 haut : sylvain Thiollier ; 260 bas : Foodpictures ; 261 gauche : FreeProd33 ; 261 droite : Adam Wasilewski ; 262 gauche : rook76 ; 263 haut : Christian Jung ; 263 droite : barmalini ; 267 haut : Jurga Jot ; 267 bas : Cesarz ; 268 gauche : Wild direct ; 269 haut : Irina Crick ; 270 droite : Vadym Stock ; 271 droite : Ostill ; 273 : Traveller70 ; 275 haut : grandbrothers ; 279 : Aliaksandr Antanovich ; 280 : margouillat photos ; 281 haut : yelantsevv ; 286 : François Roux ; 287 haut : Da-Ga ; 288 gauche : barmalini ; 291 bas droite : margouillat photos ; 293 : Kirk Fisher ; 294 : Marcin Babul ; 297 haut gauche : Burning Bright ; 301 : Magdalena Paluchowska ; 302 : Iryna Nazarova ; 303 haut : MuhammadHanif1 ; 304 haut gauche : Jeanne Emmel ; 305 bas gauche : picturepixx ; 306 gauche : Maria Sedova ; 306 droite : Photos BrianScantlebury ; 308 : Christian Musat ; 309 haut : taviphoto ; 310-311 : Leonid Andronov ; 312 haut : OlgaBombologna ; 312 bas : FiledIMAGE ; 313 gauche : Kichigin ; 316 : B-S02 Celine ; 318 haut : PHILIPIMAGE ; 320-321 : godongphoto ; 322 haut gauche : Romix Image ; 324 : SanderMeertinsPhotography ; 325 haut : Olga Chzhu ; 327 haut gauche : Dionisvera ; 327 haut droite : LightField Studios ; 329 bas droite : barmalini ; 330 : alicja neumiler ; 331 : Leonid Andronov ; 332 : Andrii Horulko ; 333 haut : grafvision ; 334 milieu : Flegere ; 335 bas droite : barmalini ; 336 haut gauche : nito ; 337 : natashamam ; 338 : RitoN ; 339 haut : Jurga Jot ; 341 bas gauche : DG FotoStock ; 344 : Yadelair.

— Alamy —

13 haut : Nadia Isakova ; 18 : Image Professionals GmbH ; 26 milieu droite : Well/BOT ; 26 bas gauche : Penta Springs Limited ; 27 haut : Classic Image ; 34 droite : Antique Print Gallery ; 49 bas droite : Chroma collection ; 50 bas gauche : PWB Images ; 50 bas droite : Image Professionals GmbH ; 56 droite : Zoonar GmbH ; 59 haut : mauritius images GmbH ; 66 haut gauche : Georg Berg ; 67 milieu droite : Image Professionals GmbH ; 80 haut : Tuul and Bruno Morandi ; 84 : Only France ; 86 haut : aerial-photos.com ; 87 bas gauche : JOHN KELLERMAN ; 92 : Archive PL ; 100 bas gauche : Avalon.red ; 100 bas droite : Kyoko Uchida ; 101 gauche : Schnapps2012 ; 105 : Andreas Prott ; 107 haut : Brent Hofacker ; 110 droite : gourmet-vision ; 123 gauche : Gravure Francaise ; 125 droite : Stuart Forster ; 139 bas : Josie Elias ; 145 bas : Henri Martin ; 150 : image Professionals GmbH ; 151 : SGR Photography ; 152 : Roy Johnson ; 154 haut : The Picture Art Collection ; 154 bas gauche : Japhotos ; 166 droite : Classic-Ads ; 171 : Kalpana Kartik ;

176 gauche : Xavier Vila ; 185 : mauritius images GmbH ; 186 : Nadia Isakova ; 189 haut : David Noton Photography ; 192 : JAUBERT French Collection ; 194 gauche : JAUBERT French Collection ; 197 haut gauche : anna.q ; 199 : JAUBERT French Collection ; 210 haut : Historic Images ; 210 bas gauche : Hilke Maunder ; 211 bas : nito ; 212 : image Professionals GmbH ; 214 bas : Zip Lexing ; 217 droite : incamerastock ; 221 : Image Professionals GmbH ; 229 haut : Zoom historical ; 229 milieu : Frédéric Deschamps ; 232 haut gauche : Robert K. Chin - Storefronts ; 243 : Joel Douillet ; 252 : travelstock44 ; 253 droite : Zoryana Ivchenko ; 256 haut : Serge Mouraret ; 262 droite : Nathaniel Noir ; 265 : Kevin Eaves ; 266 : David Noton Photography ; 268 droite : Cyrille Gibot ; 272 droite : Anthony Haigh ; 277 haut : Liz Garnett ; 277 bas : Antiqua Print Gallery ; 287 bas : World Archive ; 288 droite : Ger Beekes ; 289 gauche : funkyfood London - Paul Williams ; 291 haut droite : Maurice Rougemont ; 292 bas : The History Collection ; 303 bas gauche : DV Oenology ; 304 haut droite : Hervé DONNEZAN ; 304 bas : Lucie Savignac ; 305 haut : The Picture Art Collection ; 313 bas droite : Image Professionals GmbH ; 317 haut : Frank Hecker ; 319 droite : PWB Images ; 320 droite : Image Professionals GmbH ; 321 milieu : godongphoto ; 322 haut droite : The History Collection ; 322 bas gauche : new york rat ; 328 bas : Jean-Bernard Nadeau ; 335 haut : Per Karlsson - BKWine.com ; 335 bas gauche : Malcolm Park ; 340 bas droite : AFL collection ; 342 gauche : Maurice Rougemont.

— Photocuisine —

17 haut : Ploton ; 18-19 : Tremblay ; 20 gauche : Perrin ; 21 bas : Fénot ; 22 : Fleurent ; 25 bas : A point studio ; 26 haut : Thys ; 27 bas : A point studio ; 28 haut : Vaillant ; 30 : Czap ; 35 droite : Ploton ; 37 : Carnet ; 39 : Ploton ; 40 gauche : Fondacci-Markezana ; 60 : Nicolas Edwige ; 63 milieu : Barret ; 65 haut : Fondacci-Markezana ; 72 haut : Amiard ; 72 bas : Lamy ; 73 gauche : Perrin ; 76 : Gousses de vanille ; 77 : Nicolas Edwige ; 82 bas droite : Murtin ; 83 : Duffas ; 86 milieu : Leser ; 86 bas gauche : Debru ; 86 bas droite : Muriot ; 87 haut droite : Caillaut ; 89 : A point studio ; 95 bas : Ryman Cabannes ; 96 haut gauche : Subiros ; 99 bas droite Ploton ; 103 bas droite : Amiel ; 104 : Roulier ; 109 droite : Vaillant ; 115 bas : Hall ; 122 gauche : Ramen ; 124 droite : Ploton ; 126 : Lukam ; 140 haut droite : Ryman Cabannes ; 142 bas : Debru ; 153 milieu : A point studio ; 153 bas : Fondacci-Markezana ; 160 gauche : Marielle ; 160 bas droite : Riou ; 161 : Riou ; 163 haut : Riou ; 170 : Desgrieux ; 174 droite : Desgrieux ; 176 bas droite : Chivoret ; 183 : Fondacci-Markezana ; 188 droite : Radvaner ; 195 haut : Tremblay ; 196 bas droite : Deslandes ; 198 : A point studio ; 204 haut droite : Bilic ; 211 haut : Cardi 215 : Presse Partenaire ; 218 haut gauche : Fondacci-Markezana ; 218 bas gauche : Studio ; 219 droite : Tombini ; 224 gauche : Nurra ; 227 : Empreinte Sucrée ; 230 bas : Tremblay ; 231 milieu : Thys ; 232 bas droite : Constantini ; 233 bas droite : Amiel ; 234 : Thys ; 239 haut droite : Leser ; 239 bas gauche : Chivoret ; 239 bas droite : Carnet ; 240 haut gauche : Fondacci-Markezana ; 240 bas droite : Presse Partenaire ; 241 gauche : Muriot ; 241 droite : A point studio ; 242 : Swalens ; 249 : Ploton ; 253 gauche : Mallet ; 253 milieu : Stockfood ; 256 bas : Mallet ; 257 : Presse Partenaire ; 264 : Radvaner ; 278 : Barret ; 281 milieu : Fleurent ; 281 bas : LippMann ; 282 haut gauche : Studio ; 283 bas : Carnet ; 284 gauche : Amiard ; 285 : Bagros ; 289 droite : Vaillant ; 290 gauche : Marielle ; 290 droite :

Amiard ; 291 gauche : Lamy ; 292 haut : Lawton ; 295 droite : Marielle ; 296 bas : Amiel ; 297 haut droite : Presse Partenaire ; 313 milieu droite : Hammond ; 315 : Harris ; 317 bas : Cardi ; 318 bas : Tremblay ; 321 droite : Garçon ; 342 droite : Hallet ; 343 : Garnier.

— Kharbine-Tapabor —

Collection IM : 10 ; 17 bas ; 19 droite ; 21 haut ; 21 milieu ; 29 milieu ; 35 gauche ; 36 droite ; 45 ; 48 haut ; 48 milieu ; 50 haut ; 57 haut ; 58 bas ; 64 haut droite ; 64 bas ; 71 ; 73 droite ; 79 milieu ; 108 bas ; 110 gauche ; 125 haut gauche ; 125 bas gauche ; 132 ; 133 haut gauche ; 135 ; 165 bas ; 174 haut gauche ; 176 haut droite ; 182 haut ; 202 haut ; 202 bas gauche ; 203 bas ; 204 gauche ; 214 haut ; 223 gauche ; 226 bas droite ; 233 haut ; 238-239 ; 247 haut ; 251 bas ; 269 milieu ; 269 bas ; 283 haut ; 296 haut ; 298 gauche ; 298 droite ; 299 gauche ; 310 haut ; 321 gauche ; 322 bas droite ; 325 bas ; 328 haut ; 329 haut gauche ; 334 bas ; 336 haut droite ; Collection Jonas : 40 droite ; 42 bas ; 46 bas droite ; 47 bas ; 129 bas ; 133 milieu gauche ; 146 droite ; 168 haut ; 201 bas ; 219 gauche ; 248 bas droite ; 325 milieu ; Collection F. Grob : 41 haut ; 58 milieu ; 114 haut ; 133 bas gauche ; 168 bas ; 220 gauche ; 224 droite ; 246 droite ; 272 gauche ; 284 droite ; Collection Kharbine-Tapabor : 67 haut gauche ; 74 gauche ; 103 bas gauche ; 133 milieu droite ; 136 ; 197 haut droite ; 204 bas droite ; 327 bas gauche ; Collection Perrin : 108 haut droite ; 166 gauche ; 189 bas ; 297 bas gauche ; 303 bas droite ; Jean Vigne : 130 bas droite ; 231 haut ; Collection ELZINGRE : 80 bas ; 133 haut droite ; Collection Dixmier : 64 haut gauche ; Collection GR+MA : 240 bas gauche ; Avant demain : 59 bas ; Cheuva : 229 bas ; Jean Pottier : 326 droite.

— Wikimedia commons —

12 bas : Ctruongngoc ; 26 milieu gauche : Krüger ; 65 bas : VIGNERON en résidence ; 66 droite : XIIIfromTOKYO ; 67 haut droite : boldair ; 67 milieu droite : Ji-Elle ; 74 droite : Bnao.ned ; 79 bas : Myrabella ; 81 gauche : Jpbrigand ; 82 haut droite : MAZETc ; 87 bas droite : Commission royale de Pomologie ; 96 droite : Anthony45 ; 97 : Jack ma ; 99 bas gauche : Pierre Bona ; 121 bas : Velq1958 ; 129 milieu : Henri Manuel ; 130 haut gauche : Jean-Christophe BENOIST ; 141 haut : Vu Quoc Phan ; 149 haut droite : FDRMRZUSA ; 149 bas droite : Benedict.wydooghe ; 153 haut : AzaToth ; 154 bas droite ; 220 droite : Archaeodontosaurus ; 225 milieu : DcoetzeeBot ; 225 bas : Marie-Lan Nguyen ; 226 milieu : Topjabot ; 226 bas gauche : Artmechanic ; 237 droite : Claude Villetaneuse ; 254 bas : Benoît Prieur ; 255 bas droite : Archaeodontosaurus ; 267 milieu : FlickreviewR ; 271 gauche : Hello World ; 275 bas : Havang(nl) ; 282 bas : JPS68 ; 327 bas droite : Pipino da verona ; 333 bas : Véronique PAGNIER ; 334 haut : Paris 16.

— Getty Images —

52 : jjpoole ; 53 : quisait ; 134 : pisces2386 ; 143 : Image Professionals GmbH ; 180 droite : Chrisdanslanature ; 201 haut : margouillat photos ; 305 bas droite : Beiyatriz ; 323 : beats3 ; 344-345 : Olivier Dralam ; 350 : Michal Krakowiak

— Bridgeman Images —

96 bas gauche : Florilegius ; 107 bas : Estate of Gerald Bloncourt ; 254 haut : Florilegius ; 295 gauche : NPL - DeA Picture Library / J. M. Zuber ; 309 bas : Bridgeman images ; 310 bas : Patrice Cartier ; 313 haut droite : Photo Josse.

— France Bleu —

175 bas : Denis Souilla ; 196 bas gauche : Fanny Troisgros.

— Adobe Stock —

276 gauche : sriba3.

— Autres —

Archives patrimoniales d'Angers : 28 bas ; Gfmorin : 41 bas ; ADG : 319 gauche ; Cadiot-Badie : 156 haut gauche ; 156 bas ; Maison armorine : 66 bas gauche ; Marmiton : 36 gauche ; 326 gauche ; DR : 43 ; 49 bas gauche ; 51 droite ; 75 haut ; 75 bas ; 80 milieu ; 82 gauche ; 85 droite ; 88 gauche ; 94 haut ; 94 bas gauche ; 95 milieu ; 115 haut ; 117 droite ; 123 milieu ; 140 bas droite ; 142 haut ; 147 gauche ; 147 droite ; 148 droite ; 149 haut gauche ; 149 bas gauche ; 160 haut droite ; 162 bas ; 175 haut ; 179 bas ; 180 gauche ; 184 ; 188 gauche ; 193 bas ; 194 haut droite ; 194 bas droite ; 196 haut ; 197 bas ; 206 ; 232 haut droite ; 240 haut droite ; 247 bas gauche ; 251 haut ; 259 haut ; 270 gauche ; 274 ; 276 gauche ; 282 haut droite ; 297 bas droite ; 299 droite ; 307 ; 318 milieu ; 320 gauche ; 339 bas gauche ; 340 haut gauche ; 340 milieu gauche ; 340 haut droite ; 341 bas droite.

— Crédits de couverture —

Shutterstock : Alphonsine Sabine, Erhan Inga, from my point of view, Tim Rensing, barmalini ; Alamy : Joel Douillet ; Getty Images : Filkina Natalia, quisait ; Wikimedia commons : PigeonIP ; Kharbine-Tapabor ; Aurélie Bresset.

Les illustrations de couverture et de pages intérieures n'apparaissant pas dans les crédits photographiques (p. 345 à 349) sont issues de Shutterstock et Getty Images.

Abbaye de Sénanque

REMERCIEMENTS

Merci aux équipes de France Bleu de m'avoir confié la mission d'incarner la voix et l'image de la gourmandise et du patrimoine culinaire de cette belle maison, autant à l'antenne qu'à travers les pages de ce livre. Merci à vous, Céline Pigalle, Yann Chouquet, Carole de Courson, Emmanuelle Roig et Nathalie André.

Merci aux équipes des éditions de Radio-France, et tout particulièrement à Anne-Julie Bémont et Marie-Laure Pauly, d'avoir initié ce projet et pensé à moi pour l'incarner.

Merci aux éditions Michel Lafon, à toutes les personnes qui ont travaillé sans relâche sur cet ouvrage, et en particulier à Marie Dreyfuss, mon éditrice, pour sa confiance, son écoute et sa bienveillance.

Merci enfin à toutes ces femmes et ces hommes, artisans, producteurs, cuisiniers, pâtissiers, vignerons et agriculteurs, qui se battent chaque jour pour que la France reste un pays de fiertés et d'étapes gourmandes !

Direction générale : Elsa Lafon

Direction artistique : Marion Gouazé

Direction éditoriale : Marie Dreyfuss

Suivi éditorial et iconographie : Thomas Paillard, Maëlle Maigne et Annabelle Roche

Correction : Chantal Nicolas et Clara Féquant

Fabrication : Christian Toanen et Nikola Savic

Commercial : Barbara Pilley

Marketing : Frédéric Guyomard

Presse : Anne Procureur

Photogravure : Les Caméléons

Achevé d'imprimé en Espagne
Dépôt légal : novembre 2024
ISBN 13 : 978-2-7499-5584-1
LAF 3422